«La oración —el concepto y ~~la práctica~~ dudas esenciales y nuestra desesperación por Dios. Paul Miller capta la promesa de la oración como un regalo que nos conecta al corazón del Padre y como un camino para transformar al mundo. La lucha sincera de Paul Miller para vivir una vida llena de oración y su deleite ingenuo al escuchar el corazón de Dios nos invitan a la gratitud y nos llaman a hablar audazmente con nuestro Dios. Este libro será como tener el aliento de Dios a sus espaldas. Permita que lo eleve a una nueva esperanza».

—DR. DAN B. ALLENDER,
presidente de Mars Hill Graduate School; autor de *To Be Told*
(Ser instruido) y *Leading with a Limp* (Cómo liderar
teniendo una cojera)

«*Una vida de oración* es un testimonio conmovedor del poder de Dios en la oración. Paul Miller comparte su vida y su sabiduría bíblica para infundir en nosotros, sus lectores, un corazón que se convierte en "una fábrica de oración", es decir, una pasión por hablar con Dios honestamente y de una manera que transforme nuestra vida y la vida de los demás por quienes oramos».

—DR. TREMPER LONGMAN III,
profesor de Estudios Bíblicos, Westmont College; autor de
Reading the Bible with Heart and Mind (Cómo leer la Biblia con el
corazón y la mente)

«Si Jesús, o la gracia salvadora de Jesús, es solamente una abstracción para usted, Paul Miller será de gran ayuda para hacer que el amor de Cristo sea una realidad viviente para su corazón».

—DR. TIM KELLER,
pastor principal, Redeemer Presbyterian Church; autor del éxito
de ventas del *New York Times*, *The Reason for God* (La razón de Dios)

«Paul Miller se rehúsa a separar la vida espiritual del resto de nuestra vida diaria. En *Una vida de oración*, muestra la diferencia que la comunicación constante con Cristo marca en las experiencias diarias de la vida, especialmente en la vida de la familia. Leer este libro le ayudará a hacer que la oración sea una parte más importante de la historia de su vida al integrar la oración a las rutinas diarias de la vida».

—DR. PHILIP RYKEN,
presidente de Wheaton College, Wheaton, Illinois; autor de *The Message of Salvation* (El mensaje de salvación)

«Este es uno de los mejores libros sobre la oración que usted leerá en su vida, pero es mucho más. Es la historia de nuestra lucha para realmente vivir como si creyéramos que nuestro Padre celestial nos ama de verdad. Si lo hiciéramos, nada podría evitar que nos comprometiéramos con el arduo trabajo diario de la oración. Paul Miller interpreta nuestra lucha de una manera que es convincente, ofrece comprensión y nos estimula. ¡Este es un libro sobre la oración que en realidad lo hace querer orar!»

—PAUL DAVID TRIPP,
presidente, Ministerios Paul Tripp; autor de diversos libros sobre la vida cristiana

«En mi biblioteca tengo quizás veinte volúmenes distintos sobre la oración, pero ninguno ha cautivado mi corazón ni me ha impulsado a una nueva comunión con nuestro Padre como lo hizo *Una vida de oración*. ¡Por fin, un libro que aplica las implicaciones radicales del evangelio de la gracia de Dios a la oración! Con el asombro característico de un niño, la percepción de un sabio y un candor profundo, Paul nos muestra que orar es ver a Jesús más claramente y reunirse con él más regularmente en cada uno de los aspectos y momentos del día. Gracias, amigo mío, por llamarme a volver a lo que en realidad importa».

—SCOTTY SMITH,
pastor de predicación, enseñanza y adoración, Christ
Community Church, Franklin, Tennessee

«La palabra y la obra oportunas de Paul Miller han tenido un efecto profundo en mí. Ahora, con *Una vida de oración*, ¡aparece con otra entrega justo a tiempo! Este libro revela que el secreto de una vida de oración es una comprensión activa de las historias que usted está viviendo. En cada historia una oración; en cada oración una historia».

—CHARLIE PEACOCK,
cantautor; codirector, Art House America; autor de *New Way to Be Human* (Una nueva forma de ser humano)

«Al igual que muchos cristianos, lucho para mantener una vida de oración significativa. Frecuentemente mis oraciones son apresuradas, superficiales e indiferentes. En su libro *Una vida de oración*, Paul Miller ha proporcionado un recurso inspirador y útil para todos los que queremos orar de una mejor manera. Paul usa historias convincentes, apoyo bíblico sólido y principios espirituales reveladores para explicar primero la naturaleza de la oración y luego para dar sugerencias prácticas sobre cómo orar. Usted disfrutará leer este libro y, después, creo que se maravillará de cuánto más significativa puede llegar a ser su vida de oración».

—BOB RUSSELL,
pastor principal jubilado, Southeast Christian Church,
Louisville, Kentucky; autor de *When God Builds a Church* (Cuando Dios edifica una iglesia)

«Charles Spurgeon escribió: "La oración no nos prepara para obras mayores; la oración es la obra mayor". El excelente libro de Paul Miller nos llama a volver a esa "obra mayor", recordándonos la alegría que encontramos en la presencia de nuestro Señor y equipándonos con un conocimiento práctico en cuanto a cómo recuperar la intimidad y el poder de una vida de oración».

—KEN SANDE,
presidente, Peacemaker Ministries

PAUL E. MILLER

UNA VIDA DE ORACIÓN

CONECTÁNDOSE CON DIOS EN UN MUNDO LLENO DE DISTRACCIONES

NAVPRESS

Un recurso de NavPress publicado
por Tyndale House Publishers, Inc.

NAVPRESS⬤®

NavPress es el ministerio editorial de Los Navegantes, una organización cristiana internacional y líder en el desarrollo espiritual. NavPress está dedicada a ayudar a la gente a crecer espiritualmente y a disfrutar de vidas con propósito y esperanza, mediante recursos personales y de grupo que están fundamentados en la Biblia y que son culturalmente pertinentes y altamente prácticos.

Para más información, visite www.NavPress.com.

Una vida de oración: Conectándose con Dios en un mundo lleno de distracciones

Diseño de la portada por Gearbox. Todos los derechos reservados.
Imagen de la portada por PhotoAlto Photography. Todos los derechos reservados.
Traducción al español: Mayra Ramírez de Urízar
Diseño del libro en español: Alberto C. Navata Jr.

El texto bíblico sin indicación ha sido tomado de la *Santa Biblia*, Nueva Traducción Viviente, © Tyndale House Foundation, 2010. Usado con permiso de Tyndale House Publishers, Inc., 351 Executive Dr., Carol Stream, IL 60188, Estados Unidos de América. Todos los derechos reservados.

Los versículos bíblicos indicados con NVI han sido tomados de la Santa Biblia, *Nueva Versión Internacional*,® NVI.® © 1999 por Biblica, Inc.® Usado con permiso. Todos los derechos reservados mundialmente.

Los versículos bíblicos indicados con RVR60 han sido tomados de la versión Reina-Valera © 1960 Sociedades Bíblicas en América Latina; © renovado 1988 Sociedades Bíblicas Unidas. Usado con permiso. Todos los derechos reservados.

Los versículos bíblicos indicados con LBLA han sido tomados de LA BIBLIA DE LAS AMERICAS®, © 1986, 1995, 1997 por The Lockman Foundation. Usado con permiso. Todos los derechos reservados.

Algunas de las historias anecdóticas de este libro son de la vida real y se incluyen con el permiso de las personas involucradas. Todas las demás ilustraciones son una combinación de situaciones reales y cualquier parecido con personas vivas o fallecidas es pura coincidencia.

ISBN 978-1-4964-0642-2

Impreso en los Estados Unidos de América
Printed in the United States of America

21	20	19	18	17	16	15
7	6	5	4	3	2	1

EN MEMORIA DE
BENJAMIN EDWARD MILLER

10 DE MARZO DEL 2009
NUESTRO SÉPTIMO NIETO Y TESORO CELESTIAL

Un agradecimiento especial a Jane Hebden, de Chelten Baptist Church, Dresher, Pensilvania; a la Fundación Huston; y a nuestros amigos de Trinity Presbyterian Church en Lakeland, Florida, incluyendo a Ron y Kim Avery, a Howard y Deanna Bayless, a Jack y Tina Harrell, a Tim y Tina Strawbridge, a Jim y Christy Valenti y a Justin y Jen Wilson por ayudarme a hacer que este libro sea una realidad.

CONTENIDO

PRÓLOGO

Es difícil orar. A muchos de nosotros nos resulta lo suficientemente difícil pedirle a alguien en quien confiamos algo que verdaderamente necesitamos. No obstante, cuando a la petición se le considera «oración» y al amigo se le llama «Dios», las cosas frecuentemente se enredan mucho. Usted ha oído la sintaxis enredada, las frases formularias, la repetición sin sentido, las expresiones vagas que no piden nada, los tonos piadosos de voz y el aire de confusión. Si usted hablara con sus amigos y familia de esa manera, ¡ellos pensarían que usted perdió el juicio! Sin embargo, probablemente le ha hablado así a Dios. Conoce a gente que considera la oración como una pata de conejo para protegerse de la mala suerte y para conseguir cosas buenas. Conoce a gente que se siente culpable porque su cantidad de oración no logra alcanzar algún supuesto estándar. Tal vez usted sea una de esas personas.

La oración: esta tiende a convertirse en una producción y en un problema.

La vida: esta es siempre una producción y un problema. Usted pasa cíclicamente de su lista de pendientes a sus ansiedades, sus distracciones, sus presiones, sus placeres y sus estorbos.

Dios: él está allí, en alguna parte, algunas veces.

De alguna manera, esas dos producciones problemáticas y el Señor del cielo y de la tierra no concuerdan muy frecuentemente.

Sin embargo, la oración no tiene el propósito de ser una producción ni un problema. Y Dios está aquí ahora. La oración tiene el propósito de ser la conversación en la que su vida y su Dios se reúnen. Paul Miller entiende eso. El proposito de *Una vida de oración* es ayudarlo a poner en práctica este entendimiento junto con él.

Una vida de oración es una manera curiosamente normal de vivir. Lo mejor que nuestro mundo ofrece es enseñarle cómo hablarse a *sí mismo*. Cambie lo que se dice a sí mismo, y sus sentimientos sobre lo que pasó cambiarán. Cambie su monólogo interior, y la manera en que usted se siente en cuanto a sí mismo cambiará. Ya no se moleste por lo que no puede cambiar. Haga algo constructivo en cuanto a lo que sí puede cambiar. Esos son los mejores esfuerzos del mundo. Es una manera de vivir conocida, pero anormal.

Jesús vive y enseña algo distinto. Lo que él hace y lo que lo ayuda a usted a hacer es poco familiar pero normal. Es humano y es humanitario: la manera en que debe ser la vida. Él le enseña a *dejar* de hablarse a sí mismo; él le enseña a *dejar* de hacer que la oración sea una producción. Jesús le enseña a comenzar a hablarle a su Padre: a «mi Padre y al Padre de ustedes» (Juan 20:17), como se lo dijo a María de Magdala. Él le enseña a usted cómo comenzar a hablar con el Dios que rige el mundo, quien ha decidido libremente preocuparse de lo que es mejor para usted.

Hablar de la vida con ese Dios presente es la clase de conversación digna de llamarse «oración». En la Biblia se encuentran varios cientos de ejemplos y Paul Miller ha prestado atención. Las oraciones de la Biblia tratan tanto de la vida diaria como del Dios real. Le llevan problemas y necesidades reales a un Dios que de verdad escucha. Nunca parecen una producción. Suenan y se sienten reales porque *son* reales.

Paul le da una visión de cómo una comunión efectiva con

Dios piensa, habla, siente y actúa. Él lo lleva al interior de su propia vida familiar y de su propia vida de oración. Al ver cómo la vida y Dios se entretejen, descubrirá el gozo de vivir como hijo de Dios, experimentando la aventura de caminar al lado de su Padre y Buen Pastor.

Una vida de oración le dará una realidad viva y vibrante a sus oraciones. Tómelo en serio.

—*DR. DAVID POWLISON*, Maestría en Divinidad, miembro del personal docente de Christian Counseling & Educational Foundation; autor de *Speaking Truth in Love*, (Hablando la verdad en amor), editor del *Journal of Biblical Counseling* (Revista de Consejería Bíblica)

INTRODUCCIÓN

Nunca tuve la intención de escribir un libro sobre la oración. Simplemente descubrí que había aprendido a orar. Los giros inesperados de la vida habían creado un camino hacia Dios en mi corazón; Dios me enseñó a orar a través del sufrimiento.

A finales de la década de los noventa, un pastor me pidió que lo reemplazara en su púlpito por un mes durante el verano. Yo accedí y una tarde hice un bosquejo de lo que había aprendido de la oración. Esas notas se convirtieron en el seminario de oración que mi amigo Bob Allums y yo hemos impartido casi 150 veces hasta la fecha. La respuesta al seminario ha sido casi electrizante. Ha tocado una llaga profunda en la vida de la gente.

Pensé que el seminario era suficiente, que otro libro sobre la oración era innecesario. Además, no estaba seguro de tener tiempo. No obstante, mi amigo David Powlison y mi esposa, Jill, me animaron a escribir, y la presidenta de mi junta directiva, Lynette Hull, sugirió que iniciara mi día escribiendo. Así que escribí. Lo hice para los cristianos, para aquellos a quienes les cuesta vivir la vida, quienes oran torpemente y aún así anhelan conectarse con su Padre celestial.

El libro comienza con un capítulo sobre nuestras frustraciones con la oración y otro que describe adonde nos dirigimos. La primera parte, «Aprendiendo a orar como un niño», examina los fundamentos para relacionarnos con nuestro Padre celestial como un niño pequeño. En la segunda parte, «Aprendiendo a confiar otra vez», profundizamos más y vemos algunos hábitos de los adultos que pueden entorpecer nuestro corazón para la oración y evitar que seamos atraídos a la vida del Padre. La tercera parte, «Aprendiendo a pedirle a su Padre», examina las barreras para pedir que surgen del espíritu de nuestra época. La cuarta parte, «Viva en la historia de su Padre», es donde todo se une. Cuando tenemos una vida de oración, llegamos a estar conscientes de, y a ingresar en, la historia que Dios está tejiendo en nuestra vida. La parte final, «Orando en la vida real», presenta algunas herramientas y maneras sencillas de orar que han ayudado a mucha gente a aprender a orar. A medida que veamos estas herramientas, seguiremos aprendiendo de nuestros corazones y de cómo Dios teje historias en nuestras vidas.

Ese es el esqueleto. La carne del libro son las historias familiares que cuento. No son dramáticas; son los detalles prácticos de cómo hemos sobrevivido y prosperado en un mundo de estrés y desilusiones. A medida que nos observe, espero que experimente la presencia de Jesús.

El apóstol Pablo dijo lo siguiente acerca de cómo funciona todo ministerio genuino: «Pues así como participamos abundantemente en los sufrimientos de Cristo, así también por medio de él tenemos abundante consuelo» (2 Corintios 1:5, NVI). Oro para que a través de este libro mi sufrimiento relativamente leve fluya en su vida como consuelo, liberándolo para que pueda tocar el corazón de Dios.

Capítulo 1

«¿DE QUÉ SIRVE?»

M e fui de campamento durante un fin de semana a las montañas Interminables de Pensilvania con cinco de nuestros seis hijos. Mi esposa, Jill, se quedó en casa con nuestra hija de ocho años, Kim. Después de una desastrosa experiencia de campamento el verano anterior, Jill estaba contenta de quedarse en casa. Dijo que renunció al acampar por la Cuaresma.

Estaba caminando desde el lugar donde acampábamos hacia nuestra Dodge Caravan, cuando observé a nuestra hija de catorce años, Ashley, parada enfrente de la camioneta, tensa y molesta. Cuando le pregunté qué ocurría, dijo: «Perdí mi lente de contacto. No está». Miré hacia abajo con ella, al suelo del bosque cubierto de hojas y ramitas. Había un millón de grietas donde el lente podría haber caído y desaparecido.

—Ashley, no te muevas. Oremos —dije. No obstante, antes de que pudiera orar, ella comenzó a llorar.

Buen comentario, cada quien tenemos uno

—¿Y eso de qué sirve? He orado para que Kim hable, y no habla.

Kim batalla con el autismo y el retraso en su desarrollo. Debido a su débil motricidad fina y a problemas con su planificación motora, también es muda. Cierto día, después de cinco años de terapia del lenguaje, Kim salió de la oficina del terapeuta del lenguaje, arrastrando los pies y llorando de frustración. Jill dijo: «Ya no más» y dejamos la terapia del lenguaje.

La oración no era una simple formalidad para Ashley. Ella le había tomado la palabra a Dios y le había pedido que permitiera que Kim hablara. No obstante, no pasó nada y la mudez de Kim era un testimonio de un Dios silencioso. La oración, según parecía, no funciona.

Entonces surge la pregunta.

Me pregunté: ¿Marca alguna diferencia la oración? ¿Está Dios siquiera allí?

Pocos de nosotros tenemos el valor de Ashley de articular el silencioso cinismo o abatimiento espiritual que se desarrolla en nosotros cuando la oración sincera sigue sin ser contestada. Mantenemos escondidas nuestras dudas, incluso de nosotros mismos, porque no queremos sonar como malos cristianos. No hay razón de agregarle vergüenza a nuestro cinismo. Así que nuestros corazones se cierran.

La manera simplista en que la gente habla de la oración frecuentemente refuerza nuestro cinismo. Terminamos nuestras conversaciones con: «Lo mantendré en mis oraciones». Tenemos el vocabulario de una «jerga de oración», que incluye «lo *elevaré* en oración» y «lo *recordaré* en oración». Muchos de los que usan esas frases, incluso nosotros, nunca se ponen a orar. ¿Por qué? Porque no pensamos que la oración marque mucha diferencia.

El cinismo y el simplismo son solamente parte del problema. La frustración más común es la actividad de orar en sí misma. Oramos alrededor de quince segundos y luego, de la nada, aparece la lista de pendientes del día y nuestra mente se va por la tangente. Nos damos cuenta y, a fuerza de voluntad, regresamos a la oración. Antes de que nos demos cuenta, ocurre otra vez. En lugar de orar, formulamos una mezcla confusa de divagación y preocupación. Entonces la culpa se activa. *Algo tiene que estar mal en mí. No parece que otros cristianos tengan este problema al orar.* Después de cinco minutos, nos damos por vencidos y decimos: «No soy bueno para esto. Será mejor que me ponga a trabajar».

Algo *sí* está mal en nosotros. Nuestro deseo natural de orar se origina en la Creación. Estamos hechos a la imagen de Dios. Nuestra incapacidad de orar se origina en la Caída. El mal ha estropeado la imagen. Queremos hablar con Dios, pero no podemos hacerlo. La fricción entre nuestro deseo de orar y nuestras antenas de oración muy dañadas lleva a la frustración constante. Es como si hubiéramos tenido un derrame cerebral.

Esto se complica por la enorme confusión acerca de lo que contribuye a la buena oración. Percibimos vagamente que debemos comenzar enfocándonos en Dios, no en nosotros mismos. Por lo tanto, cuando comenzamos a orar, tratamos de adorar. Eso funciona por un minuto, pero se siente artificial; entonces la culpa se activa otra vez. Nos preguntamos: *¿Adoré lo suficiente? ¿En realidad lo hice en serio?*

En un arranque de entusiasmo espiritual hacemos una lista de oración, pero orar guiados por la lista se vuelve monótono y parece que no pasa nada. La lista se vuelve larga y engorrosa; perdemos contacto con muchas de las necesidades. Orar se siente como silbar en el viento. Cuando alguien es sanado o recibe ayuda, nos preguntamos si habría ocurrido de todas formas. Luego extraviamos la lista.

Orar expone lo preocupados que estamos por nosotros mismos y revela nuestras dudas. *No* orar le caía mejor a nuestra fe. Después de solamente unos cuantos minutos, nuestra oración está hecha un desastre. Casi en la línea de partida nos colapsamos y quedamos fuera de acción, cínicos, culpables y desesperanzados.

EL LUGAR MÁS DIFÍCIL DEL MUNDO PARA ORAR

La cultura estadounidense es probablemente el lugar más difícil para aprender a orar. Andamos tan a la carrera que cuando disminuimos la velocidad para orar nos parece incómodo. Valoramos los logros y la producción. La oración no es nada más que hablar con Dios. Se siente inútil, como si estuviéramos perdiendo el tiempo. Cada hueso de nuestro cuerpo grita: «¡Ponte a trabajar!».

Cuando no estamos trabajando, estamos acostumbrados a entretenernos. La televisión, la Internet, los juegos de video y los teléfonos celulares hacen que el tiempo libre esté tan ocupado como el trabajo. Cuando sí disminuimos la velocidad, caemos en un estupor. Exhaustos por el ritmo de la vida, nos relajamos frente a una pantalla o con unos audífonos.

Si tratamos de estar quietos, nos asalta lo que C. S. Lewis llamó «el reino del ruido»[1]. Adondequiera que vayamos, oímos ruido de fondo. Si no se nos provee ruido, podemos llevar nuestro propio ruido con un iPod.

Hasta los servicios de nuestra iglesia pueden tener esa misma energía inquieta. Hay poco espacio para estar quietos ante Dios. Queremos el valor de nuestro dinero, por lo que algo siempre debe estar ocurriendo. El silencio nos incomoda.

Uno de los obstáculos sutiles a la oración es probablemente el más penetrante. En la cultura en general y en nuestras iglesias, valoramos el intelecto, la competencia y la riqueza. Debido a que podemos vivir sin Dios, orar parece bonito pero innecesario. El dinero puede hacer lo que hace la oración, y es más rápido y consume menos tiempo. Nuestra confianza en nosotros mismos y en nuestros talentos nos hace estructuralmente independientes

El efecto "nabucodonosor"
Saddam Hussein

de Dios. Como resultado, las exhortaciones a la oración no nos hacen efecto.

LO EXTRAÑO DE ORAR

Es peor si nos detenemos a pensar en lo extraña que es la oración. Cuando hablamos por teléfono, oímos una voz y podemos responder. Cuando oramos, hablamos al aire. Solamente la gente loca habla consigo misma. ¿Cómo hablamos con un Espíritu, con alguien que no habla con voz audible?

Y si creemos que Dios puede hablarnos en la oración, ¿cómo distinguimos nuestros pensamientos de los suyos? La oración es confusa. Sabemos vagamente que el Espíritu Santo está involucrado de alguna manera, pero nunca estamos seguros de cómo o cuándo aparecerá un espíritu, o siquiera qué es lo que significa eso. Parece que algunas personas tienen mucho del Espíritu. Nosotros no.

Olvídese de Dios por un minuto. ¿Dónde encaja usted? ¿Puede orar por lo que quiere? ¿Y de qué sirve orar si Dios ya sabe lo que usted necesita? ¿Por qué aburrir a Dios? Suena como una queja continua. Solamente el hecho de pensar en la oración nos pone a todos nerviosos.

¿Ha sido esta su experiencia? Si es así, entérese que usted tiene muchos compañeros. ¡La mayoría de los cristianos se sienten frustrados cuando se trata de la oración!

UNA VISITA AL TERAPEUTA DE ORACIÓN

Imaginemos que usted va a un terapeuta de oración para poner en orden su vida de oración. El terapeuta dice: «Comencemos dándole un vistazo a su relación con su Padre celestial. Dios dijo: "Yo seré su Padre, y ustedes serán mis hijos e hijas" (2 Corintios 6:18). ¿Qué significa que usted es un hijo o una hija de Dios?».

Usted responde que eso significa que tiene acceso total a su Padre celestial a través de Jesús. Tiene una intimidad genuina que no se basa en lo bueno que es usted, sino en la bondad de

Jesús. No solamente eso: Jesús es su hermano. Usted es coheredero con él.

El terapeuta sonríe y dice: «Correcto. Ha hecho un excelente trabajo al describir la *doctrina* de la condición de hijo. Ahora, dígame, ¿cómo es para usted *estar con* su Padre? ¿Cómo es *hablar* con él?».

Cautelosamente, usted le dice al terapeuta lo difícil que es estar en la presencia de su Padre, incluso por un par de minutos. Su mente divaga. No está seguro de qué decir. Se pregunta, *¿Marca alguna diferencia la oración? ¿Está Dios siquiera allí?* Entonces usted se siente culpable por sus dudas y simplemente se da por vencido.

Su terapeuta le dice lo que usted ya sospecha: «Su relación con su Padre celestial es disfuncional. Usted habla como si tuviera una relación íntima, pero no la tiene. En teoría es íntima. En la práctica es distante. Usted necesita ayuda».

El lente de contacto de Ashley

Yo necesitaba ayuda cuando Ashley rompió a llorar frente a nuestra camioneta. Me quedé pasmado, atrapado entre sus dudas y las mías. No tenía idea que ella había estado orando para que Kim hablara. Lo que hizo que las lágrimas de Ashley fueran tan perturbadoras fue que ella tenía razón. Dios no había respondido a sus oraciones. Kim todavía estaba muda. Tuve miedo por la fe de mi hija y de la mía. No sabía qué hacer.

¿Empeoraría yo el problema al orar? Si orábamos y no podíamos encontrar el lente de contacto, simplemente confirmaría la creciente incredulidad de Ashley. Jill y yo ya estábamos comenzando a perder su corazón. Su fe infantil en Dios estaba siendo reemplazada por la fe en los muchachos. Ashley era linda, afectuosa y sociable. A Jill le costaba recordar los nombres de los novios de Ashley, por lo que comenzó a nombrarlos como los reyes antiguos. El primer novio de Ashley fue Frank, por lo que sus sucesores llegaron a ser Frank II, Frank III y así sucesivamente. Jill y yo necesitábamos ayuda.

Yo tenía poca confianza en que Dios fuera a hacer algo, pero oré en silencio: *Padre, este sería realmente un buen momento para que te hagas presente. Tienes que oír esta oración por el bien de Ashley.* Luego oré en voz alta con Ashley: «Padre, ayúdanos a encontrar ese lente de contacto».

Cuando terminé, nos inclinamos para buscar entre el polvo y las ramitas. Allí, sobre una hoja, estaba el lente perdido.

Después de todo, la oración sí marcó una diferencia.

Capítulo 2

ADONDE NOS DIRIGIMOS

Aunque usted sienta que no ora bien, tenemos que saber cómo es y cómo se siente una buena oración para poder desarrollar una vida de oración. Saber adónde nos dirigimos puede ayudarnos en el camino. Así que, antes de llegar a los pormenores de cómo orar, obtengamos una imagen más clara de lo que queremos lograr.

La vida de oración... Se siente como cenar con buenos amigos

Lo más destacado de la semana de Kim es nuestra comida del sábado en la noche con Mamá-Mamá, su abuela, en un restaurante local. En un cálido día de verano, o en un recio día de invierno, Kim llega exhausta de su trabajo en una perrera donde saca a pasear perros, pero se reanima cuando se sienta a comer con Mamá-Mamá. Colocamos frente a ella su computadora que convierte el texto en voz, y ella conversa con su teclado de 112 teclas. Nunca nos cansamos de oír su voz electrónica, en parte porque nunca estamos seguros de qué vendrá después.

Recientemente, mientras estábamos en un restaurante, Kim pidió lasaña con su computadora de habla y seleccionó una secuencia de tres íconos que activó la palabra *lasaña* en voz alta[1]. Cuando la mesera le dijo a Kim que la lasaña era vegetariana, Kim, que no es aficionada de los vegetales y a quien no le gustan los cambios, golpeó la mesa con su puño, haciendo que los cubiertos y los platos bailaran. La pobre mesera saltó del susto. Cuando volvió con nuestra comida, nos rodeó cautelosamente, insegura de si recibiría otra actuación similar. Nuestra familia contará esa historia por años.

Nuestros mejores momentos juntos, como familia, son durante la cena. En casa, después de una comida, hacemos los platos a un lado y nos quedamos juntos bebiendo café o chocolate caliente. No tenemos ningún plan en particular; simplemente disfrutamos unos con otros. Escuchando, hablando y riendo. Si usted experimenta lo mismo con los buenos amigos o con la familia, sabe que es un pedacito de cielo.

Cuando Jesús describe la intimidad que quiere con nosotros, habla de acompañarnos a cenar. «¡Mira! Yo estoy a la puerta y llamo. Si oyes mi voz y abres la puerta, yo entraré y cenaremos juntos como amigos» (Apocalipsis 3:20).

Una vida de oración se siente como nuestras comidas en familia, porque la oración se trata de una relación. Es íntima y da indicios de la eternidad. No pensamos en la *comunicación* ni en las *palabras*, sino en la persona con la que hablamos. La oración es simplemente el medio por el que experimentamos a Dios y nos conectamos con él.

Por extraño que parezca, mucha gente lucha por aprender a orar porque se enfoca en la oración, no en Dios. Hacer que la oración sea el centro es como hacer que la *conversación* sea el centro de una comida en familia. En la oración, enfocarse en la conversación es como tratar de conducir mirando *al* parabrisas en lugar de *a través* de él. Nos deja paralizados, inseguros de adónde ir. La conversación solamente es el vehículo por medio del cual nos experimentamos unos a otros. Por consiguiente, la oración no es el centro de este libro. Llegar a conocer a una persona, a Dios, es el centro.

LA VIDA DE ORACIÓN...
ESTÁ INTERCONECTADA CON TODO EN LA
VIDA

Debido a que la oración implica una relación, no podemos trabajar en la oración como si fuera una parte aislada de la vida. Eso sería como ir al gimnasio y hacer ejercicio solamente con su brazo izquierdo. Llegaría a tener un brazo izquierdo fuerte, pero se vería extraño. Las frustraciones de mucha gente con la oración surgen de trabajar con ella como si fuera una disciplina abstracta.

No aprendemos a orar aislándonos del resto de nuestra vida. Por ejemplo, mientras más amo a nuestra hija menor, Emily, más oro por ella. Lo contrario es cierto también; mientras aprendo a orar más por ella, la amo más. La fe tampoco está aislada de la oración. Mientras más crece mi fe, más audaces llegan a ser mis oraciones por Jill. Entonces, entre más sean respondidas mis oraciones por ella, más crecerá mi fe. De igual manera, si sufro, aprendo a orar. Mientras aprendo a orar, aprendo a soportar el sufrimiento. Ese entrelazamiento se aplica a cada aspecto de la vida cristiana.

Ya que una vida de oración está interconectada con cada parte de nuestra vida, aprender a orar es casi idéntico a madurar durante toda la vida. ¿Cómo se siente crecer? Son mil sentimientos en mil días diferentes. Así es como se siente aprender a orar.

Así que, no busque un sentimiento en la oración. En lo profundo de nuestra psique queremos una experiencia con Dios o una experiencia en oración. Cuando hacemos que esa sea nuestra búsqueda, perdemos a Dios. *Usted no experimenta a Dios; usted llega a conocerlo.* Se somete a él. Lo disfruta. Después de todo, él es una persona.

Por consiguiente, una vida de oración no es algo que se

logra en un año. Es una trayectoria de toda una vida. Lo mismo es cierto para aprender a amar a su cónyuge o a un buen amigo. Nunca se deja de aprender en este lado del cielo. Hay demasiada profundidad en la gente como para poder captar el amor fácilmente. De igual manera, hay demasiada profundidad en Dios como para poder captar la oración fácilmente.

Dicho eso, cosas como *crecer* y *aprender a amar* sí tienen una sensación global. Son lentas, firmes y están llenas de altibajos. No son espectaculares; sin embargo, son reales. No hay una bala mágica, sino mil pinchazos que nos llevan en un peregrinaje o viaje espiritual. Cada peregrinaje espiritual es una historia.

LA VIDA DE ORACIÓN...
LLEGA A ESTAR CONSCIENTE DE LA
HISTORIA

Si Dios es soberano, entonces él tiene el control de todos los detalles de mi vida. Si es amoroso, le dará forma a los detalles de mi vida para mi bien. Si es omnisciente, entonces no hará todo lo que yo quiera porque yo no sé qué es lo que necesito. Si es paciente, se tomará un tiempo para hacer todo esto. Cuando unimos todas estas cosas —la soberanía, el amor, la sabiduría y la paciencia de Dios— tenemos una historia divina.

La gente frecuentemente habla de la oración como si estuviera desconectada de lo que Dios está haciendo en su vida. No obstante, nosotros somos actores en su drama, esperando nuestras líneas, tranquilizando nuestro corazón para poder oír la voz del Dramaturgo.

Usted no puede tener una buena historia sin tensión y sin conflicto, sin que algunas cosas salgan mal. Las oraciones no respondidas crean algunas de las tensiones en la historia que Dios está tejiendo en nuestra vida. Cuando nos damos cuenta de eso, queremos saber qué es lo que Dios está haciendo. ¿Qué patrón está tejiendo Dios?

LA VIDA DE ORACIÓN...
GENERA ESPERANZA

Si Dios compone una historia con nuestra vida, entonces nuestra vida ya no es estática. No estamos paralizados por la vida; podemos tener esperanza.

Muchos cristianos nos rendimos ante un cinismo silencioso que nos deja inconscientemente paralizados. Vemos el mundo como monolítico, congelado. Pedirle a Dios un cambio nos confronta con nuestra duda en cuanto a si la oración marca una diferencia. ¿Es siquiera posible el cambio? ¿No controla Dios todo? Si es así, ¿de qué sirve? Debido a que es incómodo sentir nuestra incredulidad, el enfrentarnos cara a cara con nuestro cinismo, adormecemos nuestra alma con el narcótico de la actividad.

Muchos cristianos no hemos dejado de creer en Dios; simplemente nos hemos convertido en deístas funcionales, viviendo con Dios a la distancia. Vemos el mundo como una caja con bordes claramente definidos. No obstante, a medida que aprendemos a orar bien, descubrimos que este es el mundo de mi Padre. Debido a que mi Padre lo controla todo, puedo pedir, y él oirá y actuará. Debido a que soy su hijo, el cambio es posible y nace la esperanza.

LA VIDA DE ORACIÓN...
LLEGA A ESTAR INTEGRADA

Muchos suponen que la persona espiritual no se ve afectada por la vida, que la presión no la perturba. Esta idea de que la persona espiritual flota por encima de la vida se origina en el mundo antiguo y, en particular, en la mente griega, aunque también la vemos mucho en la mente oriental.

No obstante, incluso un vistazo rápido a la vida de Jesús revela una vida activa. Todos los escritores de los Evangelios se fijan en la actividad de Jesús, pero Marcos en particular la resalta. En cierto momento, la familia de Jesús trata de poner en escena una intervención porque él está muy ocupado. «Cierta vez, Jesús entró en una casa y las multitudes empezaron a juntarse nuevamente. Pronto ni él ni sus discípulos encontraron un momento para comer. Cuando sus familiares oyeron lo que sucedía, intentaron llevárselo. "Está fuera de sí", decían» (Marcos 3:20-21). Dado el carácter sagrado de comer juntos en el mundo antiguo, la vida de Jesús parece estar desequilibrada. No obstante, él ama a la gente y tiene el poder de ayudar, por lo que tiene una interrupción tras otra. Si Jesús viviera hoy, su teléfono celular sonaría constantemente.

La búsqueda de una vida contemplativa en realidad puede ser ensimismada: estar enfocada en mi tranquilidad y en mí. Si amamos a la gente y tenemos el poder de ayudar, entonces estaremos ocupados. Aprender a orar no nos ofrece una vida menos atareada; nos ofrece un corazón menos atareado. En medio de la actividad externa podemos desarrollar una tranquilidad interna. Debido a que estamos menos agitados por dentro, tenemos una mayor capacidad de amar... y, por lo tanto, de estar ocupados, que a su vez nos impulsa aún más a una vida de oración. Al pasar tiempo con nuestro Padre en oración, integramos nuestra vida con la suya, con lo que él está haciendo en nosotros. Nuestra vida llega a ser más coherente. Se siente más tranquila, más ordenada, incluso en medio de la confusión y la presión.

La vida de oración...
Revela el corazón

Finalmente, mientras usted llega a conocer a su Padre celestial, llegará a conocer también su propio corazón. A medida que desarrolla su relación con él, eso lo cambiará a usted. O, más específicamente, él lo cambiará. El cambio genuino es a nivel del corazón.

Siempre olvidamos que Dios es una persona. No aprendemos a amar a alguien sin que eso nos cambie. Esa es simplemente la naturaleza del amor que refleja el corazón de Dios.

Debido a que el amor de Dios no cambia, la segunda persona de la Trinidad, Jesús de Nazaret, ahora tiene un cuerpo lleno de cicatrices. La Trinidad es distinta debido al amor.

A medida que desarrolle su relación con su Padre celestial, usted cambiará. Descubrirá nidos de cinismo, orgullo y obstinación en su corazón. Será desenmascarado. A ninguno de nosotros nos gusta quedar expuestos. Tenemos una reacción alérgica a la dependencia. No obstante, esa es la condición del corazón más necesaria para una vida de oración. Un corazón necesitado es un corazón que ora. La dependencia es el latido de la oración.

Así que, cuando comience a sentirse incómodo, no se aleje de Dios. Él apenas está comenzando a trabajar. Tenga paciencia.

Permítame reunir estos temas con la siguiente historia.

UNA CAMINATA AL TREN

Me dirigía a la estación del tren después del trabajo y, sin darme cuenta, comencé a comparar la misión en la que trabajaba con otra misión. Me di cuenta de que tenía celos y que trataba de forjarme un nombre a expensas de alguien más. Mis celos me sorprendieron. No era la primera vez que me sentía celoso por esto, simplemente era la primera vez que lo había identificado.

Mientras seguía caminando, pensé: *Qué ridículo, sentir celos y competir en mi corazón con otros cristianos, cuando todos estamos involucrados en la misma tarea.* Así es que, antes de subir al tren, oré, y tranquilamente le entregué mi trabajo a Jesús. Recuerdo haber pensado que en realidad era posible que él lo tomara.

Por supuesto que lo tomó. Pasó durante varios años, comenzando con mi agotamiento unos meses después. Seis años más tarde estaba en otra estación del tren, esperando ir a casa, cuando mis lágrimas comenzaron a fluir. Había sido un día difícil en el trabajo y me di cuenta de que todo había acabado. Tenía que dejar el trabajo que amaba.

Aprender a orar no le ofrece una vida menos
atareada; le ofrece un corazón menos atareado.

¿Cómo ilustra esta historia la vida de oración? Primero, refleja una relación. Durante esos seis años, Dios me acercó cada vez más estrechamente a su corazón. Fue un banquete para mi alma. Así como lo haría mi esposa, Dios estaba dándole un empujoncito a mi espíritu en un área de mi vida que no estaba bien. Segundo, mi oración se interconectó con cada aspecto de mi vida. Afectó mi actitud hacia el trabajo; hacia todo, en realidad. Soltar el control de algo que amaba le abrió la puerta a la comunión con Dios. Tercero, mi vida llegó a ser una historia llena de tensión que con el tiempo llevó al cambio y a la esperanza, porque durante esos seis años aprendí a orar. Cuarto, mi vida llegó a estar integrada. Comprendí las conexiones entre mi oración y algunas de las cosas difíciles que se atravesaron en mi camino. Mi oración no estaba aislada de mi vida. Finalmente, mi oración fue inseparable de mi arrepentimiento, de mi encuentro con Dios. Como lo dijo el escritor griego ortodoxo Anthony Bloom: «Déjelo todo, recibirá el cielo»[2]. Cuando usted le entrega su vida a Dios, él le da el regalo de sí mismo.

Ahora aprendamos, paso a paso, a desarrollar una vida de oración.

PARTE 1

APRENDIENDO A ORAR COMO UN NIÑO

Capítulo 3

SEA COMO UN NIÑO PEQUEÑO

En más de una ocasión, Jesús les dice a sus discípulos que lleguen a ser como niños pequeños. La más famosa es cuando las jóvenes madres tratan de acercarse a Jesús para que él pueda bendecir a sus pequeñitos. Cuando los discípulos lo impiden, Jesús los reprende tajantemente: «Dejen que los niños vengan a mí. ¡No los detengan! Pues el reino de Dios pertenece a los que son como estos niños. Les digo la verdad, el que no reciba el reino de Dios como un niño nunca entrará en él» (Marcos 10:14-15). La reprensión de Jesús debe haber sorprendido a los discípulos. Seguramente les pareció extraña. A los niños del primer siglo no se les consideraba lindos o inocentes. Solamente desde la época del Romanticismo del siglo XIX es que hemos idolatrado a los niños[1].

Otro incidente ocurre cuando los discípulos viajan y comienzan a discutir entre sí en cuanto a quién era el más importante entre ellos (ver Marcos 9:33-37). Cuando llegan a la casa de Pedro en Capernaúm, Jesús les pregunta de qué hablaban en el camino. Los discípulos solamente miran al suelo y mueven nerviosamente sus pies. Al principio, Jesús no dice nada. Se sienta y pone a un niñito en medio de ellos. Entonces Jesús lo toma en brazos y, mientras lo sostiene, dice: «a menos que se aparten de sus pecados y se vuelvan como niños, nunca entrarán en el reino del cielo» (Mateo 18:3). Los niños pequeños, incluso en forma de adulto, son importantes para Jesús.

Un incidente menos conocido ocurre cuando los discípulos regresan muy emocionados de su primer viaje misionero y dicen: «Señor, hasta los demonios se nos someten en tu nombre» (Lucas 10:17, NVI). Jesús responde con una oración gozosa: «Oh Padre, Señor del cielo y de la tierra, gracias por esconder estas cosas de los que se creen sabios e inteligentes y por revelárselas a los que son como niños» (Lucas 10:21). Jesús está emocionado porque sus discípulos son como niños.

No es sorprendente que los discípulos frecuentemente se comporten como niños pequeños. Por ejemplo, ¿qué hace Pedro con lo que tiene en mente? Lo dice sin pensar. Eso es lo que hacen los niños. Una vez, cuando prediqué en una iglesia de un barrio marginado, una mujer con voz de ópera cantó un solo. Después del servicio, ella se acercó amablemente a Kim y le preguntó qué pensaba de cómo cantaba. Kim, que debido a su autismo se aterroriza con la música fuerte, se puso el puño en la frente, la señal de «torpe». La mujer se dirigió a Jill y le preguntó qué acababa de indicar Kim. Jill tragó saliva. Jill estaba aprendiendo a interpretar el lenguaje de señas, lo que prepara a la gente a interpretar exactamente lo que la otra persona dice. Entonces Jill dijo: «Fue torpe».

Los discípulos, al igual que Kim, simplemente dicen lo que está en sus mentes, aparentemente sin pensar. Después de la Última Cena, le dicen a Jesús: «Por fin hablas con claridad y no en sentido figurado» (Juan 16:29). Cuando Santiago y Juan quieren llegar a ser el primero y el segundo en el reino, hacen que su madre vaya a hablar por ellos (Mateo 20:20-21). Los discípulos no fingen, excepto Judas.

Jesús quiere que no finjamos cuando nos acercamos a él en oración. En lugar de eso, frecuentemente tratamos de ser algo que no somos. Comenzamos concentrándonos en Dios, pero casi inmediatamente nuestra mente divaga en muchas direcciones distintas. Los problemas del día se llevan nuestra resolución bienintencionada de ser espirituales. Nos damos una reprimenda espiritual y lo intentamos de nuevo, pero la vida desplaza nuestra oración. Sabemos que se supone que la oración no debe ser así, por lo que nos rendimos con desesperación. Mejor sería que lográramos hacer algo.

¿Cuál es el problema? Tratamos de ser espirituales, de hacerlo bien. Sabemos que no necesitamos enmendar nuestros errores para llegar a ser cristianos, pero cuando se trata de la oración, olvidamos eso. Nosotros, como adultos, tratamos de corregirnos. En contraste, Jesús quiere que lo busquemos como niños pequeños, tal como somos.

VENGA CON SU LÍO

La dificultad de llegar tal como somos es que estamos hechos un lío. Y la oración lo empeora. Cuando disminuimos la velocidad para orar, inmediatamente nos vemos confrontados con lo poco espirituales que somos, con lo difícil que es concentrarse en Dios. No sabemos lo malvados que somos hasta que tratamos de ser buenos. Nada expone nuestro egoísmo e impotencia espiritual como la oración.

En contraste, los niños pequeños nunca se quedan pasmados por su egoísmo. Al igual que los discípulos, llegan tal como son, totalmente ensimismados. Rara vez lo hacen bien. Como padres o amigos, sabemos todo eso. De hecho, nos encanta (¡casi siempre!) averiguar qué es lo que hay en sus pequeños corazones. No los reprendemos por estar abstraídos o temerosos. Simplemente, así es como son.

Desde luego, así es como Jill y yo reaccionábamos con Kim. No estábamos seguros si ella podría llegar a caminar, por lo que cuando dio su primer paso a los tres años, no dijimos: «Kim, eso estuvo muy bien y fue bueno, pero sí estás dos años atrasada. Tienes que hacer mucho para ponerte al día, como caminar largas distancias, ya no digamos correr, saltar y brincar». No criticamos lo hecha un lío o lo atrasada que estaba Kim. ¿Qué fue lo que hicimos? Gritamos, dimos alaridos, saltamos de alegría. La familia llegó corriendo a averiguar qué había pasado. Aparecieron las cámaras y Kim repitió su triunfo. Fue asombroso.

Esto no es solamente una observación casual de cómo reaccionan los padres ante los niños pequeños. Este es el evangelio, el corazón acogedor de Dios. Dios también nos ovaciona cuando llegamos a él con nuestras oraciones tambaleantes e indecisas. Jesús no dice: «Vengan a mí todos los que han aprendido a concentrarse en la oración, cuyas mentes ya no divagan y yo les daré descanso». No. Jesús abre sus brazos a sus niños necesitados y dice: «Venid a mí, todos los que estáis cansados y cargados, y yo os haré descansar» (Mateo 11:28, LBLA). El criterio para llegar a Jesús es el cansancio. Venga abrumado por la vida. Venga con su mente que divaga. Venga con su lío.

¿Qué se siente estar cansado? Le cuesta concentrarse. Los problemas del día son como garras en su cerebro. Se siente apaleado por la vida.

¿Qué se siente estar cargado? Lo mismo. Tiene tantos problemas que ni siquiera sabe por dónde empezar. Ya no puede vivir la vida por su cuenta. ¡Jesús quiere que lo busque así como está! Su cansancio lo lleva a él.

No trate de hacer que la oración salga bien; solamente dígale a Dios dónde está y qué hay en su mente. Eso es lo que hacen los niños. Llegan tal como están, con todo y la nariz mocosa. Al igual que los discípulos, simplemente dicen lo que tienen en la mente.

Sabemos que para llegar a ser cristianos no debemos tratar de corregirnos, pero cuando se trata de orar, eso se nos olvida completamente. Cantamos el antiguo himno del estilo *gospel* «Tal como soy», pero cuando se trata de orar, no vamos tal como somos. Tratamos, como adultos, de corregirnos.

La oración privada y personal es uno de los últimos grandes bastiones del legalismo. Para orar como un niño, es posible que usted tenga que desaprender la forma de orar que le enseñaron, que no es personal ni real.

EL VERDADERO USTED

¿Por qué es tan importante que busque a Dios tal como es? Si no lo hace, entonces usted es artificial e irreal, como los fariseos. Rara vez le dijeron directamente a Jesús lo que pensaban. Jesús los acusó de ser hipócritas, de ser actores enmascarados con dos rostros. No eran reales. Tampoco les gustaban los niños pequeños. Los fariseos se indignaron cuando los niños pequeños aparecieron en gran número en el templo (después de que Jesús lo había purificado) y comenzaron a adorarlo. Jesús respondió citando el Salmo 8: «A los niños y a los bebés les has enseñado a darte alabanza» (Mateo 21:16).

La única forma de llegar a Dios es quitándose cualquier máscara espiritual. El verdadero usted tiene que encontrarse con el verdadero Dios. Él es una persona.

_____

Venga abrumado por la vida. Venga con su mente que divaga. Venga con su lío.

_____

Así que, en lugar de que su autoobsesión lo deje pasmado, hable con Dios de sus preocupaciones. Dígale de qué está cansado. Si no comienza desde donde se encuentra, entonces entrará a hurtadillas por la puerta de atrás. Su mente volará hacia su cansancio.

Frecuentemente estamos tan ocupados y abrumados que cuando bajamos el ritmo para orar, no sabemos dónde está nuestro corazón. No sabemos qué es lo que nos inquieta. Así que, por extraño que parezca, tal vez tendríamos que preocuparnos antes de orar. Entonces nuestras oraciones tendrán sentido. Serán acerca de nuestra vida real.

Su corazón podría estar, y frecuentemente está, descentrado. Está bien. Tiene que comenzar con lo que es real. Jesús no vino por los justos. Vino por los pecadores. Todos calificamos. ¡Las mismas cosas de las que tratamos de deshacernos —nuestro cansancio, nuestra distracción, nuestro lío— son las que nos ayudan a entrar por la puerta principal! Así es como funciona el evangelio. Así es como funciona la oración.

Al llevar su verdadero yo a Jesús, le da a él la oportunidad de obrar en el verdadero usted, y usted cambiará lentamente. El reino vendrá. Usted terminará siendo menos egoísta.

El reino viene cuando Jesús se convierte en el rey de su vida. No obstante, tiene que ser *su vida*. Usted no puede crear un reino que no existe, donde trata de ser mejor de lo que es en realidad. Jesús llama a eso hipocresía: ponerse una máscara para cubrir al verdadero usted.

Irónicamente, los muchos intentos de enseñar a la gente a orar estimulan la creación de una personalidad dividida. A usted se le enseña a «hacerlo bien». En lugar de que el verdadero y liado usted se reúna con Dios, usted trata de re-crearse al convertirse en alguien espiritual.

Con razón la oración es tan insatisfactoria.

Así que, en lugar de quedarse paralizado por cómo es usted, comience así como es. Así es como el evangelio funciona. Dios comienza con usted. Es un poco aterrador porque usted está hecho un lío.

Llegue a ser como los niños pequeños con los que se rodeó Jesús. Cuando Natanael oye por primera vez de Jesús, dice lo primero que le viene a su mente: «¿Acaso puede salir algo bueno de Nazaret?» (Juan 1:46). Es el Natanael puro y sin censura. Cuando Jesús saluda a Natanael, casi se puede ver que Jesús está sonriendo cuando dice: «Aquí viene un verdadero hijo de Israel, un hombre totalmente íntegro» (1:47). Jesús ignora el hecho de que Natanael ha juzgado a toda su familia y a sus amigos en Nazaret. Simplemente disfruta de que Natanael es real, sin engaños, un hombre que no finge. Parece que Jesús pasa por alto el pecado y ve a la persona. Es el clásico Jesús. Ama a la gente real.

Dios preferiría mucho más tratar con lo real. Jesús dijo que vino por los pecadores, por la gente que está hecha un lío y que sigue enredándose (ver Lucas 15:1-2). Venga sucio. El propósito del evangelio es que somos incapaces de comenzar con Dios y su reino. Muchos cristianos oran mecánicamente por el reino de Dios (por los misioneros, por la iglesia y así sucesivamente), pero, al mismo tiempo, sus vidas están envueltas en sus propios reinos. Usted no puede agregar el reino de Dios al suyo como un revestimiento.

TOCAR EL CORAZÓN DE NUESTRO PADRE

Las palabras iniciales de la oración del Señor son *Padre nuestro*. Usted es el centro del afecto de su Padre celestial. Es allí donde usted encuentra descanso para su alma. Si quita la oración del corazón acogedor de Dios (como lo hace mucha de la enseñanza acerca del Padrenuestro), la oración se convierte en una tarea legalista. Hacemos la tarea, pero pasamos por alto tocar el corazón de Dios. Al llegar a Dios «cansados y cargados», descubrimos su corazón; el cielo toca la tierra y se hace su voluntad.

Tenemos mucho más que aprender acerca de la oración, pero al llegar como un niño ante nuestro Padre, nosotros hemos aprendido la esencia de la oración. Digo «nosotros» deliberadamente porque regularmente olvido la simplicidad de la oración. Me deprimo y después de fracasar en corregir mi depresión, me doy por vencido conmigo mismo y permanezco distante de Dios. Olvido la apertura del corazón de mi Padre. Él quiere que llegue deprimido, tal como estoy.

Si usted entiende esta simple verdad, entonces, al igual que Kim, ha dado su primer paso tambaleante. De hecho, quizá quiera dar un paso tambaleante ahora, haciendo una pausa para orar como un niño pequeño.

Capítulo 4

APRENDA A
HABLAR CON
SU PADRE

¿Cómo aprendemos a hablar con nuestro Padre? Pidiéndole como un niño, creyendo como un niño e incluso jugando como un niño.

PEDIR COMO UN NIÑO

Hagamos un rápido análisis de cómo piden los niños pequeños.

¿Qué piden ellos? De todo y cualquier cosa. Si se enteran de Disneylandia, quieren ir allí mañana.

¿Qué tan frecuentemente piden los niños? Repetidas veces. Una y otra vez. Nos desgastan. A veces cedemos solamente para callarlos.

¿Cómo piden los niños? Sin malicia. Solamente dicen lo que está en su mente. No tienen conciencia de lo que es apropiado o inapropiado.

Jesús nos dice que observemos a los niños si queremos aprender a pedir en oración. Después de presentar la idea de pedir audazmente en el Sermón del monte («Sigue pidiendo y recibirás lo que pides»), nos dice por qué podemos pedir audazmente: «Ustedes, los que son padres, si sus hijos les piden un pedazo de pan, ¿acaso les dan una piedra en su lugar? O si les piden un pescado, ¿les dan una serpiente? ¡Claro que no! Así que si ustedes, gente pecadora, saben dar buenos regalos a sus hijos, cuánto más su Padre celestial dará buenos regalos a quienes le pidan» (Mateo 7:7, 9-11).

Cuando nuestro hijo John tenía seis meses, extendió su mano, señaló hacia donde estaba la mantequilla y dijo: «kía». Nosotros no dijimos: «John, tienes que decir "por favor". Y no se dice "kía", sino man-te-qui-lla. Además, hay una orientación hacia el ego que si no se le presta atención arruinará tu vida». *Kía* fue la primera palabra de nuestro hijo, por lo que nos reímos y le dimos la mantequilla.

Kim recibió su primera computadora de habla cuando tenía cinco años. La llevamos a la playa de Nueva Jersey para las vacaciones. Le explicamos a Kim las teclas y esperamos. Ella se inclinó y presionó la tecla que tenía los arcos dorados de McDonald's. La voz electrónica cobró vida y dijo: «McDonald's». Eran las dos de la tarde y acabábamos de almorzar. Lo dejamos todo, entramos al auto de un salto con Kim, de prisa condujimos a McDonald's y le compramos a Kim una hamburguesa y una bebida gaseosa. Estábamos entusiasmados. No tardó mucho para que Kim estuviera pidiendo toda su comida en McDonald's. Ella se pone particularmente contenta si mamá no está por allí y puede pedir papas fritas.

Si nosotros, padres terrenales, con todo nuestro quebrantamiento, les damos a nuestros hijos buenos regalos, ¿no nos dará aún más nuestro Padre celestial? Los pedidos de nuestros hijos, sin importar lo triviales que sean, nos llegan al corazón. Dios siente lo mismo.

CREER COMO UN NIÑO

Lo segundo que tenemos que hacer para aprender a orar es creer como un niño. Los niños confían absolutamente en el amor y el poder de sus padres. Confían instintivamente. Creen que sus padres quieren hacerles bien. Si usted sabe que su padre lo ama y lo protege, eso llena su mundo de posibilidades. Usted solamente habla sin cesar de lo que hay en su corazón.

En el mundo de la oración es igual. Si usted aprende a orar, aprende a volver a soñar. Digo «volver» porque cada niño sueña y espera de manera natural. Aprender a orar es entrar al mundo de un niño, donde todas las cosas son posibles. Los niños pequeños no pueden imaginar que sus padres finalmente no dirán que sí. Saben que si siguen insistiendo, ellos finalmente cederán. La fe característica de un niño impulsa esa persistencia.

No se sienta avergonzado por lo necesitado que está su corazón y por cuánto necesita clamar por gracia. Solamente comience a orar.

No obstante, a medida que nos hacemos mayores, nos volvemos menos ingenuos y más cínicos. La decepción y las promesas rotas son la norma, en lugar de la esperanza y los sueños. Nuestra fe como de niños muere mil pequeñas muertes. Jesús nos anima a creer como niños pequeños al contar historias de adultos que actuaron como niños: la parábola de la viuda insistente, que no aceptó un «no» como respuesta de un juez injusto (ver Lucas 18:1-8), y la parábola acerca del hombre que molesta repetidamente a su vecino para que le preste tres panes para un amigo que llegó a la medianoche (ver Lucas 11:5-8).

En la ocasión inusual en que Jesús se encuentra con un adulto que cree como un niño, se emociona y dice: «Pongan atención a esta persona. ¡Miren cómo cree!». Hace eso solamente dos veces; en ambas oportunidades la persona era gentil y no pertenecía a la comunidad de fe. La primera es un oficial romano, un centurión, que tiene tanta confianza en la capacidad de Jesús para sanar a su siervo paralítico que le pide a Jesús que lo sane sin siquiera visitar su casa. Le dice a Jesús: «Tan solo pronuncia la palabra desde donde estás y mi siervo se sanará» (Lucas 7:7). Jesús se queda atónito. Se dirige a la multitud que lo sigue y dice: «Les digo, ¡no he visto una fe como esta en todo Israel!» (7:9). La segunda es una mujer cananea cuya hija está poseída por un demonio. Aunque Jesús la reprende, ella insiste. Jesús se maravilla de su fe y le da su segundo Óscar de la Gran Fe: «Apreciada mujer [...], tu fe es grande. Se te concede lo que pides» (Mateo 15:28).

En el último capítulo vimos que creer el evangelio, saber que Dios nos acepta en Jesús, nos ayuda a acudir a él con nuestro lío. Ahora vemos que el evangelio también nos libera para pedir lo que hay en nuestro corazón.

APRENDER A JUGAR OTRA VEZ

Además de pedir y creer como un niño, aprender a orar implica, sorprendentemente, aprender a jugar otra vez. ¿Cómo juegan los niños pequeños? Si le pregunta a un padre o a una madre cuánto tiempo permanece en una tarea un niño de un año, él o ella solamente sonríe. Si necesita saberlo, varía entre tres segundos y tres minutos. No es mucho tiempo, y tampoco es particularmente organizado.

¿Cómo puede eso enseñarnos a orar? Piénselo por un minuto. ¿Cómo estructuramos nuestras conversaciones de adultos? No lo hacemos. Especialmente cuando hablamos con los viejos amigos, la conversación salta de un tema al otro. Tiene una característica divertida, errante, como cuando se juega. ¿Por qué nuestro tiempo de oración tendría que ser distinto? Después de todo, Dios es una persona.

Incluso la oración del apóstol Pablo en Efesios tiene una característica parecida al juego. Comienza a orar diciendo: «No he dejado de dar gracias a Dios por ustedes. Los recuerdo constantemente en mis oraciones y le pido a Dios, el glorioso Padre de nuestro Señor Jesucristo, que les dé sabiduría espiritual» (1:16-17). Continúa orando en varios versículos, pero no se puede estar seguro de dónde se detiene. Comienza a orar otra vez al principio del capítulo 3: «Cuando pienso en todo esto, yo, Pablo, prisionero de Cristo Jesús por el bien de ustedes los gentiles...», pero tan pronto como menciona a los gentiles, aparentemente se distrae y deja de orar. Finalmente, reanuda su oración otra vez en 3:14: «Cuando pienso en todo esto, caigo de rodillas y elevo una oración al Padre». La oración de Pablo carece de enfoque. Es una oración clásica de alguien con trastorno por déficit de atención. Comienza a orar, se interrumpe a sí mismo, comienza a orar otra vez, se distrae y luego finalmente termina su oración.

La oración que carece de esa calidad como de juego es casi autista. Cuando una persona es autista, le cuesta captar los indicios sociales de la otra persona. Por ejemplo, Kim me llama a eso de la una y media cuando llega a casa del trabajo. Presiona el botón del altavoz de nuestro teléfono, marca el número de mi celular y me dice con su computadora cómo le fue en su día. Nunca dice «hola»; simplemente comienza una descripción de su día y cuelga. Nada de preguntas. Nada de «adiós» o «te veo después». Solamente un clic.

Cuando su mente comienza a divagar en la oración, sea como un niño. No se preocupe por ser organizado o por permanecer en la tarea. ¡Sin duda, Pablo no lo estaba! Recuerde que está en una conversación con una persona. En lugar de darse golpes, aprenda a jugar otra vez. Ore por aquello a lo que su mente divaga. Tal vez sea algo importante para usted. Tal vez el Espíritu lo está empujando a pensar en algo más.

APRENDA A BALBUCEAR OTRA VEZ

Durante los últimos nueve años, Jill ha hecho terapia del lenguaje con Kim casi a diario. Kim ha progresado extraordinariamente, pero ahora está en la etapa en la que simplemente necesita sacar las palabras, sin importar cómo suenen. La mayoría de las veces se avergüenza de lo mal que se oye. Justo hoy en la mañana llevé a Kim para que le sacaran una radiografía de su rodilla derecha, que le había estado molestando. Ella perdió la calma tres veces durante la mañana; la última vez porque tenía que estar de pie sin moverse para los rayos X. Cuando llegamos a casa me senté con ella y le pregunté qué pensaba de la mañana. Hizo señas: «Lo siento». Dije: «Usa tu voz». Entonces ella oró titubeante: «Por favor, perdóname por enojarme». Apenas era descifrable, pero lo decía de corazón.

Cuando se trata de la oración, nosotros también necesitamos solamente sacar las palabras. Siéntase libre de hacer una pausa en este momento para orar. Está bien si su mente divaga o si sus oraciones son interrumpidas. No se sienta avergonzado por lo necesitado que está su corazón y por cuánto necesita clamar por gracia. Solamente comience a orar. Recuerde que el propósito del cristianismo no es aprender muchas verdades para no necesitar más a Dios. No aprendemos que es Dios en lo abstracto. Él nos involucra en su vida.

Llegue a ser como un niño: pida, crea y, sí, incluso juegue. Cuando usted deja de tratar de ser adulto y de corregirse, la oración simplemente fluye porque Dios ha hecho algo extraordinario. Él le ha dado una nueva voz. Es la de él. Dios ha reemplazado su antena de oración muy dañada con una nueva: el Espíritu. Él está orando dentro de usted. Pablo nos dijo que el Espíritu pone en nosotros el corazón de Jesús que ora; «Dios envió al Espíritu de su Hijo a nuestro corazón, el cual nos impulsa a exclamar "Abba, Padre"» (Gálatas 4:6). Descubrirá que su corazón encaja con el de Dios.

Descubrirá que la oración es un banquete. A medida que se despoja del desorden en su corazón y en su mente, es fácil estar quieto en la presencia de Dios. Será capaz de decir con David: «Me he calmado y aquietado, como un niño destetado que ya no llora por la leche de su madre» (Salmo 131:2).

Capítulo 5

PASE TIEMPO CON SU PADRE

Uno podría pensar que si Jesús era el hijo de Dios, no necesitaría orar. O por lo menos, que no necesitaría un tiempo de oración *específico* porque estaría en un estado constante de oración. Sería de esperar que tendría una línea directa hacia su Padre celestial, como una banda ancha al cielo. Pensaría que Jesús, al menos, podría hacer un mejor trabajo de dejar de prestarle atención al ruido del mundo. No obstante, sorprendentemente, parece que Jesús necesitaba tiempo con Dios tanto como nosotros.

El primer día de su ministerio público, Jesús enseña en la sinagoga de Capernaúm en el día de descanso (ver Marcos 1:21-39). Mientras la audiencia se maravilla por su autoridad, un hombre poseído por un demonio grita: «¡Yo sé quién eres: el Santo de Dios!». Jesús reprende al demonio enérgicamente y lo expulsa sin esfuerzo. La multitud queda atónita.

Después del servicio en la sinagoga, Jesús regresa a la casa de Pedro para la comida del día de descanso, y se entera de que la suegra de Pedro está en cama con fiebre. Jesús la toma de la mano y la sana instantáneamente. Ella se levanta y prepara el almuerzo.

Las noticias de la sanidad y del exorcismo circulan

rápidamente por la ciudad costera de Capernaúm. No obstante, la tradición de los ancianos no permite la sanidad en el día de descanso, a menos que se trate de una amenaza para la vida, por lo que el pueblo espera hasta la noche. Marcos nos cuenta que tan pronto como el sol se puso, «el pueblo entero se juntó en la puerta para mirar». Es fácil imaginar la calle frente a su casa iluminada por el suave resplandor de cientos de titilantes lámparas de aceite. Jesús sana hasta entrada la noche. Esa es la razón por la que vino: se supone que no debe haber niños mudos, esposas abandonadas o jefes desconsiderados.

Al día siguiente, Jesús se despierta antes del amanecer, se dirige a un lugar aislado a la salida de la ciudad y ora. Está ausente tanto tiempo que las multitudes se vuelven a reunir, causando que los discípulos salgan a buscarlo. Cuando Pedro lo encuentra, le dice a Jesús: «Todos te están buscando».

Es un día extraordinario: la noche y la mañana del primer día de una nueva creación. El nuevo Adán elimina la maldición y destruye la maldad. Los demonios y la enfermedad huyen en presencia de la Vida. Aslan está en marcha.

Si usted sabe que, al igual que Jesús, no puede vivir la vida por su cuenta, entonces la oración tiene mucho sentido.

¿POR QUÉ NECESITABA ORAR JESÚS?

¿Por qué ora Jesús en la mañana, en un lugar desolado donde no se le puede interrumpir? Su vida ofrece tres pistas.

Pista No. 1: Su identidad

Siempre que comienza a hablar de su relación con su Padre celestial, Jesús llega a ser como un niño: muy dependiente. «El Hijo no puede hacer nada por su propia cuenta» (Juan 5:19).

«Yo no puedo hacer nada por mi propia cuenta» (Juan 5:30). «Yo no hago nada por mi cuenta, sino que digo únicamente lo que el Padre me enseñó» (Juan 8:28). «El Padre, quien me envió, me ha ordenado qué decir y cómo decirlo» (Juan 12:49). Solamente un niño diría: «Solo hago lo que veo que hace mi Padre».

Cuando Jesús nos dice que seamos como niños pequeños, no nos está diciendo que hagamos algo que él no esté haciendo ya. Jesús es, sin duda alguna, el ser humano más dependiente que haya vivido. Debido a que él no puede vivir la vida por su propia cuenta, ora. Y ora. Y ora. Lucas nos dice que Jesús «se alejaba al desierto para orar» (5:16).

Cuando Jesús nos dice: «separados de mí, no pueden hacer nada» (Juan 15:5), nos está invitando a su vida de dependencia viva de su Padre celestial. Cuando Jesús nos dice que creamos, no nos está pidiendo que desarrollemos un poco de energía espiritual. Nos dice que nos demos cuenta de que, al igual que él, no tenemos los recursos para vivir la vida. Cuando usted sabe (al igual que Jesús) que no puede vivir la vida por su cuenta, la oración tiene mucho sentido.

No obstante, es aún más profundo que eso. Jesús se define a sí mismo solamente por medio de su relación con su Padre celestial. Adán y Eva comenzaron su búsqueda de identidad personal después de la Caída. Solamente después de que actuaron independientemente de Dios fue que tuvieron una sensación del yo separado[1]. Debido a que Jesús no tiene un sentido del yo separado, no tiene una crisis de identidad, no tiene ansiedad. Por consiguiente, él no trata de «encontrarse a sí mismo». Él se conoce a sí mismo solamente en una relación con su Padre. No puede concebirse a sí mismo fuera de esa relación.

Imagínese preguntándole a Jesús cómo está. Él diría: «Mi Padre y yo estamos muy bien. Él me ha dado todo lo que necesito hoy». Usted respondería: «Me alegra que tu Padre esté bien, pero enfoquémonos solamente en ti por un minuto. Jesús, ¿cómo estás *tú*?». Jesús lo miraría raro, como si usted estuviera hablando en un idioma extranjero. La pregunta no tiene sentido.

Él simplemente no puede responder la pregunta «¿cómo estás tú?» sin incluir a su Padre celestial. Es por eso que contemplar el terror de la cruz en Getsemaní fue una agonía tremenda para Jesús. Nunca había experimentado un momento en el que no estuviera en comunión con su Padre. La angustia de Jesús es lo normal para nosotros.

Su vida de oración es una expresión de su relación con su Padre. Él quiere estar a solas con la persona a la que ama.

Pista No. 2: Su enfoque en una sola persona

Cuando Jesús interactúa con la gente, limita su enfoque a una sola persona. Cuando encuentra a un cojo en el estanque de Betesda, primero ve una multitud; luego lo ve solamente a él. En medio de «una multitud de enfermos —ciegos, cojos, paralíticos— [...] Jesús lo vio» (Juan 5:3, 6). Cuando Jesús está con alguien, esa persona es la única en la habitación. Jesús disminuye la velocidad y se concentra en una persona a la vez. La forma en que ama a la gente es idéntica a la forma en que ora a su Padre.

Este enfoque en una sola persona es la manera en que funciona el amor. El amor se encarna al disminuir la velocidad y enfocarse solamente en el ser amado. No amamos en general; amamos a una persona a la vez. Pienso en eso casi cada mañana cuando me arrodillo frente a Kim y le ato sus botas de trabajo enlodadas. Es un servicio diario de lavado de pies para mi alma.

Pista No. 3: Su humanidad limitada

La implicación del enfoque de Jesús en una sola persona es que el Jesús completamente humano no es bueno para hacer mil cosas a la vez[2]. Necesita estar lejos de la gente para sintonizarse con su Padre celestial.

En teoría, Jesús podría haberse concentrado en su Padre

mientras sanaba a la gente. Podría haber usado su deidad para protegerse a sí mismo de la lentitud e ineficiencia de la vida. Cuando la mujer que sangraba lo interrumpe en el camino a la casa de Jairo, Jesús podría haberla sanado sin detenerse para conectarse con ella como persona (ver Lucas 8:40-48). Sin embargo, no lo hace. Cuando rechaza la tentación de Satanás de convertir la piedra en pan, rechaza la eficiencia y elige el amor (ver Mateo 4:1-4). Así que, como un pleno ser humano, necesita alejarse para orar.

Cuando Jesús se retira de la casa llena de gente en Capernaúm a un lugar aislado en el desierto, sigue su propio consejo del Sermón del monte: «Entra en tu cuarto, cierra la puerta y ora a tu Padre, que está en lo secreto» (Mateo 6:6, NVI). Desde toda la eternidad, él ha estado en una relación con su Padre. Necesita concentrarse en su Padre. Quiere estar con él, por lo que se queda a solas para orar.

DEDICAR TIEMPO NO TIENE SUSTITUTO

El ejemplo de Jesús nos enseña que la oración implica una relación. Cuando él ora, no cumple con un deber; se está acercando a su Padre.

Cualquier relación, si va a desarrollarse, necesita un espacio privado y tiempo juntos sin ningún programa, para que las personas puedan conocerse mutuamente. Esto crea un ambiente en el que se puede dar la cercanía, donde se puede comenzar a entender el corazón del otro.

Usted no crea la intimidad, le abre espacio. Eso es cierto ya sea que hable de su cónyuge, de un amigo o de Dios. Necesitan espacio para estar juntos. La eficiencia, el hacer muchas cosas a la vez y el ajetreo matan la intimidad. En resumen, usted no puede llegar a conocer a Dios sobre la marcha.

Si Jesús tiene que alejarse de la gente y del ruido para orar, entonces tiene sentido que nosotros también necesitemos hacerlo.

ORAR DE LA FORMA EN QUE JESÚS ORABA

El modelo de Jesús de una oración matutina sigue el ritmo antiguo de los escritores hebreos que inclinaban sus corazones a Dios en la mañana. He aquí un ejemplo de salmos que describe esta práctica:

SEÑOR, escucha mi voz por la mañana; cada mañana llevo a ti mis peticiones y quedo a la espera. (5:3)

Cada mañana cantaré con alegría acerca de tu amor inagotable. (59:16)

Yo, SEÑOR, te ruego que me ayudes;
por la mañana busco tu presencia en oración. (88:13, NVI)

Hazme oír cada mañana acerca de tu amor inagotable, porque en ti confío. Muéstrame por dónde debo andar, porque a ti me entrego. (143:8)

¿Tenemos que orar en la mañana? No, la oración sumosacerdotal de Jesús en Juan 17 y después su oración en Getsemaní fueron oraciones vespertinas.

Los salmos nos dan una pista de cómo oraban los hebreos. La mayoría de los salmos tienen por lo menos una entrada en voz alta, como «*escucha mi* voz [...] clamo *a ti* [...] *Oh Señor, oye mi ruego*» (ver Salmos 5:2-3; 17:1; 28:2). Los hemos convertido en metáforas del alma, pero los hebreos le hablaban a Dios literalmente en voz alta, pidiéndole ayuda.

Jesús sigue la costumbre de orar en voz alta. Sabemos el contenido de su oración sumosacerdotal porque sus discípulos pudieron oír su voz. De igual manera, sabemos lo que oró en Getsemaní porque sus discípulos lo oyeron cuando derramaba su corazón ante su Padre. «Y Cristo, en los días de su carne, ofreciendo ruegos y súplicas con gran clamor y lágrimas al que le podía librar de la muerte, fue oído» (Hebreos 5:7, RVR60).

Cuando Jesús cuenta la parábola del fariseo y el cobrador de impuestos, describe a los dos hombres que oraban en voz alta. Jesús continúa animándonos a orar en la privacidad de nuestras habitaciones para que nuestras oraciones en voz alta no se conviertan en una exhibición verbal.

Orar en voz alta puede ser útil porque evita que usted se pierda en su mente. Hace que sus pensamientos sean concretos. No obstante, es más que una técnica; también es una declaración de fe. Usted declara audiblemente su creencia en un Dios que está vivo.

Orar en voz alta no es una regla del Nuevo Testamento; es simplemente otra forma de ser auténticos en la oración. Todos somos distintos. Personalmente, me ha sido difícil orar en voz alta porque tengo desarrollado el hábito de orar en silencio. Aún así, cuando confieso un pecado en voz alta, se siente más real. Cuando oigo mi propia voz admitir que he hecho algo mal, me sorprendo por lo concreto que se siente el pecado. Incluso he pensado: *Ay, creo que eso estuvo verdaderamente mal.* Cuando me dirijo a algún evento social, a veces oro en voz alta en el automóvil para no caer en la lujuria sexual ni el complacer a la gente. Esto me ayuda a estar mucho más consciente de mi necesidad. Mis oraciones llegan a ser más serias.

VENCER LAS OBJECIONES

No importa cuándo ni cómo oremos, frecuentemente encontramos razones por las cuales no podemos disminuir la velocidad lo suficiente como para tener un tiempo de oración regular. Una objeción para un tiempo de oración diario es: «Yo oro todo el tiempo». Aunque ser «constantes en la oración» (Romanos 12:12, RVR60) es una manera importante de orar de la que hablaremos más adelante, eso no sustituye los tiempos concretos de oración. Por ejemplo, una pareja de esposos que solamente se hablan con frases cortas a lo largo del día tendrán una relación superficial. Serían socios de negocio, no amantes. No se puede desarrollar una relación con fragmentos de discursos.

Otra objeción es el ajetreo. Cuando oí por primera vez el comentario de Martín Lutero de que no podía arreglárselas si no tenía tres o cuatro horas de oración al día, me rasqué la cabeza[3]. Sabiendo lo ocupado que estaba Lutero, uno podría pensar que él hubiera querido disminuir la oración. Ahora bien, años después, tiene mucho sentido para mí. De hecho, cuanta más presión exista, más necesito orar. Oro en la mañana porque mi vida tiene mucha presión.

Si usted no ora, es porque se siente bastante seguro de que el tiempo, el dinero y el talento son lo único que necesita en la vida. Siempre estará demasiado cansado, demasiado ocupado. No obstante, si al igual que Jesús usted se da cuenta de que no puede vivir la vida por su cuenta, entonces independientemente de lo ocupado o cansado que esté, encontrará tiempo para orar.

El tiempo en la oración lo hace aún más dependiente de Dios porque no tiene tanto tiempo para terminar las cosas. Cada minuto dedicado a la oración es un minuto menos en el que podría hacer algo «productivo». Así que el acto de orar significa que tendrá que depender aún más de Dios.

DÉ PASITOS

Cuando se trata de pasar tiempo con Dios, dé pasitos. No se imponga metas imposibles para luego fracasar. Si puede recordar un tiempo en su vida en el que tuvo una grandiosa media hora de oración, no haga de eso su estándar. Comience lentamente. Dé un pasito de cinco minutos.

No hay ninguna manera en particular de hacerlo. Algunas personas oran en su camino al trabajo. Mi única advertencia es que resulta difícil mantener la cercanía cuando se hacen muchas cosas a la vez. Un matrimonio se debilitaría si hablar con el cónyuge en el automóvil fuera la única comunicación que sostuviera la pareja. Lo mismo le pasará a su relación con Dios.

He aquí siete sugerencias sencillas de cómo puede pasar tiempo con su Padre en la mañana:

- *Váyase a la cama.* Lo que hace en la noche le dará forma a su mañana. La noción hebrea de un día como la noche y la mañana (ver Génesis 1) le ayuda a planificar la oración. Si quiere orar en la mañana, entonces planifique su noche de manera que no se quede despierto hasta muy tarde. La noche y la mañana están conectadas.
- *Levántese.* Orar en la cama es maravilloso. De hecho, mientras más ore *fuera* de la cama, más orará *en* la cama. Sin embargo, nunca desarrollará un tiempo de oración en la mañana *en* la cama. Algunos de mis tiempos de oración más ricos son en la noche. Me despierto orando. No obstante, esos tiempos de oración solamente comenzaron a surgir porque me levantaba de la cama para orar.
- *Despiértese.* Tal vez necesite hacerse un café primero o ducharse.
- *Consiga un lugar tranquilo.* Tal vez una habitación, una silla o un lugar con una vista agradable. O tal vez le vaya mejor si sale a caminar. Asegúrese de que nadie pueda interrumpirlo.
- *Póngase cómodo.* No sienta que tiene que orar de rodillas. Por años se me obstaculizaba orar porque me sentía muy incómodo orando de rodillas.
- *Arranque.* Comience con solamente cinco minutos. Comience con una pequeña meta que pueda alcanzar, en lugar de algo heroico. Rápidamente se dará cuenta de que el tiempo vuela.
- *Continúe.* La persistencia es más importante que el lapso de tiempo. Si ora cinco minutos al día, entonces ese

lapso aumentará lentamente. Levantará la cabeza y descubrirá que han pasado veinte minutos. Disfrutará de estar con Dios. Jesús está tan interesado en que nos aferremos a la oración que les cuenta a sus discípulos «una parábola sobre la necesidad de orar siempre, y no desmayar» (Lucas 18:1, RVR60).

Independientemente de cómo o cuándo ore, si le da a Dios ese espacio, él tocará su alma. Dios sabe que usted está exhausto, pero, al mismo tiempo, él anhela ser parte de su vida. Le espera un banquete.

Capítulo 6

APRENDA A VIVIR INDEFENSO

Por alguna razón, Kim siempre se ha despertado temprano, a veces tan temprano como las cuatro y media. Ella sabe que no debe levantarse tan temprano, por lo que sale al pasillo, enciende la luz y regresa a la cama. Cinco minutos después se vuelve a levantar, apaga la luz y regresa a la cama, simplemente para volver a repetir el proceso, una y otra vez. Cuando Kim comienza a pasearse en el tercer piso, Jill o yo le decimos que regrese a la cama. Como nos separa un piso, nuestro «decir» suena más como gritar.

Cuando Jill y yo nos levantamos para orar, puede volverse verdaderamente emocionante. Jill ora en el primer piso y yo en el segundo. Jill es más sensible al ruido que yo, por lo que cuando oye a Kim paseándose arriba, me pide que le diga que guarde silencio. A veces le grito a Kim para que Jill no me grite a mí que le grite a Kim. En defensa de Jill, los pasos de Kim son tan fuertes que parece que está trotando.

En el mundo del autismo, el pasearse de Kim se llama «perseveración». Llegó a ser tan problemático que consultamos a su neurólogo, quien sugirió un fármaco que probamos, pero Kim solamente subió de peso, por lo que dejamos el fármaco, ¡y volvimos a los gritos!

Jill y yo hemos saturado de oración la vida de Kim, pero recientemente caí en cuenta de que nunca había orado por ella, o con ella, para que dejara de pasearse. ¿Por qué? Porque yo ya sabía la solución: «Kim necesita dejar de pasearse. Le diré que deje de pasearse». En otras palabras, yo no me sentía indefenso. Sabía qué hacer. A eso le llamo el enfoque tonto de la vida. En otras palabras: «Tonto, si solamente dejaras de...».

Los niños son buenos con la incapacidad. Es lo que hacen mejor. No obstante, como adultos, pronto olvidamos lo importante que es la incapacidad. Para empezar, yo soy alérgico a la incapacidad. No me gusta. Quiero un plan, una idea o quizás un amigo que escuche mi problema. Así es como instintivamente abordo todo porque confío en mis propias habilidades. Esto es cierto incluso en mi trabajo de enseñarle a la gente acerca de la oración. Aunque dirigí seminarios de oración y escribí un estudio sobre la oración, hasta hace un año nunca se me ocurrió orar sistemática y regularmente por nuestro ministerio de oración. ¿Por qué no? Porque yo no era indefenso. Podía encargarme de nuestro ministerio de oración por mi cuenta. Nunca dije esto ni pensé en ello, pero lo viví. Irónicamente, la incapacidad es uno de los temas centrales en nuestro seminario de oración. ¡Yo no era indefenso en cuanto al ministerio de enseñar sobre la incapacidad! Así es el corazón humano. Solamente comencé a orar regularmente por nuestro ministerio de seminarios cuando no avanzaba, cuando llegué a ser indefenso.

LA ORACIÓN = INCAPACIDAD

Dios quiere que lleguemos a él con las manos vacías, cansados y cargados. Instintivamente, queremos deshacernos de nuestra incapacidad antes de acercarnos a Dios. Un participante de nuestros seminarios de oración lo dijo de la siguiente manera:

Comienzo a ver que hay una diferencia entre «decir oraciones» y orar con sinceridad. Ambas pueden sonar igual por fuera, pero la primera es motivada con demasiada frecuencia por un sentido de obligación y de culpa; mientras que la segunda es motivada por la convicción de que estoy totalmente incapacitado para «vivir la vida» por mi cuenta. O, en el caso de la oración por otros, que soy totalmente incapaz de ayudarlos sin la gracia y el poder de Dios.

El luterano noruego Ole Hallesby articuló la importancia de la incapacidad en su libro clásico *Prayer* (*La oración cristiana*). Describió cómo la petición de María a Jesús en las bodas de Caná —«Se quedaron sin vino» (Juan 2:3)— es una descripción perfecta de la oración[1]. La oración es llevarle su incapacidad a Jesús. Thomas Merton, el monje trapense, lo resumió bellamente: «La oración es una expresión de quiénes somos. [...] Somos una inconclusión viviente. Somos una brecha, un vacío que pide ser llenado»[2].

A lo largo del libro de Juan vemos a gente que se acerca a Jesús debido a la incapacidad que tenían. La mujer samaritana no tiene agua (ver Juan 4). Más adelante, en ese mismo capítulo, el hijo del funcionario no tiene salud. El hombre cojo cerca del estanque de Betesda no recibe ayuda para meterse al agua (ver Juan 5). La multitud no tiene pan (ver Juan 6). El ciego no puede ver (ver Juan 9). Y, finalmente, Lázaro no tiene vida (ver Juan 11).

Recibimos a Jesús porque estábamos débiles, y así es como lo seguimos. Pablo les dijo a los Colosenses: «Por lo tanto, de la manera que recibieron a Cristo Jesús como Señor, ahora deben seguir sus pasos» (2:6). Olvidamos que la incapacidad es la manera en que funciona la vida cristiana.

A Pablo se le recordó esto cuando oró tres veces para que Dios le quitara la espina en la carne. No ocurrió. En lugar de eso, Dios le recordó a Pablo cómo funciona el evangelio. «Cada vez él me dijo: "Mi gracia es todo lo que necesitas; mi poder actúa mejor en la debilidad". Así que ahora me alegra jactarme de mis debilidades, para que el poder de Cristo pueda actuar a través de mí» (2 Corintios 12:9).

El evangelio, el regalo gratuito de Dios en Jesús, solamente funciona cuando nos damos cuenta de que no lo tenemos todo. Lo mismo es cierto de la oración. Es precisamente eso a lo que somos alérgicos —nuestra incapacidad— que hace que la oración funcione. Funciona porque *somos* incapacitados. No podemos vivir la vida por cuenta propia.

La oración refleja el evangelio. En el evangelio, el Padre nos acepta como somos gracias a Jesús y nos da su regalo de salvación. En la oración, el Padre nos recibe como somos gracias a Jesús y nos da su regalo de ayuda. Nosotros vemos la insuficiencia de nuestra forma de orar y nos damos por vencidos, pensando que algo está mal en nosotros. Dios mira la suficiencia de su Hijo y se deleita en nuestras oraciones descuidadas y vagas.

UNA OPINIÓN EQUIVOCADA DE LA MADUREZ

Nos decimos a nosotros mismos: «Los cristianos firmes oran mucho. Si fuera un cristiano más firme, oraría más». Los cristianos firmes sí oran más, pero oran más porque se dan cuenta de lo débiles que son. No tratan de esconderlo de sí mismos. La debilidad es el canal que les permite tener acceso a la gracia.

No me refiero a los cristianos muy conocidos. Un entrevistador le preguntó en cierta ocasión a Edith Schaeffer, autora y esposa del evangelista y filósofo Francis Schaeffer: «¿Quién es la mujer cristiana más grande actualmente?». Ella respondió: «No sabemos su nombre. Se muere de cáncer en alguna parte, en un hospital de la India». Me refiero a esa mujer. Debajo de esa vida obediente hay una sensación de incapacidad. Ha llegado a ser parte de su misma naturaleza... casi como el respirar. ¿Por qué? Porque es débil. Ella puede sentir su corazón inquieto, su tendencia a compararse con otras. Le impacta cómo pueden brotar los celos en ella. Observa cuán fácilmente el mundo puede clavarle las garras. En resumen, desconfía de sí misma. Cuando mira a los demás, ve las mismas batallas. El mundo, la carne y el diablo son demasiado para ella. ¿El resultado? Su corazón clama a Dios en oración. Ella necesita a Jesús.

A medida que maduramos como cristianos, vemos cada vez más nuestra naturaleza pecaminosa, pero al mismo tiempo vemos cada vez más a Jesús. A medida que vemos más claramente nuestra debilidad, comenzamos a entender nuestra necesidad de más gracia.

El siguiente cuadro muestra cómo funciona esto en la vida cristiana. El cristiano inmaduro del lado izquierdo tiene una cruz pequeña y una perspectiva pequeña de su pecado. Tiene poca necesidad de orar. El cristiano maduro del lado derecho tiene una gran cruz y una gran perspectiva de su pecado. ¿El resultado? Ora más.

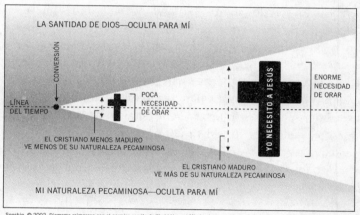

LA SANTIDAD DE DIOS—OCULTA PARA MÍ

CONVERSIÓN

LÍNEA DEL TIEMPO

POCA NECESIDAD DE ORAR

ENORME NECESIDAD DE ORAR

YO NECESITO A JESÚS

EL CRISTIANO MENOS MADURO VE MENOS DE SU NATURALEZA PECAMINOSA

EL CRISTIANO MADURO VE MÁS DE SU NATURALEZA PECAMINOSA

MI NATURALEZA PECAMINOSA—OCULTA PARA MÍ

Este cuadro me llegó cuando estaba limpiando el piso de la cocina, deprimido por la falta de progreso en la vida de la gente que estaba discipulando. Mientras seguía limpiando, me di cuenta de que yo tenía los mismos problemas, lo que me puso aún más deprimido. Luego caí en cuenta de que mi incapacidad, mi pequeña depresión, era mi puerta a Dios. De hecho, Dios me quería deprimido en cuanto a mí mismo y animado en cuanto a su Hijo. El evangelio usa mi debilidad como la puerta a la gracia de Dios. Así es como funciona la gracia.

Los cristianos menos maduros tienen poca necesidad de orar. Cuando examinan sus corazones (que lo hacen con poca frecuencia), rara vez ven los celos. Apenas están conscientes de su impaciencia. En lugar de eso, se sienten frustrados por toda la gente lenta con la que se topan constantemente. Los cristianos menos maduros son rápidos para dar consejos. No hay complejidad en sus palabras porque las respuestas son simples: «Solamente haga lo que le digo y su vida será más fácil». Sé todo esto porque al hablar de «ellos», en realidad hablo de «mí». Así es como soy naturalmente sin Jesús.

Sorprendentemente, los cristianos maduros se sienten menos maduros por dentro. Cuando oyen a Jesús que dice: «Separados de mí, no pueden hacer nada» (Juan 15:5), asienten con la cabeza porque están de acuerdo. Reflexionan en todas las cosas que han hecho sin Jesús, que se han convertido en nada. Los cristianos maduros están muy conscientes de que no pueden criar a sus hijos. Es perfectamente obvio. Aunque sean unos padres perfectos, no pueden llegar al corazón de sus hijos. Por eso es que los cristianos firmes oran más.

Juan Lanspergio, un monje católico del siglo XVI, resumió bien esto en su clásico *A Letter from Jesus Christ* (*Carta de Jesucristo al alma devota*). Él imaginó a Jesús hablándonos personalmente:

Conozco esos estados de ánimo, cuando te sientas allí totalmente a solas, anhelando, consumido por la infelicidad, en un puro estado de dolor. No te desplazas hacia mí, sino desesperadamente imaginas que todo lo que alguna vez has hecho se ha perdido y ha sido olvidado completamente. Esta casi desesperación y autocompasión son realmente una forma de orgullo. Lo que crees que era un estado de absoluta seguridad del que has caído, en realidad fue confiar demasiado en tus propias fuerzas y habilidades [...] lo que en realidad te duele es que las cosas simplemente no han ocurrido como esperabas y querías.

De hecho, no quiero que dependas de tus propias fuerzas, habilidades y planes, sino que desconfíes de ellos, que desconfíes de ti mismo y que confíes en mí y en nada ni nadie más. Siempre que dependas totalmente de ti, estarás destinado al dolor. Todavía tienes una lección muy importante que aprender: tus propias fuerzas no te ayudarán a mantenerte de pie, como si te apoyaras en un palo quebrado. No te desesperes conmigo. Puedes esperar y confiar en mí absolutamente. Mi misericordia es infinita[3].

Jesús no nos pide que hagamos nada que él no haya hecho. Él nos invita a su vida de indefensa dependencia de su Padre celestial. Llegar a ser más como Jesús es sentirnos cada vez más incapaces de vivir la vida, cada vez más cautelosos con nuestro corazón. Paradójicamente, usted llega a ser más santo mientras se siente menos santo. Precisamente aquello de lo que trataba de escapar, su incapacidad, le abre la puerta a la oración y luego a la gracia.

Cuando nuestros hijos tenían dos, cinco, ocho, doce, catorce y dieciséis años, escribí lo siguiente en mi diario de oración:

19 de marzo de 1991. Es sorprendente cómo, cuando no oro en la mañana, el mal simplemente inunda nuestro hogar. ¡Es absolutamente necesario que ore! Oh, Dios, dame la gracia para orar.

Tardé diecisiete años en darme cuenta de que no podía criar a mis hijos por mi cuenta. No fue un gran discernimiento espiritual, solamente una observación realista. Si no oraba cada mañana deliberada y reflexivamente por los miembros de mi familia, usando cada nombre, se mataban entre ellos. Yo no era capaz de llegar a sus corazones. Estaba desesperado. Sin embargo, más que eso, no podía cambiar mi corazón lleno de confianza en mí mismo. Mi diario de oración refleja tanto mi incapacidad para cambiar a mis hijos como mi incapacidad para cambiar mi confianza en mí mismo. Por eso es que necesito gracia hasta para orar.

Dios respondió a mi oración. A medida que comencé a orar regularmente por los niños, él comenzó a obrar en sus corazones. Por ejemplo, comencé a orar por más humildad en mi hijo mayor, John. (Como dice Jill, «de tal palo tal astilla»). Como unos seis meses después, él se me acercó y dijo: «Papá, he estado pensando mucho en la humildad últimamente y en mi falta de ella». No tardé mucho en darme cuenta de que hice mi mejor trabajo como padre con la oración. Comencé a hablarles menos a mis hijos y más a Dios. En realidad fue bastante relajante.

Si pensamos que podemos vivir la vida por cuenta propia, no tomaremos en serio la oración. Nuestro fracaso al orar siempre se sentirá como algo más, como una falta de disciplina o como demasiadas obligaciones. No obstante, cuando algo es importante para nosotros, le hacemos espacio. La oración simplemente no es importante para muchos cristianos porque Jesús ya es una añadidura. Por eso es que, como lo veremos más adelante, el sufrimiento es tan importante en el proceso de aprender a orar. El regalo de Dios para nosotros es mostrarnos lo que es la vida en realidad.

CUANDO ABRE LA PUERTA...

No hace mucho tiempo, Kim comenzó a pasearse otra vez en las primeras horas de la mañana. Comencé a levantarme de la cama y Jill preguntó, medio dormida:

—¿Vas a gritarle a Kim?

—No, eso no ha funcionado en diez años, por lo que he pensado que voy a orar con ella —le dije.

Jill comenzó a reírse:

—¿A qué te refieres con diez años? ¡Han sido veinte!

Subí a la habitación de Kim, consciente de que absolutamente nada que yo le dijera haría que ella dejara de pasearse. Fui a su cama silenciosamente, puse mi mano sobre sus colchas (ella fingía estar dormida) y le pedí al Espíritu Santo que la tranquilizara. Dios oyó nuestra oración. Ella se durmió y no volvió a pasearse esa mañana.

No tardé mucho en darme cuenta de que hice mi mejor trabajo como padre con la oración. Comencé a hablarles menos a mis hijos y más a Dios. En realidad fue bastante relajante.

Tan pronto como comencé a orar, me llegó un pensamiento totalmente inesperado: había subestimado la habilidad de Kim de orar por su cuenta, de conectarse con Dios. Mi opinión de ella había sido demasiado limitada. En esta área de su vida, yo la había visto como a una persona discapacitada y no como a una joven hecha a la imagen de Dios, capaz de comunicarse con su Padre celestial. Eso creó una nueva expectativa en mi corazón para ella, una nueva esperanza de que puede crecer espiritualmente. Cuando se muerde la muñeca, puedo orar con ella por eso. Cuando le froto aceite en su muñeca encallecida, puedo orar con ella. En lugar de luchar enojado con los problemas de Kim, puedo enfocarme en una visión nueva de su aprendizaje para orar.

Sin embargo, Kim siguió paseándose. Más o menos cada otra vez, me levantaba de la cama y oraba con ella. Luego, cuatro meses después, nos mudamos, y ya no volvió a pasearse. Sabíamos que Kim era muy sensible al ruido por su autismo, pero no nos habíamos dado cuenta de que se despertaba por los camiones diesel de la fábrica que estaba frente a nuestra antigua casa y por el ruido de la calle en sí. Nuestra casa nueva está lejos de la calle y es mucho más tranquila. Dios respondió mi oración por Kim.

Todos los temas de una buena oración están escondidos en esta historia de mi oración por Kim: la incapacidad, la relación, el arrepentimiento, el pedir, la historia y la esperanza. Cuando le abre una puerta a Dios, encuentra unos tesoros sorprendentes.

Capítulo 7

CLAME «ABBA» CONTINUAMENTE

Estaba escuchando la discusión en una junta de personal cuando nuestro consultor dijo: «Paul está muy silencioso. Parece que nada le apasiona, excepto quizá la persona de Jesús». Sonreí, en parte porque era chistoso y en parte porque por dentro soy como Barney Fife, el comisario nervioso del antiguo *Andy Griffith Show* (Show de Andy Griffith). Mi mente se alborota con ideas y mi boca está ansiosa por ayudar.

Entonces, ¿por qué parecía tan calmado? Porque estaba orando, tranquilamente dentro de mí, una y otra vez: *Padre, Padre, Padre*. En otras ocasiones oro el nombre de Jesús o el nombre *Cristo*. A veces me doy cuenta de que oro una frase corta, como *Ven, Espíritu*.

No es una repetición mecánica que practico para llegar a un plano espiritual más alto. Es precisamente lo opuesto. Me doy cuenta de que estoy en un plano espiritual bajo y clamo por ayuda como un niñito que corre hacia su madre y le dice: «Mami, mami, mami». Mi corazón busca su verdadero hogar. David captó el sentimiento del alma que ora en el Salmo 63:

Oh Dios, tú eres mi Dios;
  de todo corazón te busco.
Mi alma tiene sed de ti;
  todo mi cuerpo te anhela
en esta tierra reseca y agotada
  donde no hay agua.
(versículo 1)

¿Por qué clamo en silencio por ayuda? Mi tendencia a interrumpir las juntas de personal es una «tierra reseca y agotada». Cuando siento que mi Barney Fife interno clama por atención, oro en silencio: *Jesús, Jesús, Jesús.* Al igual que Agustín, mi corazón está intranquilo y necesito encontrar mi descanso en Dios[1].

Mis peores momentos son cuando una nueva idea me apasiona. Puedo sentirme inclinado a promoverla en lugar de escuchar, y fácilmente puedo llegar a ser dominante. Mi corazón es una tierra reseca y agotada. No obstante, cuando comienzo a orar, la energía de mi vida se dirige hacia la vida de Dios y no a cambiar la mente de la gente... ¡y me callo!

Cuando alguien comparte una idea que originalmente era mía, quiero mencionar que yo había pensado en eso antes. Me siento inquieto, como si el universo estuviera fuera de equilibrio. En resumen, quiero jactarme. La única manera de tranquilizar el deseo de mi alma de prominencia es comenzando a orar así: *No puedo hacer nada separado de ti.*

Interrumpir, vender y jactarse son solamente unas cuantas de las cosas que me llevan a la oración continua, a la dependencia en mi Padre como si fuera un niño. Cada uno de nosotros tiene su propia lista. Podemos dejar que ella nos lleve a una vida de oración.

POBREZA DE ESPÍRITU, NO DISCIPLINA

No aprendí la oración continua; descubrí que ya la hacía. Me encontré en situaciones difíciles que no podía controlar. Lo único que podía hacer era clamar a mi Padre celestial. Ocurrió tan frecuentemente que llegó a ser un hábito, lo cual creó un surco de mi alma hacia Dios.

Incluso ahora, frecuentemente no me doy cuenta de que estoy orando. Posiblemente ni siquiera soy yo el que ora, sino el Espíritu. Pablo dijo: «Dios envió al Espíritu de su Hijo a nuestro corazón, el cual nos impulsa a exclamar "Abba, Padre"» (Gálatas 4:6). El espíritu no nos ayuda a orar; él es el que ora en realidad. Él es el ora-dor.

Más específicamente, el Espíritu de *su Hijo* es el que ora. El Espíritu trae el corazón infantil de Jesús a mi corazón y clama *Abba, Padre.* El anhelo de Jesús por su Padre llega a ser mi anhelo. Mi espíritu se fusiona con el Espíritu y yo, también, comienzo a clamar: *Padre.*

La mayoría de los eruditos creen que cuando Jesús oraba, regularmente se dirigía a su Padre como *Abba.* Es similar a nuestra palabra *papá.* Su lógica es algo así: Conocemos la palabra *abba* porque se grabó con fuego en la mente de los discípulos. Estaban tan atónitos —nadie había hablado nunca antes tan íntimamente con Dios— que cuando les hablaron a los cristianos griegos acerca de Jesús, llevaron la palabra aramea *abba* a las traducciones griegas de la Biblia. Esto impactó tanto a Pablo que él usó *abba* tanto en Romanos como en Gálatas. Los traductores han seguido el patrón establecido por los primeros discípulos y, sin que importe en qué idioma estén las Escrituras, todavía usan *abba.*

Esta oración de una sola palabra, *Padre,* es exclusivamente la oración de Jesús. La primera frase suya que se registra, de cuando tenía doce años, es acerca de su Padre: «¿No sabían que tengo que estar en la casa de mi Padre?» (Lucas 2:49). *Abba* es la primera palabra que el hijo pródigo pronunció cuando volvió a casa. Es la primera palabra del Padrenuestro y la primera palabra que Jesús ora en Getsemaní. Es su primera palabra en la cruz: «Padre, perdónalos» (Lucas 23:34), y una de sus últimas: «Padre, ¡encomiendo mi espíritu en tus manos!» (Lucas 23:46). *Padre* fue mi primera oración cuando comencé a orar continuamente, y me doy cuenta de que es mi oración más frecuente.

Usted no necesita autodisciplina para orar continuamente; simplemente necesita ser pobre de espíritu.

Descubrí que yo hacía oraciones sencillas de una o dos palabras como: *Enséñame* o *Ayúdame, Jesús*. Los salmos están llenos de esta clase de oración corta. Decir oraciones sencillas de una palabra o de un versículo de las Escrituras quita la presión porque no tenemos que resolver exactamente lo que necesitamos. Pablo nos dice: «Nosotros no sabemos qué quiere Dios que le pidamos en oración, pero el Espíritu Santo ora por nosotros con gemidos que no pueden expresarse con palabras» (Romanos 8:26). Frecuentemente estamos demasiado cansados como para descifrar cuál es el problema. Solamente sabemos que la vida, incluso la nuestra, no funciona. Por eso oramos: *Padre, Padre, Padre*.

Esto es exactamente lo opuesto al misticismo oriental, que es una técnica psico-espiritual que se desliga de la relación y escapa del dolor adormeciendo al yo. Los místicos orientales tratan de vaciar sus mentes y llegan a ser uno con el «todo» impersonal. Sin embargo, como cristianos nos damos cuenta de que no podemos curarnos a nosotros mismos, por lo que clamamos a nuestro Padre, nuestra relación principal.

Cierto día, mientras conducía al trabajo, estaba pensando en todas las opciones para un nuevo plan de tres años en el trabajo. Cuanto más me acercaba a la oficina, más abrumado me sentía; no tenía la sabiduría para evaluar las opciones. El pasaje bíblico: «Llévame a la roca que es más alta que yo» (Salmo 61:2, RVR60) me llegó a la mente y lo convertí en una oración sencilla. Yo necesitaba una roca más alta que yo mismo. Esa pobreza de espíritu momentánea (yo estaba abrumado... no tenía sabiduría) fue la puerta para la oración. No necesitamos autodisciplina para orar continuamente; simplemente necesitamos ser pobres de espíritu. La pobreza de espíritu crea espacio para su Espíritu. Crea un agujero con forma de Dios en nuestro corazón y nos ofrece una nueva manera de relacionarnos con otros.

Un espíritu que ora transforma la manera en la que vemos a la gente. A medida que caminamos por el centro comercial, nuestro corazón puede tentarnos a juzgar, a despreciar o a lujuriar. Vemos gente con sobrepeso, gente delgada, adolescentes con perforaciones y tatuajes, mujeres bien vestidas, guardias de seguridad y gente mayor que caminan lentamente por el lugar. Si nos sentimos tentados a juzgar a alguien con sobrepeso, podríamos orar para que adelgace. Cuando vemos a una chica con un arete en la nariz, podríamos orar para que encuentre su comunidad en Cristo. Cuando vemos a un guardia de seguridad, podríamos orar por su carrera. Cuando pasamos junto a una pareja de gente mayor que camina lentamente, podríamos orar por gracia mientras envejecen.

El apóstol Pablo estaba constantemente consciente de su incapacidad y de la incapacidad de las iglesias que amaba, por lo que oraba constantemente.

El ejemplo y la enseñanza de Pablo

«Oración sin cesar» es la descripción más frecuente de Pablo de cómo él oraba y cómo quería que la iglesia orara. Esa fue una experiencia real para Pablo y no una fórmula. En las doce veces que menciona el orar continuamente, rara vez lo dice de la misma manera dos veces (énfasis agregado).

- *Día y noche* hago mención de ustedes y sus necesidades delante de Dios. (Romanos 1:9)
- *Siempre* doy gracias a mi Dios por ustedes. (1 Corintios 1:4)
- *No he dejado* de dar gracias a Dios por ustedes. Los recuerdo *constantemente* en mis oraciones. (Efesios 1:16)

- Oren en el Espíritu *en todo momento*. (Efesios 6:18)
- *No dejamos* de tenerlos presentes en nuestras oraciones. (Colosenses 1:9)
- *Dedíquense* a la oración. (Colosenses 4:2)
- *Siempre* ora con fervor por ustedes. (Colosenses 4:12)
- *Continuamente* los tenemos presentes en nuestras oraciones. (1 Tesalonicenses 1:2)
- *Nunca dejamos* de darle gracias a Dios. (1 Tesalonicenses 2:13)
- *Día y noche* oramos con fervor. (1 Tesalonicenses 3:10)
- *Seguimos* orando por ustedes. (2 Tesalonicenses 1:11)
- *Día y noche* te recuerdo *constantemente* en mis oraciones. (2 Timoteo 1:3)

Cuando Pablo les dice a las iglesias jóvenes que oren, las anima en ese mismo patrón de «constancia en la oración» (énfasis agregado):

- *Sigan* orando. (Romanos 12:12)
- *Nunca dejen* de orar. (1 Tesalonicenses 5:17)

Dado el énfasis de Pablo, no es sorprendente ver ejemplos de oración continua en la iglesia primitiva.

LA ORACIÓN DE JESÚS

La iglesia ortodoxa griega todavía usa una oración sencilla del siglo V a la que a veces se le llama la Oración de Jesús: *Señor Jesucristo, Hijo de Dios, ten misericordia de mí, un pecador*[2]. La tradición ortodoxa llama a las oraciones cortas como esta «oraciones de respiración», porque pueden expresarse en una sola respiración.

La versión más antigua de esta oración proviene de un mendigo ciego llamado Bartimeo, que clamó cuando Jesús pasaba: «¡Jesús, Hijo de David, ten compasión de mí!» (Lucas 18:38). Si le agrega el himno filipense de Pablo: «declare que Jesucristo es el Señor» (Filipenses 2:11), tiene la Oración de Jesús. Desde el principio, esta oración se usaba continuamente. Cuando la multitud trató de acallar a Bartimeo, «él gritó aún más fuerte» (Lucas 18:39). Debe haber gritado a todo pulmón, ¡porque tres de los evangelios mencionan su clamorosa persistencia!

Jill tiene su propia versión de la Oración de Jesús. Cuando juntos sacamos a pasear a los perros el domingo por la mañana, pasamos por una casa increíblemente impecable, con un césped bien podado. Es especialmente ameno en el otoño, cuando los dos, el esposo y la esposa, corren por todas partes con una aspiradora de hojas colgada al hombro, persiguiendo hojas solitarias. Por su herencia alemana, Jill siente la presión de obsesionarse por la limpieza. A medida que caminamos por esa casa inmaculada, ella comienza a orar repetidamente: *Dios, sálvame de mí misma. Dios, sálvame de mí misma.*

Cuando nuestros hijos eran adolescentes, Jill me preguntó: «¿Sabes qué es lo que más necesita nuestra familia?». Muchas cosas me llegaron a la mente, incluso un automóvil más moderno. Su respuesta de una sola palabra me tomó completamente por sorpresa: «misericordia». No necesitábamos ser más organizados. No necesitábamos más dinero. Necesitábamos misericordia. Esa mentalidad crea un corazón que ora.

Una vida de oración no es simplemente un tiempo de oración matutino; se trata de entrar en oración de vez en cuando durante el día no porque seamos disciplinados, sino porque estamos en contacto con nuestra propia pobreza de espíritu, dándonos cuenta de que ni siquiera podemos caminar por un centro comercial o por nuestro vecindario sin la ayuda del Espíritu de Jesús.

Capítulo 8

INCLINE SU CORAZÓN HACIA SU PADRE

ace varios meses iba en un vuelo, sentado al lado de una representante de fármacos de una compañía farmacéutica importante. Le mencioné que, de lo que oía hablar a la gente, sospechaba que un tercio de las mujeres estadounidenses suburbanas tomaban antidepresivos. La representante de fármacos sacudió la cabeza. «Está equivocado. Son por lo menos dos tercios».

La mayoría de nosotros simplemente queremos deshacernos de la ansiedad. Algunos buscan una píldora mágica que alivie el estrés. Otros buscan la terapia. Aunque los antidepresivos y la consejería han ayudado a mucha gente, incluso a mí, la búsqueda de una «píldora feliz» o de «pensamientos felices» no detendrá nuestra ansiedad inquieta. Es demasiado profunda.

En lugar de luchar contra la ansiedad, podemos usarla como un punto de partida para inclinar nuestro corazón a Dios. En lugar de tratar de suprimir la ansiedad, controlarla o sofocarla con placer, podemos girarla hacia Dios. Si lo hacemos, descubriremos que hemos entrado a la oración constante.

He aquí un ejemplo de cómo la ansiedad crea una apertura para la oración. Cuando era niño, no me gustaba responder el teléfono, posiblemente porque no soy rápido con las palabras. Puedo quedarme sin saber qué decir en situaciones nuevas, y solía tener un problema de tartamudez. Jill bromeaba que quería ponerle de nombre Lillian a una de nuestras hijas, porque la letra *L* era un problema particular para mí. Asimismo la *B*. Decir «buenos días» podía costarme mucho. A veces, cuando suena el teléfono, todavía siento una punzada de ansiedad. A medida que estiro la mano para levantar el teléfono, casi siempre hago una oración rápida sin palabras. Sencillamente me inclino en dirección de Dios. Mi ansiedad se convierte en una oración.

UNA BREVE HISTORIA DE LA ANSIEDAD Y LA ORACIÓN

La conexión entre la ansiedad y la oración continua se remonta al Edén, donde Adán y Eva estaban en una comunión ininterrumpida con Dios y la oración continua era normal. Cuando buscaron la independencia de Dios, dejaron de caminar con él en el fresco del día y su vínculo de oración se rompió.

¿A qué se parece un vínculo de oración que no se usa? A la ansiedad. En lugar de conectarse con Dios, nuestro espíritu sale volando como un cable de electricidad cortado, destruyendo todo lo que toca. La ansiedad quiere ser Dios pero carece de la sabiduría, del poder o del conocimiento de Dios. Una postura endiosada sin un carácter divino o una habilidad divina es pura tensión. Debido a que la ansiedad es el «yo» por su propia cuenta, trata de obtener el control. Es incapaz de relajarse frente al caos. Cuando se resuelve un problema, el que sigue se presenta. Este nuevo surge tan grande que olvidamos la última liberación.

Aunque parezca raro, fue Dios quien tuvo que enseñarnos cómo no tomar una postura endiosada. Jesús fue la primera persona que no buscó la independencia. Él quería estar en contacto continuo con su Padre celestial. De hecho, se humilló a sí mismo hasta morir en la cruz y llegó a estar ansioso para que nosotros pudiéramos liberarnos de la ansiedad. Ahora, el Espíritu lleva la humildad de Jesús a nuestros corazones. Ya no tenemos que seguir siendo pequeños dioses, controlando todo. En lugar de eso, nos aferramos a nuestro Padre frente al caos al orar continuamente. Debido a que sabemos que no tenemos el control, clamamos por gracia. En lugar de agitarnos, nuestro espíritu que ora puede bendecir todo lo que tocamos.

David captó la conexión entre un corazón humilde y un corazón tranquilo en el Salmo 131[1]:

> Señor, mi corazón no es soberbio, ni mis ojos altivos;
> no ando tras las grandezas,
> ni en cosas demasiado difíciles para mí;
> sino que he calmado y acallado mi alma;
> como niño destetado en el regazo de su madre,
> como niño destetado reposa en mí mi alma.
> (versículos 1-2, LBLA)

Nos ponemos ansiosos cuando tomamos una postura endiosada y nos ocupamos de cosas demasiado grandiosas para nosotros. Volvemos a la cordura al ser como niños, descansando en nuestra madre.

———

La ansiedad es incapaz de relajarse frente al caos; la oración continua se aferra al Padre frente al caos.

———

Una de las cosas únicas acerca del orar continuamente es que es su propia respuesta a la oración. A medida que usted ora el Salmo 131, su corazón se tranquiliza. Descansa, no porque haya magia en las palabras, sino porque sus ojos ya no se elevan demasiado alto.

Charles Hodge, un teólogo de la universidad de Princeton del siglo XIX, nos dio el siguiente tierno ejemplo de la oración continua:

> En mi niñez llegué más cerca al «orar sin cesar» que en cualquier otro período de mi vida. Hasta lo que puedo recordar, tenía la costumbre de agradecerle a Dios por todo lo que recibía, y de pedirle todo lo que quería. Si perdía un libro, o cualquiera de mis juguetes, oraba por encontrarlo. Oraba caminando por las calles, en la escuela y fuera de la escuela, tanto jugando como estudiando. No lo hacía en obediencia a ninguna regla prescrita. Parecía natural. Pensaba que Dios era un Ser que estaba presente en todas partes, lleno de amabilidad y amor, que no se ofendería si los niños le hablaban. Sabía que a él le importaban los gorriones. Yo era tan alegre y feliz como los pájaros y actuaba como ellos[2].

Su corazón puede llegar a ser una fábrica de oración porque, al igual que Jesús, usted es totalmente dependiente. Usted necesitaba a Dios hace diez minutos; lo necesita ahora. En lugar de buscar la condición perfecta que lo eleve por encima del caos, ore *en* el caos. A medida que su corazón o sus circunstancias generan problemas, siga generando oración. Se dará cuenta de que el caos disminuye.

Vemos este patrón en el consejo de Pablo a los filipenses en cuanto a la ansiedad:

> *No se preocupen por nada; en cambio, oren por todo. Díganle a Dios lo que necesitan y denle gracias por todo lo que él ha hecho. Así experimentarán la paz de Dios, que supera todo lo que podemos entender. La paz de Dios cuidará su corazón y su mente mientras vivan en Cristo Jesús. (4:6-7)*

Si oramos, experimentaremos una paz que supera todo lo que podemos entender.

INVITACIONES A LA ORACIÓN

Cuando usted ora continuamente, los momentos en los que está propenso a la ansiedad pueden llegar a ser invitaciones a entrar a la oración. El embotellamiento del tráfico, el desaire de un amigo o una fecha tope que ejerce presión pueden servir como una puerta a Dios. Se dará cuenta de que apaga la radio del automóvil para estar con su Padre. Se despertará en la noche y descubrirá que está orando. Será como respirar.

Cuando usted deja de tratar de controlar su vida y, en lugar de eso, permite que sus ansiedades y sus problemas lo lleven a Dios en oración, usted pasa de la preocupación a la observación. Observa cómo Dios teje sus patrones en la historia de su vida. En lugar de tratar de estar al frente, diseñando su vida, se da cuenta de que está en la obra dramática de Dios. A medida que espera, comienza a verlo obrar, y su vida comienza a resplandecer de asombro. Usted está aprendiendo a confiar otra vez.

PARTE 2

APRENDIENDO A CONFIAR OTRA VEZ

Capítulo 9

CÓMO ENTENDER EL CINISMO

Lo opuesto a un espíritu como el de un niño es un espíritu cínico. El cinismo es, cada vez más, el espíritu dominante de nuestra época. Personalmente, es mi lucha más grande en la oración. Si recibo una respuesta a la oración, a veces pienso: *De todas formas hubiera ocurrido*. Otras veces trato de orar, pero me pregunto si eso marca alguna diferencia.

Muchos cristianos están al borde del cinismo y luchan con el agotamiento y la derrota. Su espíritu ha comenzado a adormecerse, pero, a diferencia del cínico, no han perdido la esperanza. Mi amigo Bryan lo resumió de la manera siguiente: «Creo que hemos desarrollado tejido cicatrizal con nuestras frustraciones y ya no queremos exponernos. El miedo nos inhibe».

El cinismo, el agotamiento y la derrota tienen esto en común: ambos cuestionan la bondad activa de Dios hacia nosotros. Si usted no los resiste, la duda de bajo grado le abrirá la puerta a una duda más grande. Se pierde el espíritu característico de un niño y por lo tanto la capacidad de moverse hacia el Padre celestial.

Cuando digo que el cinismo es el espíritu de la época me refiero a que es una influencia, una tonada que impregna nuestra cultura, una de las tentaciones principales de nuestra época. Cuando reflexionamos sobre el cinismo, el agotamiento y la derrota, estamos meditando en la última petición del Padrenuestro: «No nos dejes caer en tentación, sino líbranos del maligno» (Mateo 6:13, NVI).

El cinismo es tan penetrante que a veces se siente como una presencia. Detrás del espíritu de la época está una presencia maligna personal que no se ve, un espíritu. Si Satanás no puede evitar que usted ore, entonces tratará de robarle el fruto de la oración al adormecer su alma. Satanás no puede crear, pero puede corromper.

CÓMO SE SIENTE EL CINISMO

Las primeras palabras que se registran de Satanás son cínicas. Les dice a Adán y a Eva: «Dios sabe que, en cuanto coman del fruto, se les abrirán los ojos y serán como Dios, con el conocimiento del bien y del mal» (Génesis 3:5). Satanás sugiere que los motivos de Dios son cínicos. En esencia, les dice: «Dios no ha sido sincero en cuanto al árbol que está en medio del huerto. La orden de no comer del árbol no es para su protección; Dios quiere protegerse de rivales. Es celoso. Proyecta la imagen de que está cuidando de ustedes, pero en realidad tiene un plan para protegerse a sí mismo. Dios tiene dos caras». Seductoramente, Satanás les da a Adán y a Eva la vía rápida: he aquí lo que está pasando *en realidad* en privado. Esa es la intimidad mortal que ofrece el chisme.

Satanás ve el mal en todas partes, incluso en Dios mismo. Irónicamente, se convirtió en una profecía que se hizo realidad. Desde la Caída, el mal se percibe como omnipresente y hace que el cinismo se venda fácilmente. Debido a que el cinismo ve lo que está «pasando en realidad», se siente real, auténtico. Eso le da al cinismo la condición de élite, ya que la autenticidad es una de las últimas virtudes públicas que quedan en nuestra cultura.

Compartí estas reflexiones sobre el cinismo con Cathie, una amiga que luchaba contra el cinismo. Ella reflexionó sobre su propio corazón y dijo: «El cinismo se enseña en nuestras escuelas, lo adopta nuestra cultura y se eleva como un ideal. Me parece insidioso. De alguna manera, esas verdades parciales adormecidas a menudo las considero más reales que las verdades que enseñan las Escrituras. Me es más fácil sentir escepticismo y no sentir nada que *sentir* una pasión profunda. Así que el cinismo echa raíces y lo "siento" más real que la verdad.

»Sé que no estoy sola en mi lucha contra el cinismo. No obstante, la mayoría de nosotros no estamos conscientes de que es un problema o de que está tomando el control de nuestro corazón. Simplemente se siente como que no podemos encontrar alegría en las cosas, que estamos demasiado alerta como para confiar o tener esperanza».

La perspectiva de Cathie va por buen camino. El cinismo crea una insensibilidad a la vida.

El cinismo comienza con la seguridad irónica de que cada uno tiene su propio motivo. Detrás de cada rayo de sol hay una nube. El cínico siempre observa, critica, pero nunca se acopla; no es amoroso ni tiene esperanzas. R. R. Reno, un erudito católico, le llamó al cinismo una versión perversa de «estar en el mundo pero no ser del mundo». Hemos pasado de una época prometeica de grandes obras a una época apática, indiferente[1]. Yoani Sánchez, una bloguera cubana de treinta y dos años y vocera destacada de su generación, escribió: «A diferencia de nuestros padres, nosotros nunca creímos en nada. Nuestra característica distintiva es el cinismo. No obstante, eso es una espada de dos filos. Le protege de la decepción aplastante, pero le paraliza de hacer cualquier cosa»[2].

Ser cínico es ser distante. Aunque ofrece la sensación de intimidad por compartir «información privilegiada», el cinismo en realidad destruye la intimidad. Lleva a una amargura progresiva que puede adormecer e incluso destruir el espíritu. Cathie siente la intensidad inicial de eso.

Una vida de oración es precisamente lo opuesto. Combate el mal. No acepta un «no» como respuesta. El salmista estaba frente a Dios, esperando, soñando, pidiendo. La oración es vivaz. El cinismo, por otro lado, solamente critica. Es pasivo; se resguarda de las pasiones de la gran batalla cósmica en la que estamos involucrados. No tiene esperanza.

Si le agrega una capa de oración a un corazón cínico o incluso agotado, se siente artificial. Para el cínico, la vida ya es artificial; se siente como que solamente contribuye al lío.

UN VIAJE HACIA EL CINISMO

Curiosamente, el cinismo comienza con demasiado del tipo erróneo de fe, con un *optimismo ingenuo* o una confianza irrazonable. A primera vista, la fe genuina y el optimismo ingenuo se ven idénticos, ya que los dos fomentan la confianza y la esperanza. No obstante, la similitud solamente es superficial. La fe genuina surge al saber que mi Padre celestial me ama, se deleita conmigo y me cuida. El optimismo ingenuo no tiene base. Es una confianza como de niño pequeño sin el Padre amoroso.

Ninguna cultura es más optimista que la nuestra. El espíritu estadounidense de que todo es posible surge de la confianza judeo-cristiana en la bondad de Dios que actúa a nuestro favor. Saber que el Buen Pastor me cuida y me protege me da el valor para pasar por el valle de sombra de muerte (RVR60). Incluso en la presencia de mis enemigos puedo disfrutar de un gran banquete porque Dios está conmigo. La fe en Dios lleva a la audacia positivista y a la acción atrevida, características distintivas de la civilización occidental.

En el siglo XIX, ese optimismo cambió de fundamento: de la bondad de Dios a la bondad de la humanidad. La fe se convirtió en un objetivo en sí. El presidente Franklin Roosevelt consolidó a la nación durante la Gran Depresión al llamar a la gente a que tuviera fe en la fe. En *La novicia rebelde*, Julie Andrews cantó acerca de tener confianza en la confianza en sí. Disneylandia, el ícono del optimismo ingenuo, promete que encontraremos al Príncipe Azul y que viviremos felices para siempre.

El optimismo arraigado en la bondad de la gente se colapsa al enfrentarse con el lado oscuro de la vida. El descubrimiento del mal, para la mayoría de nosotros, es altamente personal. Nos topamos con la crueldad de nuestros amigos en la secundaria. En la universidad, los príncipes resultan ser menos que azules. Si tenemos hijos, aprendemos que pueden ser exigentes y egocéntricos.

Recientemente le pregunté a Kim mientras desayunábamos si quería casarse. Ella tecleó en su computadora de habla: «No, es demasiado ruidoso». Al principio pensé que se refería a la boda, pero luego me corrigió. Se refería a los hijos. Tiene razón. Los hijos son egocéntricos; demandan atención constantemente. Nuestros hogares modernos centrados en los niños simplemente confirman eso. Jesús está plenamente consciente de ese aspecto de los niños cuando compara a los fariseos con niños llorones.

> ¿Con qué puedo comparar a la gente de esta generación? [...] ¿Cómo los puedo describir? Se parecen a los niños que juegan en la plaza. Se quejan ante sus amigos: «Tocamos canciones de bodas, y no bailaron; entonces tocamos cantos fúnebres, y no lloraron».
> (Lucas 7:31-32)

El optimismo quebrantado nos predispone para la caída al agotamiento y la derrotado y, finalmente, al cinismo. Usted pensaría que eso simplemente nos haría menos optimistas, pero a los humanos lo neutral no nos sale bien. Pasamos de ver el lado bueno de todo a ver el lado oscuro de todo. Sentimos que la vida nos ha traicionado.

A medida que mi amiga Cathie reflexionaba en cuanto a por qué eso es cierto en su propia vida, observó lo siguiente: «Salto tan rápidamente del optimismo a la oscuridad porque no estoy fundamentada en una fe profunda y duradera en que Dios está en el asunto, sin importar cuál sea el asunto. Busco resultados placenteros, no realidades más profundas».

El cambio del optimismo ingenuo al cinismo es el nuevo viaje estadounidense. En el optimismo ingenuo no necesitamos orar porque todo está bajo control, todo es posible. En el cinismo no podemos orar porque todo está fuera de control, poco es posible.

Y si el Buen Pastor ya no nos guía por el valle de sombra de muerte, necesitamos algo para mantener nuestra cordura. La postura irónica del cinismo es un intento débil de mantener un equilibrio ligero en un mundo que se ha vuelto loco. Esas no son solamente tendencias culturales benignas; son su vida.

En cierto momento, cada uno de nosotros se enfrenta cara a cara con el valle de sombra de muerte. No podemos ignorarlo. No podemos permanecer neutrales frente al mal. Una de dos: o nos rendimos y nos distanciamos, o aprendemos a caminar con el Pastor. No hay término medio.

Sin el Buen Pastor, estamos solos en una historia sin sentido. El agotamiento y el temor nos dejan sintiéndonos abrumados e incapaces de movernos. El cinismo nos deja dudando, incapaces de soñar. La combinación apaga nuestro corazón y estamos simplemente presentes en la vida, moviéndonos por inercia. Algunos días es difícil hasta quitarnos el pijama.

LA ÉPOCA DEL CINISMO

Nuestras luchas personales contra el cinismo, el agotamiento y la derrota se fortalecen con una tendencia cada vez mayor hacia el perfeccionismo en la cultura estadounidense. Creer que usted tiene la relación perfecta, los hijos perfectos o un cuerpo perfecto lo predispone para un espíritu crítico, el criadero del cinismo. En ausencia de la perfección recurrimos a dar un sesgo positivo, tratando de hacer que nos veamos bien, e inconscientemente nos dividimos en un yo público y otro privado. Dejamos de ser genuinos y llegamos a someternos al cinismo.

El hecho de que los medios de comunicación hagan leña del árbol caído («esto no debería haber ocurrido») le da forma a nuestras respuestas al mundo, y nos damos cuenta de que exigimos una vida sin dolor y sin problemas. Nuestra actitud de que todo es posible se convierte en un egocentrismo implacable.

La tendencia de la psicología de buscar motivos ocultos le agrega una capa nueva a nuestra capacidad de juzgar y, de esa manera, podemos ser cínicos en cuanto a lo que otros hacen. La gente ya no comete adulterio por lujuria; tiene anhelos no cumplidos que deben ser satisfechos.

El cinismo es el aire que respiramos, y está sofocando nuestro corazón. A menos que nos convirtamos en discípulos de Jesús, la época maligna actual primero adormecerá y luego destruirá nuestra vida de oración, por no decir nuestra alma. Nuestra única esperanza es seguir a Jesús mientras él nos guía para salir del cinismo.

Si recibo una respuesta a la oración, a veces pienso: De todas formas hubiera ocurrido.

Capítulo 10

SEGUIR A JESÚS PARA SALIR DEL CINISMO

Jesús ofrece seis curas para el cinismo. Considerémoslas una por una.

1. SEA CORDIAL PERO CAUTELOSO

Jesús no ignora el mal. Cuando envía a los discípulos en su primer viaje misionero dice: «Los envío como ovejas en medio de lobos. Por lo tanto, sean astutos como serpientes e inofensivos como palomas» (Mateo 10:16). La abrumadora tentación cuando uno se enfrenta con el mal es llegar a ser un lobo, llegar a ser cínico y perder el espíritu de oveja. Jesús nos dice que en lugar de eso seamos cordiales pero cautelosos: cordiales como una paloma pero cautelosos como una serpiente.

Jesús mantiene el equilibrio de la precaución por el mal con la confianza robusta en la bondad de su Padre. Continúa: «Tengan cuidado con la gente» (10:17, NVI); y luego, en la siguiente expresión, alienta nuestros corazones con el amor de nuestro Padre, diciendo: «No tengan miedo; para Dios ustedes son más valiosos que toda una bandada de gorriones» (10:31). Ya que su Padre está íntimamente involucrado en la muerte de hasta un gorrión, ¿no cuidará de su vida? Usted no tiene que distanciarse con una opinión irónica y crítica. No tiene que apagar su corazón en vista del mal. Puede acometerse.

En lugar del optimismo ingenuo, Jesús nos llama a ser cautelosos, pero a estar seguros de nuestro Padre celestial. Debemos combinar la confianza robusta en el Buen Pastor con la precaución por la presencia del mal en nuestro propio corazón y en el corazón de los demás.

La sensación de una vida de oración es un optimismo precavido: precaución debido a la Caída, optimismo debido a la redención. El optimismo precavido permite que Jesús envíe audazmente a sus discípulos a un mundo maligno.

Cuando discutía esto con mi amiga Cathie, ella respondió: «¡Me encanta! No se me llama a ponerme lentes de color rosado y ver todo en la vida como bonito, bueno y edificante. Más bien, se me llama a confiar en que Dios ve lo que yo veo. De hecho, él ve más allá de lo que yo veo. Él ve toda la historia, y se puede confiar plenamente en que está obrando a gran escala, en las pequeñeces e incluso en mi propia vida».

---

*Entonces, la sensación de una vida de oración es
un optimismo precavido: precaución debido a la
Caída, optimismo debido a la redención.*

Nuestra seguridad frente al mal llega directamente del espíritu de Jesús y despierta a un espíritu que ora. La fe audaz es una de las marcas distintivas de los seguidores de Jesús. Como veremos más adelante, la oración es el camino principal que usamos para entrar en esta expansión del gobierno de Cristo.

Jesús no solamente ofrece sabiduría práctica. Su sabiduría obra porque en su muerte él mismo actuó audazmente, confiando en que su Padre lo ayudaría. Mientras Jesús cuelga de la cruz, los líderes religiosos se burlan cínicamente de él por su confianza como la de un niño. «Salvó a otros —se mofaban—, ¡pero no puede salvarse a sí mismo! [...] Confió en Dios, entonces, ¡que Dios lo rescate ahora si lo quiere!» (Mateo 27:42-43). De hecho, estaban diciendo: «Miren lo que pasa cuando alguien actúa como un niño y confía en su Padre. Él lo abandona». Acusan a Jesús de ingenuidad, de actuar tontamente porque cree en la bondad de Dios.

Jesús no responde a sus escarnecedores porque su oído está sincronizado con su Padre. Así como una serpiente sabia, no dice nada. Como una paloma inofensiva, no hace nada. Incluso cuando su Padre le da la espalda, Jesús confía. Cuando enfrenta la tormenta de su vida, se aferra más a su Padre.

La fe de Jesús como la de un niño le agradó a su Padre, y en la mañana de Pascua, su Padre actuó en el cuerpo muerto de Jesús y le dio vida. *Él confió en Dios; Dios lo rescató.* El mal no tuvo la última palabra. Nació la esperanza.

2. Aprenda a tener esperanzas otra vez

El cinismo mata la esperanza. El mundo del cínico es fijo e inmóvil; el cínico cree que somos arrastrados por fuerzas mayores que nosotros. Soñar se siente muy tonto. El riesgo se vuelve intolerable. La oración se siente inútil, como si estuviéramos hablándole al viento. ¿Por qué exponernos y exponer a Dios al fracaso?

No obstante, Jesús es la esencia de la esperanza. Mire lo que dice *antes* de ayudar a esta gente. Antes de sanar a un ciego, les dice a sus discípulos que «esto sucedió para que la obra de Dios se hiciera evidente en su vida» (Juan 9:3, NVI). Antes de resucitar al hijo de la viuda de Naín, le dice a ella: «No llores» (Lucas 7:13), contrariando el antiguo canto fúnebre judío: «Lloren, todos los que tienen amargura en el corazón». Cuando Jairo le dice a Jesús que su hija ha muerto, Jesús dice: «No tengas miedo. Solo ten fe» (Lucas 8:50). Antes de sanar a una mujer lisiada, Jesús le dice: «Apreciada mujer, ¡estás sanada de tu enfermedad!» (Lucas 13:12). En cada uno de estos relatos, Jesús da esperanza antes de sanar. Él no es una máquina para sanar: él toca el corazón de la gente y sana su alma antes de sanar su cuerpo.

La esperanza comienza en el corazón de Dios. A medida que usted llegue a entender cómo es el corazón del Padre, cómo le encanta dar, la oración comenzará a parecerle totalmente natural.

Muchos creemos en la esperanza cristiana de la redención final, pero respiramos el espíritu cínico de nuestra época y pasamos por alto el corazón de Dios. Eso se me hizo patente cuando descubrí de una viuda que la filosofía de vida de su esposo había sido algo así: «No espere nada. Luego, si algo bueno pasa, sea agradecido». Él había sido un amigo querido y un consejero piadoso para mí, pero me sorprendió tanto que inesperadamente le dije a su esposa una confusa mezcla de Romanos 15:13 y Hebreos 13:20: «Sue, eso me suena tan distinto a "que el Dios de esperanza, quien levantó de entre los muertos a nuestro Señor Jesús, los llene completamente de alegría y paz, porque confían en él. Entonces rebosarán de una esperanza segura mediante el poder del Espíritu Santo"». Pablo y el escritor de Hebreos rebosaban de la bondad de Dios. Se desbordaba de sus corazones.

Disney tiene razón. Debido a la intrusión de un buen Dios en un mundo malo, hay finales felices. Algunas de las últimas palabras de Dios en la Biblia son: «He aquí, yo hago nuevas todas las cosas» (Apocalipsis 21:5, RVR60). Cuando usted ora, toca el corazón lleno de esperanza de Dios. Cuando usted sabe eso, la oración llega a ser una aventura.

3. CULTIVE UN ESPÍRITU COMO EL DE UN NIÑO PEQUEÑO

Recientemente tuve un momento cínico durante mi tiempo de oración matutino. Reflexionaba acerca de algunas respuestas a la oración del día anterior, y sentí un disgusto persistente en mi alma. Lo único que había hecho era orar, y Dios había actuado. Parecía demasiado fácil. Trillado. Me di cuenta de que estaba buscando algo para dudar. También estaba buscando algo que hacer. En el fondo, no me gustaba la gracia. Quería tener parte en la manera en que Dios respondiera a mi petición. De hecho, en ese momento no me gustó Dios. Yo estaba más cómodo con su distancia.

¿Qué hago con este viejo corazón mío? Precisamente de eso hemos estado hablando. Clamar por gracia como un niño con hambre. Tan pronto como comienzo a simplemente pedir ayuda, me he convertido en un niño pequeño otra vez. He dejado de ser cínico. Por extraño que parezca, mi oración es respondida casi inmediatamente, porque en el acto de orar he llegado a ser como un niño. La cura para el cinismo es volver a ser como un niño pequeño. En lugar de criticar las historias de otros, vea la historia que nuestro Padre está tejiendo.

Para oír una buena historia, necesitamos un asombro simple, como el de un niño. Alan Jacobs, en su biografía de C. S. Lewis, indicó que «aquellos a quienes nunca se les ha engañado no pueden deleitarse nunca, porque sin el olvido de uno mismo no puede haber deleite»[1]. Lewis fue capaz de escribir esas historias infantiles tan cautivantes porque nunca perdió su espíritu de asombro como el de un niño. Al cínico nunca se le engaña, por lo que nunca se deleita.

Hace años pasé por un tiempo en el que mi vida llegó a ser tan difícil que no podía orar. No podía concentrarme. Entonces dejé de tratar de tener un tiempo de oración coherente y, durante varias semanas seguidas, durante mi tiempo de oración matutino no hacía nada más que orar el Salmo 23. Estaba luchando por mi vida. No me daba cuenta de eso en ese entonces, pero seguía el hábito de la lección divina, llamado *lectio divina*, que fue desarrollado por la iglesia primitiva. Al orar lentamente a través de una porción de las Escrituras, estaba permitiendo que las Escrituras le dieran forma a mis oraciones.

A medida que oraba todo el Salmo 23, comencé a reflexionar en el día anterior y a buscar la presencia del Pastor, sus toques de amor. Incluso en días especialmente difíciles, comencé a verlo en todas partes, preparando un banquete para mí en la presencia de mis enemigos y buscándome con su amor. Tanto el niño como el cínico pasan por el valle de sombra de muerte. El cínico se enfoca en la oscuridad; el niño se enfoca en el Pastor.

No mucho después de mis conversaciones con Cathie acerca del cinismo, ella pasó por el valle de sombra de muerte y me dijo: «Ahora el cinismo me parece más como una esclavitud. Jesús me libera para amar, al mostrarme el plan oscuro y egoísta al que me aferro en mi cinismo. Estoy muy consciente de que el viaje está lejos de acabar, pero estoy aprendiendo a vivir con esperanza. Solamente necesito más práctica».

La presencia del Pastor en el valle de sombra de muerte es tan inmediata, tan poderosa, que el cinismo simplemente se desvanece. No hay espacio para una separación irónica cuando usted está luchando por su vida. A medida que usted se aferra al Pastor, la niebla del cinismo se eleva.

Debido a que el cinismo pasa por alto la presencia del Pastor, revierte la imagen de Juan 1 de luz que invade la oscuridad. Al igual que Saruman en *El Señor de los Anillos*, el cinismo mira demasiado tiempo la bola de cristal del Señor Oscuro. Su intento de desenmascarar el mal involuntariamente agranda el mal. Cada vez más, estamos volviendo al mundo del paganismo precristiano, donde el mal aparentemente tiene la voz más fuerte y la última palabra.

Nuestro mundo secular moderno ha retirado al Pastor del Salmo 23. Mire lo que le pasa al salmo cuando se retira al Buen Pastor y todo lo que él hace:

> ~~El Señor es mi pastor, nada me falta;~~
> ~~en verdes pastos me hace descansar.~~
> ~~Junto a tranquilas aguas me conduce,~~
> ~~me infunde nuevas fuerzas.~~
> Me ~~guía por sendas de justicia~~
> ~~por amor a su nombre.~~

> ~~Aun si voy por valles tenebrosos,~~
> ~~no~~ temo peligro ~~alguno~~
> ~~porque tú estás a mi lado,~~
> ~~tu vara de pastor~~ me ~~reconforta~~.
> ~~Dispones ante~~ mí ~~un banquete~~
> en presencia de mis enemigos.
> ~~Has ungido con perfume~~ mi cabeza,
> ~~has llenado~~ mi copa ~~a rebosar~~.
> ~~La bondad y el amor me seguirán~~
> todos los días de mi vida,
> ~~y en la casa del SEÑOR~~
> ~~habitaré para siempre~~. *(NVI)*

Nos quedamos obsesionados por nuestras necesidades en valles tenebrosos, paralizados por el temor en presencia de nuestros enemigos. No es de sorprender por qué tantas personas son tan cínicas. Si se quita al Buen Pastor, estamos solos en un mundo de maldad.

En contraste, un espíritu como el de un niño interpreta la vida a través de los lentes del Salmo 23. Jesús representa el Salmo 23 en la alimentación de los cinco mil. Cuando ve que las multitudes son «como ovejas sin pastor», las alimenta espiritualmente al «enseñarles muchas cosas». Luego hizo que se «sentaran [...] sobre la hierba verde» y las alimentó con tanta comida que sus canastas rebosaron (Marcos 6:34-44).

Jesús medita en el Salmo 22 para prepararse para su muerte. En la cruz, abrumado por el mal, recita el Salmo 22:1: «Dios mío, Dios mío, ¿por qué me has abandonado?». En la oscuridad, Jesús no analiza lo que no sabe. Se aferra a lo que sabe.

4. CULTIVAR UN ESPÍRITU AGRADECIDO

Sumergirme en el Salmo 23 llegó a ser un hábito durante este período de sufrimiento. La oración no era una autodisciplina; era desesperación. Comencé a agradecerle a Dios por sus pizcas de gracia del día anterior. O le agradecía a Dios o me rendía ante la amargura, la hijastra del cinismo. No había término medio.

Ahora, años después, todavía comienzo mis tiempos de oración reflexionando en el cuidado del Pastor. Me dejo llevar por los recuerdos del día anterior y veo a Dios obrando. Nada reduce más al cinismo que un espíritu de agradecimiento. Usted comienza a darse cuenta de que toda su vida es un regalo.

El agradecimiento no es una cuestión de obligarse a ver el lado feliz de la vida. Eso sería como volver al optimismo ingenuo. Dar gracias a Dios restaura el orden natural de nuestra dependencia en él. Nos permite ver la vida como realmente es.

No es sorprendente que la ingratitud sea el primer pecado que surge de nuestra antigua rebelión contra Dios. Pablo escribe: «Ellos conocieron a Dios pero no quisieron adorarlo como Dios ni darle gracias» (Romanos 1:21).

La vida misma de Pablo refleja un espíritu de agradecimiento. En casi todas las veces que describe cómo oraba por la gente, menciona el agradecimiento.

- Ante todo [...] le doy gracias a mi Dios por todos ustedes. (Romanos 1:8)
- Siempre doy gracias a mi Dios por ustedes. (1 Corintios 1:4)
- No he dejado de dar gracias a Dios por ustedes. Los recuerdo constantemente en mis oraciones. (Efesios 1:16)
- Cada vez que pienso en ustedes, le doy gracias a mi Dios. (Filipenses 1:3)
- Siempre oramos por ustedes y le damos gracias a Dios, el Padre de nuestro Señor Jesucristo. (Colosenses 1:3)
- Siempre damos gracias a Dios por todos ustedes y continuamente los tenemos presentes en nuestras oraciones. (1 Tesalonicenses 1:2)

- Por lo tanto, nunca dejamos de darle gracias a Dios.
  (1 Tesalonicenses 2:13)
- ¡Cuánto le agradecemos a Dios por ustedes!
  (1 Tesalonicenses 3:9)
- No podemos más que agradecerle a Dios por ustedes.
  (2 Tesalonicenses 1:3)
- En cuanto a nosotros, no podemos más que agradecerle
  a Dios por ustedes. (2 Tesalonicenses 2:13)
- Doy gracias a Dios por ti [...] Día y noche te recuerdo
  constantemente en mis oraciones. (2 Timoteo 1:3)
- Siempre le doy gracias a mi Dios cuando oro por ti.
  (Filemón 4)

Pablo estimula ese mismo estilo de oración en las iglesias:

- Díganle a Dios lo que necesitan y denle gracias por todo
  lo que él ha hecho. (Filipenses 4:6)
- Dedíquense a la oración con una mente alerta y un
  corazón agradecido. (Colosenses 4:2)
- Nunca dejen de orar. Sean agradecidos en toda
  circunstancia. (1 Tesalonicenses 5:17-18)

Ser agradecidos nos atrae a la comunión del Padre, del Hijo
y del Espíritu, a su alegría del uno por el otro, de la vida y de
la gente.

El cinismo mira la realidad a la cara, la llama falsa y se enor-
gullece de su perspicacia a medida que se retira. El agradecimiento mira la realidad a la cara y se regocija en el cuidado de
Dios. Reemplaza al espíritu amargo con uno generoso.

Ante el mal de Adán y Eva, Dios toma aguja e hilo y, pacien-
temente, cose para ellos ropa fina de cuero (ver Génesis 3:21). Él
cubre con amor los seres divididos y escondidos. El mismo Dios
permite que a su Hijo lo desnuden para que nosotros podamos
vestirnos. Dios no es cínico ante el mal. Él ama.

5. CULTIVAR EL ARREPENTIMIENTO

Los cínicos imaginan que son observadores desinteresados en la búsqueda de la autenticidad. Suponen que son humildes porque no ofrecen nada. De hecho, se sienten profundamente superiores porque creen que ven a través de todo.

C. S. Lewis mostró que si usted puede ver a través de todo, finalmente no ve nada.

> Usted no puede seguir «dando explicaciones» para siempre: se dará cuenta de que ha dado explicaciones de la explicación en sí. No puede seguir «viendo a través de» las cosas para siempre. Todo el sentido de ver a través de algo es ver algo a través de eso. [...] Si usted ve a través de todo, entonces todo es trasparente. No obstante, un mundo totalmente transparente es un mundo invisible. «Ver a través de» todas las cosas es lo mismo que no ver[2].

Lewis dijo que lo que se requería era la restauración del ojo inocente, del ojo que puede ver con asombro[3]. Ese es el ojo de un niño.

Aunque aparentan «ver a través de» las fachadas de otros, los cínicos carecen de pureza de corazón. Una fuente significativa de cinismo es la fractura entre mi corazón y mi comportamiento. Es algo así: Mi corazón se desentona con Dios, pero la vida continúa. Por lo que yo sigo actuando y digo cosas cristianas, pero solamente son palabras. Hablo de Jesús sin la presencia de Jesús. Hay una desconexión entre lo que presento y lo que soy. Mis palabras suenan falsas, por lo que las palabras de los demás también suenan falsas. En resumen, mi actuación religiosa vacía me lleva a creer que todos son falsos. Acuso a los demás de hacer exactamente lo que yo hago. Al agregarle juicio a la hipocresía se produce el cinismo.

Todo pecado implica una división de la personalidad, lo que Santiago llama tener lealtad dividida (ver 4:8). Si nos volvemos orgullosos, tenemos un sentido inflado del yo que ha perdido contacto con lo que somos en realidad. Si un esposo mira pornografía en Internet y luego saluda afectuosamente a su esposa, ha creado a dos personas: una pública y otra escondida. Si usted habla de sus amigos despectivamente a sus espaldas, ha creado dos personalidades: el amigo amoroso y el amigo chismoso. Trata de mantener separadas a las personalidades, diciéndoles a las personas con las que cotillea: «Por favor, guarde esto como un secreto».

Vemos por primera vez esta división inmediatamente después del pecado de Adán y Eva. Sus personalidades amigables, que caminaban con Dios, son reemplazadas por las personalidades desnudas que se esconden. La pregunta indagatoria de Dios: «¿Dónde estás?» (Génesis 3:9), trata de exponer esa fractura de las dos personalidades.

El arrepentimiento une a la personalidad dividida y, de esa manera, restaura la integridad a la vida. El verdadero yo se hace público. Cuando la persona orgullosa es humillada, el yo elevado se une con el verdadero yo.

En contraste, el cinismo se enfoca en la personalidad dividida de la otra persona y en su necesidad de arrepentirse. Carece de la humildad que surge al quitarse primero el tronco del ojo propio. Jesús dice: «¡Hipócrita! Primero quita el tronco de tu ojo; después verás lo suficientemente bien para ocuparte de la astilla en el ojo de tu amigo» (Mateo 7:5).

Puede ver esa dinámica cuando David llega al campamento del rey Saúl con comida para sus hermanos mayores. David se sorprende al oír a Goliat insultando a los israelitas y a su Dios. Queda impactado porque nadie tiene el valor de desafiar a Goliat y dice abruptamente: «¿Quién es este filisteo pagano, al que se le permite desafiar a los ejércitos del Dios viviente?» (1 Samuel 17:26). David reacciona a la división que hay entre la fe pública de Israel y su cobardía en el campo de batalla.

David ha estado lejos y solo, apartado de la corriente de incredulidad que domina a su cultura, desarrollando un rico andar con el Pastor. El anonimato de David lo ha protegido del espíritu cínico de la época. Su fe pública y su práctica privada están en armonía. Lo que es *normal* para él es experimentar la presencia de Dios en el valle de sombra de muerte, donde ha matado tanto leones como osos con su honda. Goliat solamente se ve como un gran oso. ¿El resultado? La incredulidad de Israel se siente extraña, fuera de lugar.

Cuando el hermano mayor de David, Eliab, se entera de que David está cuestionando a los demás soldados, se burla de David: «¿Qué estás haciendo aquí? —le reclamó—. ¿Qué pasó con esas pocas ovejas que se supone que deberías estar cuidando? Conozco tu orgullo y tu engaño. ¡Solo quieres ver la batalla!» (1 Samuel 17:28). Eliab erróneamente cree que ve a través de las motivaciones de su hermano. Cree que David, aburrido de las ovejas, está allí buscando una aventura, incitando a los soldados con eso para poder ver una batalla. La percepción de Eliab de la motivación de David es probablemente su propia motivación. Interpreta sus propios asuntos a través de David, y cínicamente acusa a su hermano menor de tener motivos cínicos. Eliab carece de pureza de corazón, por lo que supone que David también carece de ella.

Vemos la misma dinámica en el jardín de Edén. Satanás acusa a Dios de tener motivaciones cínicas cuando, de hecho, Satanás cínicamente tuerce las órdenes de Dios hacia sus propios objetivos. El cinismo es la semilla de la rebelión de Adán y Eva contra Dios, y es la semilla de nuestras propias rebeliones. Mientras trata de desenmascarar el mal, el cínico lo crea.

Eliab también se ve a sí mismo de manera incorrecta. Tiene una opinión falsa y elevada de sí mismo. Se burla del trabajo humilde de David como pastor: «¿Qué pasó con esas pocas ovejas que se supone que deberías estar cuidando?». Eliab el Poderoso Guerrero se burla del cuidado que su hermanito le da a las ovejas, en tanto que el verdadero Eliab está acobardado en su carpa con el resto de los israelitas.

David hace a un lado el cinismo de Eliab y termina con la

bendición y la armadura de Saúl. Rápidamente se da cuenta de que no puede pelear con la armadura de Saúl. No puede ser algo que no es. Él es un pastor, no un guerrero. Su vida interna tiene que encajar con la externa. Es auténtico.

David toma cinco piedras lisas de un arroyo, recoge su vara y se dirige hacia Goliat. Enfurecido por el insulto de los israelitas al enviar solamente a un chico, Goliat pasa por alto la honda y solamente ve la vara. «¿Soy acaso un perro —le rugió a David— para que vengas contra mí con un palo?» (1 Samuel 17:43).

La respuesta de David evoca al espíritu de la oración: «El SEÑOR rescata a su pueblo, pero no con espada ni con lanza. ¡Esta es la batalla del SEÑOR, y los entregará a ustedes en nuestras manos!» (1 Samuel 17:47). David acelera sus pasos. Mientras más cerca está, mayor es la velocidad de la piedra y más exacta la colocación. Goliat nunca la ve llegar.

Al igual que David, los puros de corazón comienzan mirando a través de sí mismos. Al haber confrontado a sus propios osos y leones en el valle de sombra de muerte, ven claramente la anormalidad de que Goliat maldiga al Dios verdadero. Al cultivar un estilo de vida de arrepentimiento, los puros de corazón desarrollan integridad, y sus propias fracturas se sanan. Al comenzar con su propia impureza evitan la postura crítica y negativa del cinismo.

La buena noticia es que si seguimos a Jesús, no tenemos por qué ser capturados por el espíritu de la época. Nuestra cultura no tiene que definirnos. Al igual que Pablo en Filipos, podemos cantar en la cárcel (ver Hechos 16:25). Al igual que David, tranquilamente podemos recoger cinco piedras lisas cuando nos enfrentamos con probabilidades abrumadoras.

He reservado para el siguiente capítulo la sexta cura para el cinismo.

Capítulo 11

DESARROLLAR EL GUSTO POR JESÚS

Jill y yo administramos a tiempo parcial un negocio estacional de impuestos. Hace varios años, llegué a la oficina a las ocho de la mañana para una visita corta antes de que los clientes llegaran. Estaba deprimido, luchando con el cinismo y hasta con ataques de incredulidad. Observé que el disco duro de la computadora estaba casi lleno, por lo que decidí borrar un programa viejo. Sin pensarlo, hice clic en «sí» para «¿Borrar todos los archivos compartidos?» y me salió la pantalla azul de la muerte. La computadora estaba muerta.

Le di una ojeada al libro de citas y vi que nuestra primera cita no sería sino hasta las once y media. Las horas siguientes fueron un frenesí de actividad, llamando a los soportes técnicos y buscando discos con copias de seguridad. No obstante, el problema todavía no se había arreglado cuando nuestra primera clienta entró. Le pedí a nuestro preparador de impuestos que le dijera que estaríamos listos «de un momento a otro».

Tenía que ir a casa por un disco, por lo que me escabullí delante de nuestra clienta de «las once y media», evitando el contacto visual. Era casi el mediodía cuando escurrí frente de ella otra vez para recoger una computadora de respaldo. Le eché una mirada rápida y observé que estaba sentada tranquilamente, sin ningún indicio de impaciencia. Cuando volví a la una, ella todavía esperaba serenamente. Su comportamiento tranquilo no había cambiado cuando finalmente le hicimos su declaración de impuestos a las tres en punto.

No estoy bromeando, esa mujer estuvo sentada en nuestra oficina por tres horas y media, sin una sola pregunta ni queja. ¡Y estamos en Filadelfia! Ella había tomado un autobús, por lo que le ofrecí llevarla a su casa en mi auto. Deprimido y frustrado, dije abruptamente: «¿Marca Jesús una diferencia en su vida?». (Pensé que ella podía ser católica). Por favor, entienda, yo no estaba dando mi testimonio, quería que me dieran testimonio. Ella respondió: «Jesús es todo para mí. Hablo con él todo el tiempo».

Me noqueó, en parte por la frescura y la sencillez de su fe, pero principalmente por la paciencia inusual que exhibió su fe. Mi frenético ajetreo fue un agudo contraste con su tranquila espera en oración. Ella reflejó el espíritu de oración. Yo reflejé el espíritu de la autosuficiencia humana.

Había comenzado el día deprimido, luchando en parte con la importancia de Jesús. Ahora me sentía abrumado por la ironía de mi incredulidad. Jesús había estado sentado en nuestra sala de espera, justo frente a mí, tan obvio como la luz del día. Yo había caminado frente a él todo el día. Me había preguntado si Jesús estaba por ahí, y él había estado esperando en silencio todo el día, sin decir nada. Fue una impresionante exhibición de paciencia.

Jesús había estado sentado en nuestra sala de espera,
justo frente a mí, tan obvio como la luz del día.

El cinismo mira en la dirección equivocada. Busca las grietas en el cristianismo en lugar de buscar la presencia de Jesús. Es una orientación del corazón. La sexta cura para el cinismo, entonces, es esta: desarrollar el gusto por Jesús.

Por mi estudio de los evangelios, sabía dónde buscar a Jesús. En la mayor parte, su vida terrenal estuvo escondida como una semilla en el campo. Si usted viera un álbum de fotos de su vida, no lo vería con los mejores y los más inteligentes, sino con los humildes y los pausados. La única foto de él con una persona famosa sería con Pilato en su juicio, pero Jesús entonces se encontraba en malas condiciones. La semilla comenzaba a morir.

Una fuente importante del cinismo surge al observar a los líderes cristianos que han mezclado el reino de Jesús con el suyo propio. El ministerio en sí puede crear una máscara de actuación, la proyección al éxito. Todos quieren ser ganadores. En contraste, Jesús nunca usó su poder para presumir. Usó su poder por amor. No fue perceptible inmediatamente. La humildad lo hace a uno desaparecer, y es por eso que la evitamos.

Para ver a Jesús, tendría que mirar más abajo. Tendría que ver a la gente sencillamente, como lo hace un niño. Comencé a preguntarme: «¿Dónde vi a Jesús hoy?». Busqué la diferencia entre cómo serían normalmente otros y lo que habían llegado a ser a través de la presencia de Jesús. La presencia de Jesús, la única persona verdaderamente auténtica que ha vivido, se revelaría en la restauración de la autenticidad en la gente. Vería cristianos cuyas vidas internas encajan con las externas.

DESCUBRIR A JESÚS EN CLEVELAND

Cuando buscamos a Jesús, podemos encontrarlo incluso en encuentros aparentemente triviales, como me pasó una mañana en Cleveland, solo un mes después.

Mi amigo Jim me recogió a las seis y quince de la mañana y me llevó a un desayuno de estudio bíblico para hombres. Después de eso, devolví al aeropuerto mi automóvil alquilado y, mientras tomaba el autobús del alquiler de autos al aeropuerto, hablé con mi esposa. Un poco después, hablé con mi mamá.

Cuando Jim me recogió para el desayuno, lo primero que hizo fue disculparse por no haber orado por Kim la noche anterior. Él y yo habíamos hablado de ella en la cena y oramos juntos brevemente. Rara vez alguien se disculpa por un asunto aparentemente tan pequeño, o siquiera hace esa clase de averiguación en primer lugar. Su disculpa tenía el olor de Jesús en ella.

En el desayuno, los hombres estaban leyendo un libro puritano del siglo XVII acerca de una perspectiva piadosa del trabajo. Esos hombres tomaban en serio la exhortación de Jesús de edificar su vida sobre la roca de obediencia a sus palabras. No es exactamente una lectura que lo deja completamente absorto, pero ¡imagine si los políticos o los ejecutivos de las corporaciones que fueron desenmascarados en el último escándalo estudiaran un libro de los puritanos acerca del trabajo!

Cuando devolví el automóvil alquilado, el empleado me saludó alegremente. Al ver mi nombre en el recibo dijo: «Usted tiene un nombre bíblico». Por un lado, estaba testificando; por otro, buscaba un compañero cristiano; y también, simplemente estaba enamorado de la Biblia. Su alegría y su fe exuberante no reflejaban la aparente humildad de su trabajo. Una vez más, vi la presencia de Jesús.

Cuando iba en el autobús del alquiler de vehículos hacia la terminal, Jill me llamó por teléfono. Se reía tanto que me costaba oírla. Al principio de la semana nos había llamado el administrador del autobús escolar. Estaba preocupado porque Kim, quien todavía estaba en la secundaria, no esperaba que el autobús se detuviera para comenzar a atravesar la calle. Tan pronto como el autobús comenzaba a bajar la velocidad, Kim cruzaba al otro lado de la concurrida calle. Su autismo hacía que le fuera difícil esperar.

Por eso, Jill dibujó un cuadro con tiza en nuestra entrada y le dijo a Kim que tenía que pararse en el cuadro hasta que el conductor del autobús encendiera la luz roja. Cuando me llamó esa mañana, Jill estaba parada bajo la lluvia copiosa en el cuadro de tiza con Kim, riéndose de la ridiculez de su situación. Era la risa de la fe, alegrándose en la tribulación, porque la tribulación era muy divertida. De nuevo, la presencia de Jesús.

Después me llamó mi mamá mientras caminaba por el aeropuerto. Brevemente describió una situación por la que se le había acusado en falso y se había dado cuenta de que tenía que perdonar unilateralmente, sin la posibilidad de reconciliación. No mencionó los detalles específicos, solamente hizo una reflexión serena de su propio corazón.

Jesús estaba en todas partes, transformando esa mañana rutinaria, cuidando y disculpándose (Jim), estudiando y obedeciendo (los hombres), testificando y creando amistad (el empleado), sufriendo y riéndose (Jill), perdonando y no cotilleando (mamá). Cada una de esas personas estaba practicando su fe sin una máscara. Con una pequeña reflexión consciente, es fácil ver la belleza de Jesús.

En lugar de enfocarse en la falta de integridad de otra gente, de sus personalidades divididas, tenemos que enfocarnos en cómo Jesús remodela a la iglesia para que sea más semejante a él mismo. Tenemos que ver el cuerpo de Cristo con la gracia.

Pablo se deleita en la influencia de Jesús en la vida de la gente. Está en el centro de su oración. Él no tiene un espíritu generalizado de agradecimiento; está agradecido por «ustedes». Pablo está agradecido incluso por la iglesia problemática de Corinto: «Siempre doy gracias a mi Dios por ustedes» (1 Corintios 1:4). ¡Luego aborda que permiten el incesto, se enjuician unos a otros en la corte y se emborrachan en la Cena del Señor! Debido a que se mantiene enfocado en la obra presente de Jesús, a Pablo no lo vence el mal, sino que él vence al mal con el bien. La bondad colma la vida de oración de Pablo. Él vive el evangelio. Así como Dios le ha concedido gracia a Pablo, Pablo le concede gracia a los corintios. Mira a la iglesia con lentes de color rosado, teñidos con la sangre de su Salvador.

Obviamente, los cristianos no son mejores que los no cristianos. De hecho, Pablo dice en 1 Corintios 1 que la materia prima de los creyentes es peor que la de los no creyentes. ¡Los mismos corintios lo demuestran! Los cristianos no son superiores, pero nuestro Salvador sí lo es. Él marca la diferencia. Él está salvo y sano en su iglesia.

MIRANDO HACIA ADELANTE

Hasta este punto del libro, hemos examinado las bases de una vida de oración y hemos aprendido lo que significa llegar a ser como un niño pequeño. El mismo asunto que tememos, nuestro quebrantamiento, es la puerta al corazón de nuestro Padre. Una visión saturada de gracia nos permite derrotar al cinismo y hablar con nuestro Padre, lo cual restaura la sencillez y el asombro como los de un niño.

Nuestra visión ha sido mayormente interior, mirando a nuestro corazón y a las barreras del corazón, tales como el cinismo, que nos distancian del Padre. Ahora, en la Parte 3, pasamos a una visión más exterior y nos enfocamos en pedir. Pasamos del *ser* al *hacer*, de *mis* necesidades a las necesidades *de usted*. Una vida de oración necesita ambas visiones para tener equilibrio. También continuaremos viendo cómo el cinismo ha echado raíces en nuestra cultura más amplia y ha adormecido nuestros corazones a la posibilidad de una vida de oración.

PARTE 3

APRENDIENDO A PEDIRLE A SU PADRE

Capítulo 12

POR QUÉ PEDIR ES TAN DIFÍCIL

Para su proyecto de ciencias del séptimo grado, nuestra hija menor, Emily, decidió medir los niveles de bacterias a lo largo de la ribera de un riachuelo local. Yo estaba haciendo el proyecto con ella, y en nuestra primera parada vadeamos el arroyo, sacamos una muestra de agua y la analizamos cuidadosamente. Los dos estábamos nerviosos por seguir los pasos precisos de nuestro pequeño equipo de análisis de bacterias, así que antes de comenzar, oramos.

El historial de nuestra familia con los proyectos de ciencias no era estelar. El año anterior, Emily apenas logró la calificación de aprobado en su experimento de entrenar a los peces a comer en respuesta a una linterna. (Con razón Pavlov usó perros y no peces). El año anterior a eso, Jill, pensando que era una bolsa de basura, llevó el experimento de nuestro hijo Andrew a la tienda de segunda mano el día antes del día de entrega. Ella pasó el resto del día buscando en los contenedores de la tienda en un vano intento de recuperarlo. Definitivamente necesitábamos orar.

Después de terminar nuestra primera prueba, Emily sacó su cuaderno de seguimiento para registrar cada paso. Me preguntó qué habíamos hecho primero y le dije que habíamos orado.

—No puedo escribir eso —dijo ella.

—¿Por qué no? Oramos.

—Así no es como funciona, papá. Ellos no quieren que digamos eso.

Emily había asistido a escuelas cristianas toda su vida, comenzando con el jardín infantil. Regularmente asistía a la iglesia y a la escuela dominical e iba a un campamento cristiano durante el verano. Todos sus amigos eran cristianos, junto con sus hermanos y hermanas, tíos y tías. Francamente, vivía en un gueto cristiano. Aun así, ese misterioso «ellos» había superado esa enorme influencia cristiana en su vida.

La cultura occidental (Norteamérica y Europa), junto con las culturas públicas creadas por el Occidente a través del comunismo (como Rusia o China), es la cultura más abiertamente atea que ha existido. Entre los miles de culturas en la historia de la humanidad, la nuestra es la única que no tiene ningún reconocimiento público regular de un mundo espiritual. En vista de la extensión de la historia humana, nuestra cultura es rara.

Al reflexionar en el mundo antiguo, N. T. Wright, un erudito respetado, escribió: «La religión ha sido tejida estrechamente en toda la tela social del mundo, como lo ha sido en casi todas las épocas y en casi todos los lugares de la historia humana, y solamente los dos últimos siglos, en ciertos lugares del mundo occidental, son las excepciones»[1]. Estrictamente desde el punto de vista de la antropología, es extraño que nuestros presentadores de noticias no comiencen las noticias con una oración[2].

¿Cómo ocurrió esto? Si usted retrocede lo suficiente, «ellos» se refiere a la Ilustración del siglo XVIII. Durante este período de la historia, los pensadores principales decidieron que ya no necesitaban a Dios. Como lo ilustra el siguiente gráfico, los pensadores como Kant dividieron al mundo en *sentimientos*, cosas que son ciertas solamente para mí, y *hechos*, cosas que son ciertas para todos. Kant agrupó la oración y la religión junto con otras cosas de las que no podemos estar seguros, como el amor o el bien y el mal[3]. Ellas pertenecen al mundo de los sentimientos de la opinión personal, que se reflejan en la mitad superior del siguiente cuadro. En la parte inferior del cuadro hay cosas de las que estamos seguros, como los árboles y los automóviles; son públicas y reales, ciertas para todos.

CÓMO LA MAYORÍA DE LAS PERSONAS PERCIBE EL MUNDO

La autora Nancy Pearcey resumió esta división entre los hechos y los sentimientos, diciendo: «La parte de abajo se convirtió en el reino de los *hechos* verificables públicamente, en tanto que la parte de arriba se convirtió en el reino de los *valores* construidos socialmente»[4]. A esa manera de percibir el mundo se le llama secularismo. Cuando usted agrupa a Dios con los sentimientos y la opinión subjetiva, lo margina. La oración se siente extraña.

Solía ser que solamente los profesores universitarios creían en el secularismo, pero con la llegada de la televisión y el surgimiento de la cultura popular, la Ilustración se ha abierto camino a la sala del hogar. Ha atrapado al Occidente y ha oscurecido nuestra percepción de cómo es el mundo en realidad. Ahora vemos un mundo plano, bidimensional, que relega a Dios al margen como un porrista que nos hace sentir bien. La oración es privada y personal, no pública y real. Si lo hace sentirse bien, entonces ore por la gente enferma o comuníquese con Dios, pero no la tome en serio ni la haga pública.

C. S. Lewis se refería a la cosmovisión de la Ilustración cuando dijo: «Creía que casi todo lo que amaba [parte de arriba del gráfico] era imaginario; pensaba que casi todo lo que creía que era real [parte de abajo del gráfico], era sombrío y no tenía sentido»[5]. Cuando su buen amigo J. R. R. Tolkien le dijo que el cristianismo era un «mito verdadero», se fusionaron las dos grandes búsquedas de Lewis de la belleza y la verdad[6].

El poder de la Ilustración

Antes de la Ilustración, los primeros científicos del Occidente escribían en sus notas que oraban. Johannes Kepler, el astrónomo danés que descubrió las leyes del movimiento interplanetario, escribió que «estaba siguiendo los pensamientos de Dios»[7]. Newton y otros le daban la gloria a Dios regularmente en sus escritos.

Irónicamente, la ciencia moderna es posible debido a que el cristianismo enseñaba que Dios creó un mundo separado de sí mismo. Si el mundo está separado, podemos investigarlo.

Las culturas antiguas eran incapaces de investigar seriamente el mundo porque sus dioses eran inseparables del mundo. Por ejemplo, el dios cananeo Baal es el dios del trueno y la tormenta. Cuando truena, se oye a Baal. Si el trueno es igual a Baal, entonces no hay nada que investigar. Su dios está enredado en el mundo.

Incluso los antiguos griegos, quienes parecían estar más

cerca de la ciencia que nadie, no pudieron llegar a ser científicos verdaderos por su sospecha de que la materia física era el caos. Carecían del punto de vista judeocristiano que cree que Dios creó un mundo separado de sí mismo, con la sabiduría como su compañera (ver Proverbios 8:22-31).

El secularismo es una creencia religiosa que surgió del orgullo por el logro humano, particularmente del logro científico. Está enmascarado como ciencia o realidad; es opuesto a la religión, a la que llama opinión. El secularismo afirma habernos dado el regalo de la ciencia cuando, de hecho, el cristianismo nos dio el regalo de la ciencia.

Permítame demostrarle brevemente el poder de la Ilustración. Casi todas las universidades de la Liga Ivy, junto con cientos de otras universidades estadounidenses, comenzaron como universidades cristianas, pero bajo la influencia del secularismo descartaron su fe cristiana. Lo mismo ocurrió con la fe judía-ortodoxa. Sobrevivió a los intentos de exterminarla del faraón (Moisés), de los filisteos (David), de los sirios (Elías), de los babilonios (Daniel), de los persas (Ester) y de los samaritanos (Esdras). Sobrevivió a los griegos durante la época de los macabeos, a la destrucción romana de Jerusalén en 70 d. C., y a la evacuación obligada de Palestina en 135 d. C. Sobrevivió al islam, a las Cruzadas, a la Inquisición española, a los zares rusos y a la «solución final» de Hitler. No obstante, el judaísmo ortodoxo apenas ha sobrevivido a la Ilustración. Es apenas una sombra de su pasado y reclama solamente de un 10 a un 15 por ciento del judaísmo.

La mentalidad de la Ilustración margina la oración, porque no permite que Dios se conecte con este mundo. A usted se le permite una deidad personal y local, siempre y cuando la mantenga fuera de sus notas científicas y no lo tome en serio.

Primero, la oración se define como falsa y luego se siente falsa.

Peter Jennings, el ex presentador de noticias de ABC, solía decirles a los reporteros: «Cuando le pregunten a alguien "¿Qué hizo que usted soportara esta crisis?" y dicen "Dios", no digan "No, en realidad, ¿qué hizo que aguantara?"»[8]. Jennings estaba consciente de que la niebla de la Ilustración tentaba a nuestras élites culturales a descartar el valor de la oración, de Dios en acción.

Charles Malik, un filósofo, teólogo y diplomático griego ortodoxo, describió con perspicacia el espíritu de la Ilustración:

> Nada puede estar más lejos ni ser más extraño a todo el carácter del hombre moderno que el grito de angustia de David: «Desde los extremos de la tierra, clamo a ti por ayuda cuando mi corazón está abrumado. Llévame a la roca que es más alta que yo». El hombre moderno no reconoce tal roca, y esa es la fuente de todo distanciamiento y toda tragedia[9].

LAS RAÍCES MODERNAS DEL CINISMO

La Ilustración no *dice* que la religión no es real. La *define* como no real. Una vez que ha definido la religión como no real, ni siquiera es un tema de discusión. Agréguele al modelo secular de la realidad nuestra incapacidad de seguir a Jesús, y el resultado es la falsedad. Primero, la oración se define como falsa y luego se siente falsa.

Cuando nuestros hijos se topan con la presión del mundo en sus años de adolescencia, es fácil para ellos decir que ese hablar de Dios es falso, porque ha sido relegado al mundo no real. Por lo que Emily, de doce años, instintivamente sentía que vivía en dos mundos: en un mundo de Dios y en un mundo real. Cuando esos mundos se tocaban, ella trataba de mantenerlos separados. Ha estado respirando el aire de la cultura.

El secularismo es una opinión cínica de la realidad. Por ejemplo, debido a que el *amor* no es cuantificable, se relega a la mitad superior, que es de *sentimientos*. Cuando Robertson McQuilkin renunció a su presidencia en un seminario para cuidar de su esposa enferma, asistió a un taller donde el experto dijo que la dedicación de McQuilkin a su esposa en realidad era culpa[10]. El experto no tenía una categoría para el amor. Es un ejemplo perfecto de la limitación del punto de vista de la Ilustración en cuanto a la realidad. El *amor*, esa cosa que todos buscan, no es una categoría entre los científicos sociales. Algo está gravemente mal con un punto de vista del mundo que no puede explicar los componentes básicos de la vida.

Un niño ora en un mundo secular

En un artículo de *The New York Times Magazine*, Dana Tierney describió cómo ella y su esposo John, escritor de *The New York Times*, rechazaron la fe de su niñez. Bautizaron a su hijo Luke para aplacar a sus familias, pero eso fue todo. Cuando su esposo se fue a Irak como periodista integrado, Dana comprensiblemente tuvo miedo. Se quedó sorprendida de lo tranquilo que estaba Luke, de cuatro años. Ella suponía que simplemente era la ingenuidad de niño, hasta que un día, cuando veían televisión juntos, casualmente vieron la boda de un soldado que había regresado de Irak. Al pensar que eso no le ocasionaría ningún temor indebido a Luke, ella creyó que estaba bien que lo vieran juntos. No obstante, luego el soldado describió su miedo de regresar a Irak. Solamente por un instante, Dana vio que Luke unió sus manos para orar. Cuando ella le preguntó acerca de eso, Luke lo negó al principio, pero después de hacerlo una segunda vez, confesó que había estado orando.

Dana estaba atónita, en parte por la fe de Luke y en parte por la forma en que la fe de él le había permitido estar tranquilo, y cómo su falta de fe la había hecho tener miedo. También estaba avergonzada porque su hijo de cuatro años de manera instintiva sabía que orar por su papá era socialmente inapropiado.

Debido a que Luke fue creado para la comunión con Dios,

él se dejó llevar naturalmente por la oración. No estaba consciente de que hacía doscientos años, Kant había dividido el conocimiento entre público y privado y, de esa manera, había marginado la oración. Debido a que Luke había llegado a estar consciente de su propia cultura, también sabía que tenía que esconder su oración de su madre.

Bajo la influencia de la Ilustración, nuestra cultura moderna ha sacado la oración y la religión de la discusión. Por lo que Emily no reporta en sus notas científicas que oró, y Luke une sus manos en secreto en presencia de su madre.

Sin embargo, que Dana siquiera escribiera ese artículo es una indicación de los vientos posmodernos que soplan en nuestra cultura. La ciencia comienza a perder su condición de divinidad.

Dana le preguntó a Luke cuándo comenzó a creer en Dios. «No lo sé. Siempre he sabido que existe». A diferencia de muchos de nuestros guardianes posmodernos, Dana no trata con condescendencia a los creyentes. En el artículo describió cómo muchos de sus amigos no religiosos se sienten liberados de la religión como si se hubieran liberado de la superstición. Dana no. Ella siente que se pierde algo. Cuando ve a sus amigos religiosos, observa que ellos «tienen una amplitud de espíritu. Cuando caminan a lo largo de un riachuelo, no solamente ven agua que cae sobre las rocas; la vista los llena de éxtasis. Ven un reino de esperanza más allá de este mundo. Yo solamente veo un riachuelo que murmura. No capto el mensaje»[11].

Lo que Dana observó acerca de los creyentes, su asombro por la creación, está en el centro de por qué siquiera tenemos ciencia. Si el riachuelo es el resultado de fuerzas naturales accidentales, entonces usted solamente ve agua, rocas y polvo. Si Dios se iguala al riachuelo, entonces usted adora al dios riachuelo, no al creador del riachuelo. No obstante, si Dios creó el riachuelo, entonces el asombro y la curiosidad naturalmente desembocan en el estudio.

En su crítica de la cosmovisión de la Ilustración, Charles Malik, el «C. S. Lewis» griego ortodoxo, dijo que el secreto para ver a Dios detrás de todas las cosas es llegar a ser niño otra vez, como el pequeño Luke.

Podríamos verlo más allá de toda su creación solamente si llegáramos a ser «niños y bebés». Así como los niños, no los principales sacerdotes y los escribas, cuando lo vieron en forma humana en el templo, gritaron: «Hosanna al Hijo de David», de igual manera, si hemos nacido de nuevo y llegamos a ser como ellos, nosotros mismos como niños —intuitivos, puros, simples, directos, receptivos, abiertos— podríamos pasar de su creación a él mismo. [...] Me refiero a que el corazón está totalmente seguro de que más allá de toda esta exhibición [...] hay Alguien que la creó y que sigue manteniéndola. La «fortaleza» de fe que muestran los niños y los bebés, por su afirmación simple, directa y sin dudas, avergüenza toda la fortaleza del inteligente y del fuerte[12].

El asombro por el universo estaba en el corazón de la ciencia de Einstein. Él estaba en desacuerdo con el espíritu secular de nuestra época cuando escribió: «Un espíritu se manifiesta en las leyes del universo, un espíritu enormemente superior al del hombre, y frente al cual, con nuestros poderes modestos, debemos sentirnos humildes»[13].

Debido a que es el mundo de mi Padre, entonces a medida que Emily y yo nos arrodillamos al lado de un riachuelo para hacer un experimento científico, debemos orar y pedirle su ayuda. Es una unidad completa de pensamiento y sentimiento, físico y espiritual, público y personal. Es el mundo de mi Padre.

A propósito, el papi de Luke regresó a salvo de Irak, y el experimento de Emily procedió hasta ganarse el primer lugar en la feria científica regional y finalmente la estatal.

Capítulo 13

POR QUÉ
PODEMOS PEDIR

Hace algunos años estuve en Londres para llevar a cabo un seminario en una iglesia constituida por personas que habían sido hindúes, musulmanes y sijes. El domingo en la mañana, después del seminario, precisamente cuando comenzaba el servicio de la iglesia, Asha, una mujer que había sido hindú, se me acercó en el vestíbulo y me pidió que orara por su nieta de doce años, a quien le costaba vivir con sus padres y quien quería vivir con Asha. Yo le dije: «Sí, oraré por ella». Asha entró al servicio, tomó a su nieta y me hizo señas para que entrara a un salón lateral, donde oré por ella. Después regresamos al servicio. Toda la interacción no tardó más que un par de minutos.

A un cristiano estadounidense nunca se le ocurriría acercarse a un predicador invitado, que acababa de conocer, y pedirle que orara por su nieta, justo allí en el lugar. Se sentiría intruso, egoísta e inapropiado. Nuestra definición de oración como privada y personal nos hace vacilar para acorralar a un orador.

Podríamos acercarnos al orador para pedirle su consejo. Fácilmente admitimos nuestra falta de conocimiento, pero nunca se nos ocurriría que el orador podría tener acceso al poder divino. No pensamos que marcaría ninguna diferencia. Tenemos confianza en la ciencia pero no en Dios. El asunto del poder, la capacidad de marcar una diferencia, de cambiar algo, es el meollo de pedir.

La cultura de Asha no le ha dicho que la oración es privada

y personal, por lo que, públicamente y sin vergüenza, pidió que el poder de Dios cambiara una situación en la que se sentía atrapada. No afectada por la Ilustración, consciente de que «este es el mundo de mi Padre», ella no vaciló.

Asha tenía en mente otra idea no occidental. Cree que algunas personas son más poderosas con Dios. Cualquier asiático le dirá que eso es cierto. Los africanos coincidirían, como lo harían los latinoamericanos. Las únicas personas desfasadas somos los occidentales. Sabemos que eso es cierto en otras áreas. Por ejemplo, sabemos que algunos asesores financieros y médicos son mejores que otros. En nuestro mundo igualitario, no se nos ocurre que eso también sería cierto en el mundo espiritual.

No obstante, a diferencia de estas otras clases de expertos, el poder en la oración surge al estar en contacto con su debilidad. Para enseñarnos a orar, Jesús contó historias de gente débil que sabía que no podía vivir la vida por su cuenta. La viuda persistente y el amigo que llega a la medianoche obtienen acceso, no porque son fuertes, sino porque están desesperados. La desesperación adquirida está al centro de una vida de oración.

UN DIOS INFINITO-PERSONAL

Asha cree que un Dios infinito está personalmente involucrado en los detalles de su vida. Un Dios infinito-personal es una idea tan asombrosa que se nos dificulta comprenderla. Nuestro mundo moderno está bien con un Dios infinito, siempre y cuando él no llegue a ser demasiado personal, siempre y cuando él permanezca fuera de las notas científicas. A las culturas no occidentales no les cuesta pensar en que Dios sea personal, pero dudan que sea infinito. De esa manera, las batallas antiguas entre las naciones frecuentemente se veían como luchas de poder entre los distintos dioses.

Los sirios pensaban que habían perdido la batalla con Israel en las montañas porque habían estado en el lugar incorrecto, lejos del centro del poder de su dios. Le dijeron a su rey: «Los dioses de los israelitas son dioses de las montañas, por eso ganaron; pero podemos vencerlos fácilmente en las llanuras» (1 Reyes 20:23). Por lo que trasladaron la batalla a las llanuras, donde su dios era más fuerte. No tenían dudas de que el Dios israelita fuera real y personal. Solamente dudaban de que fuera infinito. Nadie informó al Dios israelita. Él ganó la batalla en las llanuras así como en las montañas. Los sirios se habían topado con el Dios infinito-personal.

David capta al Dios infinito-personal con la primera frase del Salmo 23: «El SEÑOR [infinito] es mi pastor [personal]». En el antiguo Cercano Oriente nada más se acercaba a esa imagen de intimidad. Ocasionalmente, un antiguo rey se describía como el pastor de su pueblo, pero los dioses nunca se interesaban en el «pequeño yo». Las palabras *mí* o *me*, que en hebreo suenan como «i», aparecen trece veces en el salmo. El Dios infinito se interesa en mí.

«EL SEÑOR
(INFINITO)

ES

MI PASTOR».
(PERSONAL)

De igual manera, podemos sentir el asombro de Salomón en su oración de dedicación del templo, a medida que contempla al Dios infinito que mora personalmente con nosotros. «¿Pero es realmente posible que Dios habite en la tierra, entre seres humanos? Ni siquiera los cielos más altos pueden contenerte, ¡mucho menos este templo que he construido!» (2 Crónicas

6:18). Debido a que Dios es tanto infinito como personal, él «oye el clamor y la oración que tu siervo te eleva» (6:19).

«EL SEÑOR
(INFINITO)

ES

MI PASTOR».
(PERSONAL)

Isaías también está asombrado porque Dios «[habita] en un lugar santo y sublime [infinito], pero también con el contrito y humilde de espíritu [personal]» (57:15, NVI).

**«YO HABITO EN UN LUGAR
SANTO Y SUBLIME,**
(INFINITO)

**PERO
TAMBIÉN**

**CON EL CONTRITO Y
HUMILDE DE ESPÍRITU»**(NVI).
(PERSONAL)

La majestad y la humildad son un conjunto muy extraño. Esa es una razón por la que se nos dificulta la oración. Simplemente no creemos que Dios se preocupa de los detalles insignificantes de nuestra vida. Creemos que él es demasiado grande o que nosotros no somos tan importantes. ¡No es de extrañar que Jesús nos dijera que fuéramos como niños pequeños! Los niños no se desaniman por el tamaño de sus padres. Independientemente de eso, ellos llegan.

Einstein batalló con la rareza de un universo que refleja a un Dios infinito-personal. Por un lado, constantemente articuló una opinión de Dios característica de la Ilustración, despersonalizada y distante. Una niña de sexto grado de la escuela dominical en Nueva York le preguntó una vez: «¿Oran los científicos?» Einstein respondió: «Un científico difícilmente estará inclinado a creer que la oración pudiera afectar los acontecimientos»[1]. Aun así, frecuentemente se refería a Dios de manera personal. Cuando debatió a Niels Bohr en cuanto a la teoría cuántica, Einstein dijo: «Dios no juega con dados». En su biografía de Einstein, Walter Isaacson dijo que las frecuentes referencias de Einstein a un Dios personal eran genuinas. «No era el estilo de Einstein hablar insinceramente para aparentar que se conformaba. [...] Debemos darle el honor de tomarle la palabra»[2]. De hecho, Einstein dijo que su ciencia estaba impulsada por una creencia en un «Dios que se revela *a sí mismo* en la armonía de todo lo que existe» (énfasis añadido)[3].

No nos gusta que Dios esté demasiado cerca, especialmente si Dios es una deidad que no podemos controlar. Tenemos un temor primordial de caminar con Dios en el huerto, desnudos, sin ropa. Desesperadamente queremos intimidad, pero cuando llega, nos echamos atrás, temerosos de un Dios que es demasiado personal, demasiado puro. Estamos mucho más cómodos con Dios a la distancia.

Una vida de oración se abre a un Dios infinito que nos busca. Como veremos, no podemos hacer eso sin soltar el control, sin rendir constantemente nuestra voluntad a Dios. «Que se cumpla tu voluntad en la tierra como se cumple en el cielo» (Mateo 6:10) es en realidad aterrador.

_____

*La desesperación adquirida está al
centro de una vida de oración.*

_____

Capítulo 14

¿QUÉ TAN PERSONAL ES DIOS?

Recientemente leí un libro sobre la oración que era excelente, excepto que el autor implicaba que no debemos orar por cosas triviales como lugares para estacionarnos. El autor decía que esas peticiones parecen ser egoístas. Cuando leí eso, no podía esperar para contárselo a mi mamá, Rose Marie Miller.

Ella había regresado a Filadelfia para la boda de uno de sus veinticuatro nietos. Mamá, quien ahora tiene ochenta y dos años, trabaja a tiempo completo como misionera en Londres. Después de criar cinco hijos con el sueldo mínimo de un pastor, ella y mi padre siguieron compartiendo el evangelio en los barrios pobres de Uganda y en las calles de Dublín. Ahora, además de hacer el discipulado con mujeres surasiáticas, mamá desarrolla amistades con taxistas surasiáticos en Londres.

Nos reunimos para desayunar, y cuando le dije lo que pensaba ese autor en cuanto a las oraciones por lugares de estacionamiento, ella se veía un poco incrédula; ladeó su cabeza, se comenzó a reír y dijo: «¿De qué otra manera encontrarías un lugar para estacionarte? Cuando conduzco con los nietos en Londres, siempre dicen: "Abuela, ¿podrías orar para que encontremos un lugar en el estacionamiento?"». La respuesta de mamá me hizo recordar a Sara cuando se rió por la bondad de Dios cuando él la sorprendió con un hijo. El regalo de Dios convirtió la risa cínica de Sara del año anterior en pura alegría.

Recientemente, mamá encontró una carta que ella había escrito desde Kampala, Uganda, en diciembre de 1979, no mucho después de que Idi Amin huyó del país. Mamá y papá estaban en Uganda, viviendo en el octavo piso de un hotel descuidado, compartiendo el evangelio y haciendo lo que podían para ayudar. La recolección de basura se había detenido por completo en la ciudad. Así que, junto con varios ugandeses, encontraron un camión de basura y comenzaron a compartir el amor de Dios mientras recogían la basura de la gente. En la carta, describió su día típico:

> Las palabras simplemente no logran expresar el caos casi total de un país después de ocho años de una sanguinaria guerra civil. Cuando usamos el baño, si somos afortunados se puede descargar el inodoro, si no, tomamos del extremo del pasillo la manguera para incendios; si llegamos demasiado tarde, nos damos cuenta de que otros ya la han usado, *por lo que se aprende a orar por agua*. Si llega a la medianoche, uno llena la bañera para poder lavarse en la mañana. [...]
>
> Uno pasa por un edificio bombardeado. Pasa por calles sucias *orando mientras pasa* para que nadie le robe su billetera. [...]
>
> Uno se encuentra con algunos asiáticos en el hotel. Están muy interesados en nuestro proyecto de tejidos, por lo que dicen: «Nosotros los vamos a ayudar con el material, pero no tenemos transporte», *por lo que, de nuevo, uno ora*. [...]
>
> La tentación de estar consciente de uno mismo y de las limitaciones totales es fuerte. Hay ocasiones *en las que oro*: «Señor, no puedo pasar por este día» (énfasis añadido).

Esta es una mujer que ora por lugares de estacionamiento. ¿De qué otra manera se encontraría uno?

UNA PERSPECTIVA DESCONECTADA DE LA VIDA REAL

Algunos teólogos creen que no debemos orar por espacios de estacionamiento porque significa que alguien más no lo conseguirá. Un escritor espiritual escribió: «Si una persona oye un camión de bomberos que llega por la calle y ora: "Señor, que no sea mi casa", esa persona expresa una oración inmoral, porque desea que sea la casa de alguien más. Sería mejor orar: "Señor, que sea mi casa, pero que nadie esté herido"»[1].

Cuando le conté a Jill lo que decía ese autor, se rió. Cosas emocionantes pueden ocurrir cuando Kim está sola en casa, por lo que cada vez que Jill oye una sirena, ora que el vehículo no se dirija a nuestra casa. Hace un par de años, en pleno invierno, una ayudante se fue y no le dijo a Kim cuándo volvería. Kim entró en pánico y comenzó a vagar de un lado a otro en la calle, llorando y buscando a la ayudante. Después de que un vecino llamó, me fui de prisa a casa. Cuando doblé la esquina a nuestra casa, me recibieron dos automóviles de la policía que bloqueaban los dos extremos de nuestra calle con señales de bengala. Kim estaba en medio de todo eso, sin abrigo ni zapatos, casi histérica.

Cuando Jill ora para que nuestra casa no se queme, está siendo sencilla, como un niño. Está siendo honesta con Dios en cuanto a lo que hay en su corazón. Esa es la razón de pedir.

¿Revertirá Dios un problema en nuestra casa? No lo sé. ¿Qué pasaría si nuestra casa se quemara? No lo sé. Hablando figuradamente, nuestra casa se quemó cuando Kim nació. Pronto nos dimos cuenta de que el hecho de que «la casa se quemó» era un regalo. Dios tenía una mejor casa para nosotros. La vieja tenía que irse. Jill y yo oramos porque somos impotentes en contra del ataque de la vida. Cuando oro por un problema, ese problema comienza a brillar con la energía de Dios. Cosas extrañas ocurren.

Si usted va a ingresar a este baile divino que llamamos oración, tiene que renunciar a su deseo de estar en control, de descifrar cómo funciona la oración.

Este escritor espiritual que dijo que no deberíamos orar para que Dios salvara nuestra casa del fuego ha hecho de la oración un juego de suma cero. La aparición de un camión de bomberos no necesariamente significa que una casa está en llamas. Hay otras opciones. Tal vez haya un gato en un árbol. Tal vez alguien esté herido. La raíz del problema es que este escritor espiritualiza excesivamente la oración. Se entrega tan rápidamente ante Dios, que él, como persona, no puede surgir. Cuando Jesús ora en Getsemaní «pasa de mí esta copa», él está siendo real; los cristianos se apresuran al «no se haga mi voluntad, sino la tuya» sin expresar primero lo que tienen en el corazón (Lucas 22:42, RVR60). Sucumben tan rápidamente que desaparecen. Espiritualizar en exceso la oración suprime nuestro deseo natural de que no se queme nuestra casa. Cuando dejamos de ser nosotros mismos con Dios, ya no estamos en conversaciones reales con Dios.

El pensamiento de este escritor tiene su raíz en el neoplatonismo, la antigua filosofía griega que le restaba el énfasis al mundo físico. Los estoicos griegos se enorgullecían por su capacidad de estar serenos con la vida; Sócrates tranquilamente tomó la copa de veneno que sus ejecutores le dieron. El neoplatonismo se filtró en la iglesia, e igualó la espiritualidad con la supresión del deseo y la emoción. Esa es la razón por la que Jesús se ve un poco extraño y afeminado en tantas películas. Camina lentamente, habla lentamente y se mueve lentamente. Uno quiere pellizcarlo.

Agustín, uno de los padres más grandes de la iglesia, fue influenciado por esta filosofía. Escribió: «No le pida nada a

Dios, aparte del mismo Dios»[2]. Agustín tenía razón en parte. Jonathan Edwards y su discípulo John Piper nos han recordado que el mejor regalo que Dios nos puede dar es él mismo. No obstante, el «no le pida nada a Dios» está desconectado de la vida. Permítame explicarlo.

Imagine a un esposo que en verdad ama a su esposa. Está atento a sus necesidades. Escucha su corazón. Es su mejor regalo terrenal. ¿Cómo reaccionaría ella si él le dijera: «No me pidas nada. Yo soy tu mejor regalo»? Cuando he dicho eso en nuestros seminarios de oración, todos se echan a reír. El amor del esposo por su esposa no está desvinculado del responder cuidadosa y generosamente a las peticiones de ella. Si separamos nuestras necesidades triviales (hacer) del mejor regalo de Dios, su presencia amorosa (ser), entonces espiritualizamos excesivamente la oración.

Si no le pedimos nada a Dios, nos quedamos a la deriva en un mundo malo. Esa posición puede sentirse espiritual porque no parece egoísta, pero no es bíblica porque separa del mundo de Dios el mundo real de nuestros deseos. El reino no puede venir porque está flotando.

Al ignorar los mundos espirituales y físicos, el neoplatonismo hizo exactamente lo que hizo la Ilustración. La única diferencia es que el neoplatonismo valoraba lo espiritual, en tanto que la Ilustración valoraba lo físico. Por lo que la iglesia está influenciada por el neoplatonismo (lo físico no es importante), y el mundo está moldeado por la Ilustración (lo espiritual no es importante). Ambas perspectivas suprimieron la oración honesta, de persona a persona, en la iglesia.

La tendencia de la iglesia hacia la espiritualidad antinatural ha sido influenciada aún más en años recientes, porque nuestra cultura ha adoptado la espiritualidad budista. En el budismo, uno llega a estar iluminado y alcanza el nirvana cuando deja de desear. De esa manera, los monjes budistas se repiten «om», descuidadamente a sí mismos, en un intento de llegar a ser uno con el todo. La meta es la supresión del deseo.

Jesús no pudo haber sido más distinto. Lea los evangelios y descubrirá a un hombre apasionado y sensible. Gracias a Dios que tenemos un Salvador que está en contacto con el mundo real, que ora para no beber la copa de la ira de su Padre, que clama en una rústica cruz de madera: «Dios mío, Dios mío, ¿por qué me has abandonado?» (Mateo 27:46). Jesús no suprime sus sentimientos ni deja que lo dominen. Es real.

Es perfectamente natural orar: *Dios, por favor, ayuda a quienquiera cuya casa esté incendiada. Protégelos, y permite que no sea nuestra casa.* Usted es sincero con su deseo y amoroso al mismo tiempo. Si usted se hunde en el *Titanic*, ora: *Dios, consígueme un lugar en un bote salvavidas,* y entonces aplica toda su energía para ayudar a otros a entrar. El deseo y la rendición son el equilibrio perfecto para la oración.

PIJAMAS Y LECHE

Mi primera experiencia de una oración respondida fue estimulada por mi mamá, cuando yo tenía nueve años de edad y no tenía pijamas. Acabábamos de trasladarnos del valle Central de California a San Francisco, donde papá había aceptado un trabajo como escritor para una fundación. Incluso en 1963, el costo de la vivienda nos había sorprendido, por lo que nuestra familia de siete se había apretujado en una casita de dos dormitorios, en el sur de San Francisco. Debido a los problemas de espacio, yo dormía en un catre, en una plataforma que daba a una ladera pronunciada. Me emocionaba porque pasé la mayor parte de mi niñez queriendo ser guardabosques. El único problema era que la plataforma no tenía techo. Mis hermanas cerraban con llave la puerta en la noche, y cuando llovía, no siempre me oían cuando llamaba a la puerta. Me dí cuenta que podía dormir en la lluvia si me acostaba a un lado del catre con el agua que se acumulaba en el centro de mi saco de dormir. Solamente tenía que tener cuidado de no rodar al centro de mi saco de dormir. En el invierno, me trasladaba adentro y dormía en un espacio pequeño dentro del espacio de acceso, precisamente abajo del tragaluz del pasillo. Los pijamas eran cruciales.

Cuando le dije a mi mamá que no tenía pijamas, sugirió que orara por unas. Así que lo hice. Dentro de una semana, un par de pijamas rojo encendido llegó en un paquete de provisiones de unos amigos. Dos semanas después, llegó un segundo par. No estoy bromeando. No recuerdo antes, o desde entonces, haber recibido un regalo de pijamas. La respuesta a mi oración fue tan clara, tan rápida, que no podía pasarla por alto. Dios se interesa en los pijamas.

También se interesa en la leche. Cada día en el desayuno, oro en silencio mientras Kim sirve leche para su cereal. Su visión monocular la deja sin percepción profunda, por lo que apuntar es difícil. Su debilidad en la planificación motora le hace difícil dejar de servir una vez que haya comenzado, y su disgusto por el consejo significa que no oye cuando le digo que se detenga. El resultado puede ser emocionante. De hecho, Jill generalmente se va de la cocina cuando aparece el cartón de la leche. Dios se interesa en la acción de servir leche. Está tan involucrado en nuestra vida.

¿Significa eso que todos deberíamos orar cuando servimos leche? Por supuesto que no. ¡Espero que usted ya haya aprendido a servir leche! No es una necesidad en su vida. No obstante, lo es para Kim. Entonces oramos. No nos hace más espirituales; solamente es uno de los pequeños viajes de oración en los que Kim y yo estamos.

UN MOMENTO DE ENCARNACIÓN

La maravilla del Dios infinito-personal se exhibe, más que en cualquier otro lugar, en la Encarnación. Nada puede prepararnos para el nacimiento de Dios: un niño judío de dos y ocho décimos de kilos, con cabello rizado café oscuro, que nació en el otoño o el invierno de 5 a. C., en una cueva de pastor en la ladera de una montaña en la ciudad de Belén, en la provincia romana de

Judea, en el occidente de Asia. Es tan particular que deja perpleja la imaginación. Dios encontró un lugar de estacionamiento, el lugar y la hora específicos en los que su amor tocaría nuestro mundo.

La oración es un momento de encarnación: Dios con nosotros. Dios involucrado en los detalles de mi vida. Hay otro libro sobre la oración que es excelente, excepto en que el autor dice que la oración se trata principalmente de que pasemos tiempo con Dios y no de que Dios responda nuestras oraciones. Como ejemplo mencionó que «las madres en los días de la alta mortalidad infantil solían orar desesperadamente para que sus hijos no murieran en la infancia. Las técnicas médicas modernas le han puesto un fin a esas oraciones en el Occidente»[3]. Tal vez. O tal vez las técnicas médicas modernas se desarrollaron en el Occidente porque las jóvenes madres en el Occidente oraban por las vidas de sus hijos.

Es impactante cómo reaccionan muchos escritores espirituales a la especificidad de la oración verdadera. Va más profundamente que el neoplatonismo griego y la influencia de la espiritualidad budista. Francamente, Dios nos pone nerviosos cuando se acerca demasiado. No queremos una dependencia física de él. Se siente artificial, como si nosotros controláramos a Dios. Muy profundamente, simplemente no nos gusta la gracia. No queremos arriesgarnos a que nuestra oración no sea respondida. Preferimos la seguridad del aislamiento a comprometernos con el Dios vivo. Adoptar al Padre, y de esa manera la oración, es aceptar lo que un pastor llamó «el aguijón de la particularidad»[4].

Nuestra aversión a pedir está arraigada en nuestro deseo de independencia. Reinhold Niebuhr, un destacado teólogo de después de la Segunda Guerra Mundial, señaló el problema: «El ego humano asume su autosuficiencia y autocontrol y se imagina seguro. [...] No reconoce el carácter supeditado y dependiente de su vida y cree que es el autor de su propia existencia»[5]. No nos gusta ser contingentes, totalmente dependientes de otro.

El niño que Jesús nos pidió que llegáramos a ser es totalmente dependiente de sus padres para todo.

¿Qué pierdo cuando tengo una vida de oración? Control. Independencia. ¿Qué gano? Amistad con Dios. Un corazón tranquilo. La obra viviente de Dios en el corazón de los que amo. La habilidad de retroceder la corriente del mal. En esencia, pierdo mi reino y obtengo el suyo. Paso de ser un jugador independiente a ser un amante dependiente. Paso de ser un huérfano a un hijo de Dios.

Cada día experimento la presencia bondadosa de mi Padre. El sábado pasado, por ejemplo, estaba en una tienda de electrónicos comprando unos cargadores para un intercomunicador que estábamos instalando en el apartamento de Kim, y recibí una llamada de Jill en pánico: acababa de hablar con el ayudante de Kim, quien la ayuda en su trabajo de caminar perros en una perrera. Durante su descanso para almorzar, Kim había pedido comida de McDonald's, pero no podía encontrar su tarjeta de crédito, por lo que McDonald's se había llevado la comida de regreso. Kim había perdido la compostura. Yo traté de llamar al ayudante, pero su teléfono celular funcionaba intermitentemente.

¿Cómo vi el cuidado de mi Padre? Porque yo estaba en la tienda de electrónicos, apenas a diez minutos de distancia de Kim. Cuando finalmente me comuniqué con el ayudante, inconscientemente me dio indicaciones hacia el McDonald's equivocado. Mientras esperaba en un semáforo, observé un McDonald's al otro lado de la calle. En ese momento, recordé que había algo raro en cuanto a sus indicaciones. Conduje al estacionamiento y allí estaba Kim. Diez minutos después de haber recibido la llamada de Jill, yo estaba con Kim. El amor de Dios por ella fue tan particular.

El estrés de esos diez minutos fue un recordatorio de mi dependencia y me llevó a una dependencia mayor. El sufrimiento es el regalo de Dios para hacernos conscientes de nuestra existencia supeditada. Crea un ambiente donde vemos la verdadera naturaleza de nuestra existencia: dependientes del Dios vivo. Y sin embargo, *la forma* en que Dios en realidad obra en la oración es en gran parte un misterio.

EL MISTERIO DE LA ORACIÓN

Algo misterioso ocurre en los contornos escondidos de la vida cuando oramos. Si tratamos de resolver el misterio, nos eludirá. El misterio es real.

Al igual que un niño autista, solamente podemos ver de lado cómo es que funciona la oración. Cuando Kim saluda a la gente, no los mira directamente, sino de reojo. Algunos expertos tienen la teoría de que para la gente autista es demasiado abrumador mirar directamente a los demás.

Muchas cosas en la vida no se pueden observar directamente. En la física cuántica no se puede observar la velocidad y la masa de una partícula al mismo tiempo. El amor sexual en el matrimonio es bello; el amor sexual que se observa es pornografía. El acto de observar cambia la intimidad sexual. Algunas cosas simplemente desaparecen cuando uno trata de captarlas u observarlas.

Los estudios que tratan de demostrar que la oración funciona no entienden la naturaleza de la oración. Son tan extraños como tratar de demostrar la existencia de uno mismo o de medir el amor. Dios es una persona, y su universo refleja su condición de ser persona. Mientras más cerca está algo del carácter de Dios, más lo refleja y menos puede ser medido. Las cosas como la integridad, la belleza, la esperanza y el amor están en la misma categoría de la oración. Se puede asegurar su presencia e incluso describirlas, pero no se les puede definir, simplemente porque están demasiado cerca de la imagen de Dios.

La suposición de que podemos resolver cómo funciona todo surge de la mentalidad de la Ilustración, la cual dice que todo es materia y energía. Esta definición de «todo» excluye todas las cosas importantes de la vida como el amor, la belleza y la gente. Las cosas más preciosas de la vida no se pueden demostrar ni observar directamente, pero sabemos de ellas con la misma seguridad que sabemos que el sol y la luna existen.

En 1983 comenzamos a orar para que Kim fuera capaz de hablar. Ella tenía como un año y medio. Sin saberlo nosotros, los ingenieros de una compañía de computación en Ohio estaban diseñando la primera computadora de habla de fácil adquisición. Cuatro años después, cuando Kim tenía cinco años, dijo su primera palabra electrónica, *McDonald's*. Ahora tiene la tercera generación de computadoras de habla llamada Pathfinder.

Algunos podrían objetar y decir: «Las computadoras de habla se habrían inventado de todas formas». Frecuentemente es cierto con las respuestas a las oraciones, que cuando usted ve atrás, todo parece transparente, como si de todas formas hubiera ocurrido. No obstante, ver hacia atrás es en realidad una postura endiosada que supone saber cómo funciona todo. El niño dice: «Señor, mi corazón no es orgulloso; mis ojos no son altivos. No me intereso en cuestiones demasiado grandes o impresionantes que no puedo asimilar» (Salmo 131:1).

La oración es sorprendentemente íntima. Tan pronto como usted tome una respuesta específica a la oración y trate de averiguar qué la ocasionó, pierde a Dios. Simplemente, no podemos ver las conexiones casuales entre nuestras oraciones y lo que ocurre. No obstante, no olvide que eso no es cierto solamente de la oración. Todas las mejores cosas de la vida no tienen conexiones visibles. Por ejemplo, el amor desinteresado, el amor que no obtiene ningún mérito ni provecho, es completamente irracional para nuestras élites intelectuales porque no hay una conexión visible entre lo que el amor da y lo que recibe. Aun así, nuestro mundo «adora a los pies del amor»[6]. Cuando la Madre Teresa habló a nuestras élites intelectuales en Harvard, recibió una ensordecedora ovación de pie[7]. El amor, al igual que la oración, tiene perfecto sentido cuando uno se da cuenta de que es un reflejo de la imagen divina.

La incapacidad de ver la conexión entre la causa y el efecto es intrínseco de la naturaleza de la oración porque es la actividad directa de Dios. Tratar de examinar detenidamente la forma en que la oración funciona es como usar una lupa para averiguar por qué una mujer es bella. Si usted convierte a Dios en un objeto, él tiene una manera de desaparecer. Hacemos lo mismo cuando un cónyuge o amigo constantemente nos trata como un objeto. Retrocedemos.

Frecuentemente, las respuestas a la oración comienzan antes que la oración en sí. (La compañía de la computadora de habla de Kim fue fundada catorce años antes de que Kim naciera). La única forma de saber cómo es que la oración funciona es tener pleno conocimiento *y control* del pasado, del presente y del futuro. En otras palabras, usted puede averiguar cómo es que funciona la oración si usted es Dios.

Si usted va a ingresar a este baile divino que llamamos oración, tiene que renunciar a su deseo de estar en control, de descifrar cómo funciona la oración. Tiene que dejar que Dios asuma el liderazgo. Tiene que confiar. Entonces Dios le deleitará, no solamente con el regalo de sí mismo, sino también con lugares de estacionamiento, con pijamas, con leche servida y con Pathfinders. ¡Nadie obra como él!

Capítulo 15

¿QUÉ HACEMOS CON LAS PROMESAS EXTRAVAGANTES DE JESÚS SOBRE LA ORACIÓN?

Jesús tiene una manera de ponernos nerviosos, especialmente cuando habla de la oración. Después de la Última Cena dice algunas cosas asombrosas. Cuando él y los discípulos todavía están sentados alrededor de la mesa, les dice: «Pueden pedir cualquier cosa en mi nombre, y yo la haré, para que el Hijo le dé gloria al Padre». Luego, en su próximo respiro, subraya su punto: «Es cierto, pídanme cualquier cosa en mi nombre, ¡y yo la haré!» (Juan 14:13-14). Más tarde esa noche, cuando Jesús y sus discípulos se dirigían a Getsemaní, caminaron por las calles oscurecidas de Jerusalén. Posiblemente cuando pasaron por la puerta del templo con su vid dorada, les dice a sus seguidores que él es la vid verdadera, la fuente de vida. «Si ustedes permanecen en mí y mis palabras permanecen en ustedes, pueden pedir lo que quieran, ¡y les será concedido!» (Juan 15:7). Nuestra producción de fruto se expresará en la oración respondida: «Así el Padre les dará todo lo que pidan en mi nombre» (Juan 15:16). A medida que Jesús llega al final de su última enseñanza a sus discípulos, insiste en su punto: «Les digo la verdad, le pedirán directamente al Padre, y él les concederá la petición, porque piden en mi nombre. [...] Pidan en mi nombre y recibirán y tendrán alegría en abundancia» (Juan 16:23-24). Seis veces distintas Jesús dice: «Pidan en mi nombre y se los concederé».

Cuando le pido a la gente en nuestros seminarios de oración que reaccione sinceramente al aparente cheque en blanco de Jesús en esta conversación en la Última Cena, todos se sienten incómodos. Una persona preguntó: «¿Está exagerando él?». Otro dijo: «No me gusta fracasar. Si oro y no funciona, ¿es real mi fe? ¿Qué me pasa? ¿Qué le pasa a Dios?». Aún otra dijo: «Esa simplemente no es mi experiencia». Persona tras persona dijeron: «He orado y no ocurrió». Los que le pusieron atención detallada a la letra pequeña de Jesús («Si ustedes permanecen en mí [...]», o «Pidan en mi nombre») se deprimieron porque no permanecen en él.

¿Qué hacemos con las promesas extravagantes de Jesús sobre la oración?

LOS ERUDITOS AL RESCATE

Los eruditos tratan de sacar a Jesús del apuro. Uno dijo:

> Una lectura apresurada de Juan 14:13-14 puede darle a la gente la indicación de que Jesús le dará a la persona cualquier cosa que pida. [...] A Satanás le encantaría hacernos creer la mentira de que Dios responde nuestras oraciones de acuerdo a nuestra voluntad. [...] Cuando descubrimos que Dios no responde nuestras peticiones de riqueza, fama y gloria [...] lo atribuimos a que el cristianismo es una farsa y acusamos a Jesús de no cumplir sus promesas. [...]

Jesús en realidad dice: «Pídanme que haga cualquier cosa por ustedes en mi área de trabajo y lo haré». [...] Si intentamos ser testigos efectivos, tenemos que emplear la ayuda de Dios a través de la oración, y pedir solamente que se haga su voluntad, no la nuestra. Solamente entonces tenemos la oración respondida[1].

Para parafrasear a este erudito, lo que Jesús *en realidad* quiere decir es que si nos vamos en un viaje misionero, Dios nos ayudará, pero incluso entonces, tenemos que decir: «Que se cumpla tu voluntad». Este escritor limitó la extravagancia de la promesa de Jesús a la actividad claramente religiosa como el testificar. Sin darse cuenta, aceptó el modelo de la Ilustración y relegó la oración a nuestro mundo privado. Resolvió el problema de las afirmaciones extravagantes de Jesús al justificarlas. Mantuvo lo infinito de Dios, pero perdió su cercanía.

Este erudito tiene razón en que la oración no es mágica ni un intento de controlar a Dios. Ofni y Finees llevaron el arca del pacto a su batalla con los filisteos como un truco mágico, para que los ayudara a derrotar al enemigo. Habían estado abusando sexualmente de las mujeres que llegaban al templo, pero entonces, con los filisteos que los tenían en la mira, querían que Dios anduviera por allí. Los filisteos ganaron la batalla, mataron a Ofni y Finees y capturaron el arca (ver 1 Samuel 4:1-11).

En otras palabras, no se meta con Dios. Él no es su juguete ni su máquina dispensadora personal. Usted tiene que estar en la vid. Aun así, ¿qué de las afirmaciones extravagantes de Jesús?

———

«Pedir en el nombre de Jesús» no es otro asunto que tengo que arreglar para que mis oraciones sean perfectas. Es otro regalo de Dios porque mis oraciones son tan imperfectas.

———

SANTIAGO AL RESCATE

Santiago, el hermano de Jesús, llega al rescate y compensa las promesas extravagantes de Jesús. Santiago describe dos peligros al pedir. El primer peligro, al lado izquierdo del siguiente cuadro, es No pedir. Santiago escribe: «No tienen lo que desean porque no se lo piden a Dios». El segundo peligro es Pedir egoístamente: «Aun cuando se lo piden, tampoco lo reciben porque lo piden con malas intenciones: desean solamente lo que les dará placer» (4:2-3). Podemos caer de cualquiera de los dos precipicios.

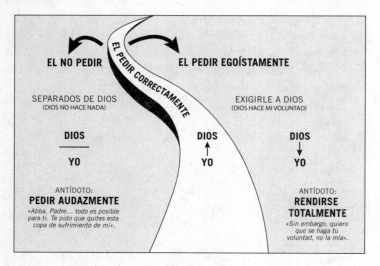

La oración de Jesús en Getsemaní demuestra un equilibrio perfecto. Él evita el precipicio de No pedir, diciendo: «Abba, Padre [...] todo es posible para ti. Te pido que quites esta copa de sufrimiento de mí» (Marcos 14:36). Los que se equivocan en el lado de No pedir claudican ante Dios antes de ser reales con él. A veces, tratamos tanto de ser buenos que no somos reales. El resultado es el deísmo funcional, donde estamos separados de Dios. El verdadero usted no se encuentra con el verdadero Dios.

En la siguiente expresión, Jesús evita el precipicio de Pedir egoístamente al rendirse completamente: «Sin embargo, quiero que se haga tu voluntad, no la mía» (Marcos 14:36). Jesús es real en cuanto a sus sentimientos, pero ellos no lo controlan a él, ni trata él de controlar a Dios con ellos. Él no usa su capacidad de comunicarse con su Padre como un medio para hacer su propia voluntad. Se somete a la historia que su Padre está tejiendo en su vida.

Si usted trata de entender la oración de Jesús puramente a un nivel racional, parece loco. ¿Por qué le pediría Jesús a su Padre algo que él sabe que no haría? No obstante, la razón solamente es parte de quienes somos como portadores de la imagen de Dios. El deseo, los sentimientos y la pasión también son parte de lo que somos. Si recordamos que Jesús es una persona y no un robot, entonces tiene perfecto sentido.

Una analogía podría ayudar. El 11 de septiembre, el calor intenso del fuego en el World Trade Center hizo imposible que los que estaban atrapados en las llamas descendieran, pero también hizo imposible que permanecieran donde estaban. La gente respondió con su única alternativa: saltar a la muerte, y muchos lo hicieron tomados de la mano. ¿Cuál es el propósito de tomarse de la mano? Sabían que iban a morir, ya sea que se tomaran de la mano o no. No obstante, la vida es más que lógica. Como humanos, reflejamos la complejidad de Dios. Parte de la belleza divina es que fuimos hechos para la comunidad, así que cuando saltamos a la muerte nos tomamos de la mano con un amigo. Cuando Jesús le pide a su padre «que quites esta copa de sufrimiento de mí», sabe que la comunidad divina que comparte con su Padre se va a romper en la cruz. Al pedir y rendirse, solamente por un momento, le toma la mano a su Padre.

Sadrac, Mesac y Abed-nego están en una situación similar cuando enfrentan el calor de las llamas del horno. Responden a la orden de Nabucodonosor de inclinarse ante él con equilibrio idéntico al de Jesús. Le dicen al rey: «El Dios a quien servimos es capaz de salvarnos. Él nos rescatará de su poder, su Majestad»

(Daniel 3:17). Ellos evitan el precipicio del No pedir, al declarar audazmente que Dios los rescataría. Luego, en la siguiente expresión, dicen: «Pero aunque no lo hiciera, deseamos dejar en claro ante usted que jamás serviremos a sus dioses» (3:18). En tanto que esto se oye como una contradicción, estos hombres piden audazmente y se rinden completamente. Evitan el deísmo funcional o la separación de Dios con su declaración valiente de la liberación de Dios; entonces evitan vivir egoístamente con su rendición completa a la historia en la que Dios los ha colocado.

DE REGRESO A JESÚS

Ahora comprendemos una de las estructuras críticas de la oración, pero todavía nos quedamos con la promesa de Jesús: «Pidan lo que quieran». ¿Por qué no le dio él un equilibrio a esa declaración si eso es lo que quiso decir? Creo que la respuesta es que *nosotros* no somos equilibrados. Instintivamente, confiamos en nosotros mismos o nos desesperamos de nosotros mismos. En ambos casos, estamos paralizados, sin movernos hacia Dios. Como un padre cuyo niñito está a punto de desviarse, Jesús grita: «Mi Padre tiene un gran corazón. Él ama los detalles de tu vida. Dile lo que necesitas y él te lo dará». Jesús quiere que nos conectemos con el corazón generoso de su Padre. Él quiere que perdamos toda confianza en nosotros mismos porque «separados de [Jesús] no [podemos] hacer nada»; quiere que tengamos una confianza completa en él, porque «los que permanecen en mí y yo en ellos producirán mucho fruto» (Juan 15:5).

Todas las enseñanzas de Jesús sobre la oración en los evangelios pueden resumirse en una palabra: *pidan*. Su preocupación más grande es que nuestro fracaso o renuencia a pedir nos mantenga distantes de Dios. No obstante, esa no es la única razón por la que nos dice que pidamos cualquier cosa. Dios quiere darnos buenos regalos. A él le encanta dar.

En la parábola de la viuda persistente (ver Lucas 18:1-8), Jesús describe a un juez injusto que le muestra indiferencia a una viuda indefensa. Cuando ella sigue acosándolo, él finalmente cede, no por interés en ella, sino porque le da un vistazo realista a su propio interés egoísta[2]. Si él no le resuelve el problema, ella hará que su vida sea desdichada. Si un juez injusto ayuda a una viuda, ¿no lo ayudará a usted su Padre?

En la parábola del amigo en la medianoche (ver Lucas 11:5-8), el anfitrión golpea la puerta de su vecino a la medianoche para pedirle prestadas tres hogazas de pan porque un amigo ha llegado. El vecino le grita al anfitrión que deje de molestarlo, porque ya está en la cama. Finalmente, se da cuenta de que si no puede dormir con el vecino golpeando su puerta, muy bien podría darle las tres hogazas de pan, solamente para que se calle. Al igual que el juez injusto, es posible que no sea generoso, pero no es tonto.

¿Por qué tres hogazas? Una hogaza es para el amigo a la medianoche. Una segunda hogaza es para sí mismo, para que su amigo no coma solo. Entonces, cuando su amigo termina de comer, el anfitrión le ofrecerá la tercera hogaza para demostrarle su generosidad. El anfitrión no quiere parecer tacaño. Su reputación y la reputación de la comunidad están en peligro. En resumen, la primera hogaza es para la necesidad física de su amigo. La segunda es para su necesidad relacional, por la comunidad. La tercera es para su necesidad del corazón, de ser amado. Tenemos un Dios de tres hogazas. A él le encanta dar.

ORAR EN EL NOMBRE DE JESÚS

En lo más profundo, simplemente no creemos que Dios sea tan generoso como él repetidamente ha dicho repetidamente que es. Por eso es que Jesús agregó con letra pequeña: «pidan en mi nombre». Permítame explicar lo que significa eso.

Imagine que su oración es un mendigo vestido pobremente, que apesta a alcohol y a olor corporal, que anda a tropezones hacia el palacio del gran rey. Usted se ha convertido en su oración. A medida que camina arrastrando los pies hacia la puerta con rejas, los guardias se ponen rígidos. Su olor lo ha precedido. Usted balbucea un mensaje para el gran rey: «Quiero ver al rey». Sus palabras casi no se entienden, pero usted susurra una palabra final: «Jesús. Vengo en el nombre de Jesús». Al oír el nombre de Jesús, como por magia, el palacio cobra vida. Los guardias prestan atención y se inclinan ante usted. Las luces se prenden y la puerta se abre. Se le acompaña al palacio y por un largo pasillo hacia el salón del trono del gran rey, que llega corriendo a recibirlo y lo envuelve en sus brazos.

El nombre de Jesús le da a mis oraciones un acceso real. Pasan por las puertas. Jesús no solamente es el Salvador de mi alma. También es el Salvador de mis oraciones. Mis oraciones llegan al trono de Dios como si fueran las oraciones de Jesús. «Pedir en el nombre de Jesús» no es otro asunto que tengo que arreglar para que mis oraciones sean perfectas. Es otro regalo de Dios porque mis oraciones son tan imperfectas.

El sello de Jesús no solamente garantiza que mi paquete pase por las puertas, sino que también transforma el paquete. Pablo dice en Romanos 8:26: «El Espíritu Santo nos ayuda en nuestra debilidad. Por ejemplo, nosotros no sabemos qué quiere Dios que le pidamos en oración, pero el Espíritu Santo ora por nosotros con gemidos que no pueden expresarse con palabras».

LAS ORACIONES RESPONDIDAS

A medida que vuelvo la vista atrás a mi vida, la declaración de Jesús: «Pídanme cualquier cosa en mi nombre, ¡y yo la haré!» tiene perfecto sentido (Juan 14:14). Permítame explicarlo dándole un recorrido rápido a mis tarjetas de oración. (Explicaré más adelante por qué uso tarjetas de oración en lugar de un listado). En la tarjeta de oración de mi hijo John, tengo cinco peticiones de oración. Cuatro de las cinco tienen respuestas claras a la oración. Tengo una tarjeta aparte para su trabajo. Varios meses después de que comencé a orar, Dios respondió dramáticamente mis peticiones por John. La tarjeta de oración de Emily tiene seis peticiones. Dios ha contestado cinco de ellas. En otra tarjeta tengo siete peticiones de oración por ella. Dios las ha respondido todas. Estoy dándole vueltas a cómo orar por Courtney, porque Dios ha respondido cuatro de mis peticiones de oración por ella, y no estoy seguro de por cuáles cosas debo orar ahora.

En uno de nuestros seminarios de oración, un hombre que batallaba con el típico cinismo cristiano común me desafió diciendo que si eso no era simplemente la ley de los promedios. Es decir, muchas cosas ocurrirán naturalmente con el transcurso del tiempo. Tal vez yo le daba el mérito a Dios por lo que habría ocurrido de cualquier manera. Excelente pregunta. Estaba agradecido por su valor de compartir lo que muchos de nosotros pensamos.

No quería debatir la teoría con él, por lo que abrí mi vida y comencé a describir todas las formas en las que Dios ha respondido la oración. Dije: «¿Cómo explica todas mis oraciones respondidas por mis hijos? No son simplemente promedios». Durante el descanso, él se me acercó y renovó el desafío. Cuando comencé a mostrarle una de las tarjetas de oración de uno de mis hijos, para que él pudiera ver un ejemplo concreto, preguntó si podría tomar una de mis tarjetas de oración al azar. Sospechaba que yo podría controlar la evidencia al escoger una tarjeta de oración «buena». Le dije: «Claro que sí». Así que, sin ver, él abrió mi pila de tarjetas y puso su dedo en una petición de oración de hacía un año. No pudo haber escogido una oración que fue respondida más dramáticamente. Le conté la historia de lo que Dios había hecho como respuesta a esa oración. Incluida en esa respuesta a la oración estaba una donación no solicitada de $50.000 para ayudarnos a lanzar un ministerio de oración de tiempo completo. Él se fue desconcertado. Tal vez Dios está vivo.

Apenas ayer tuve cinco respuestas claras a la oración. Ese conteo es alto para un día típico, pero no es inusual. Tres de ellas involucraban a gente por la que había estado orando, por algún aspecto del carácter de Cristo en sus vidas. Una era una oración por la sanación de nuestro contador, quien ha estado batallando con una severa fatiga crónica durante dieciséis meses. No ha habido una sanación enorme, solamente un mejor diagnóstico. La última fue este capítulo. Había estado batallando para escribirlo durante varios meses y, finalmente, se cuajó ayer.

Me doy cuenta de que mientras más cerca del corazón de Dios están mis oraciones, más poderosa y rápidamente son respondidas. Las tres respuestas a mis oraciones por otros en cuanto a la semejanza a Cristo fueron particularmente impactantes. Dos involucraban llamadas telefónicas de mis hijos. Uno compartió cómo Dios había roto un patrón de idolatría; el otro habló de haberse convencido de la obstinación. Yo no había hablado con cualquiera de mis dos hijos de estos asuntos. Todas mis palabras habían sido con Dios. Él estaba tratando con una tendencia a la dureza en la tercera persona. Había permitido el sufrimiento en las tres vidas, lo cual expuso el corazón de cada uno, permitiéndoles ver su pecado. El Padre se deleita en llevar a sus hijos a la vida de su Hijo: a su vida, muerte y resurrección. Él quiere que moremos en la vid. Esa es su manera.

Cuando usted está dentro de sus oraciones, claramente puede ver el tejido de Dios, pero frecuentemente es difícil explicárselo a un extraño. A veces no lo puede explicar porque avergonzaría a alguien innecesariamente. A veces es difícil porque usted tiene que estar dentro de la historia para verlo. Tiene que permanecer escondido para que el Espíritu obre.

Jesús dijo que incluso el acto de la oración debe estar escondido (ver Mateo 6:5-6). Nos dijo que el reino es un tesoro escondido en un campo o una semilla escondida en la tierra. Su vida terrenal, desde su nacimiento hasta su muerte, tenía esa misma calidad de escondida. Aun así, desde un punto de vista puramente secular, su vida fue la vida más influyente en la historia del mundo. Ninguna otra persona siquiera se ha acercado. Incluso ahora, la presencia de Jesús en la tierra tiene esa misma cualidad. Está escondida, oculta en la vida de sus seguidores.

APRENDIENDO A PERMANECER

La vida de oración es la vida que permanece. Muchos cristianos se topan contra la pared cuando conectan el permanecer con el pedir. Se quedan pasmados y piensan: *Si yo permaneciera, entonces mis oraciones serían respondidas.* Permanecer se siente elusivo, como un sueño espiritual imposible. Permanecer no es desconectarse de la vida. Es la forma en que debería vivirse la vida: en colaboración con Dios.

Una de las mejores maneras de aprender a permanecer es pedir cualquier cosa. Jesús agregó el calificativo: «permanezcan en mí» solamente una vez en las seis veces que nos dijo que «pidiéramos cualquier cosa». Su interés principal era meternos en el juego. Comience pidiendo. No pida solamente cosas espirituales o cosas «buenas». Dígale a Dios qué es lo que quiere. Antes de que pueda permanecer, el verdadero usted tiene que reunirse con el Dios verdadero. Pida cualquier cosa.

Si va a tomar en serio el ofrecimiento de Jesús de «pedir cualquier cosa», ¿qué es lo primero que tiene que hacer? Cualquier niño se lo dirá. Tiene que pedir, y para pedir, tiene que reflexionar en lo que quiere. Ahora comienza a ponerse complicado. ¿Quiere un millón de dólares? Comencé a sudar cuando uno de mis hijos consideraba una carrera que lo haría rico. No tiene absolutamente nada de malo el ganar mucho dinero; solamente estoy profundamente consciente de lo que la riqueza le puede hacer a un alma. Thomas Merton, un monje trapense, escribió: «¿Por qué tenemos que pasarnos la vida esforzándonos por ser algo que nunca querríamos ser, si solamente supiéramos lo que queremos? ¿Por qué perdemos nuestro tiempo haciendo cosas que [...] son precisamente lo opuesto al propósito por el cual fuimos creados?»[3].

Se requiere de reflexión para responder la pregunta «¿qué quiero?». No tardará mucho en mirar cuidadosamente la letra pequeña de Jesús: «Si ustedes permanecen en mí y mis palabras permanecen en ustedes, pueden pedir lo que quieran, ¡y les será concedido!» (Juan 15:7). Mis tres peticiones de oración resultaron de mi permanecer. No obstante, comenzaron por pensar en lo que yo quería que Dios hiciera.

Mi experiencia es que la mayoría de la gente no pone a Dios a prueba. No le piden lo que quieren. Digo esto cautelosamente porque muchos cristianos han experimentado peticiones no respondidas que todavía no se han procesado. Hablaremos de eso muy extensamente en la cuarta parte. Sin embargo, la mayoría de la gente constantemente se cae del lado izquierdo del cuadro No pedir/Pedir egoístamente: no piden.

En los próximos dos capítulos veremos algunas áreas en las que no le pedimos a Dios, en las que lo hemos mantenido a distancia.

Capítulo 16

LO QUE NO PEDIMOS: «EL ALIMENTO QUE NECESITAMOS»

En la iglesia, la mayoría de las peticiones de oración se limitan a enfermedades, falta de trabajo, niños en crisis y, tal vez, un misionero ocasional. No obstante, la oración de Jesús por el alimento que necesitamos fue una invitación a llevarle todas nuestras necesidades. En griego, «danos hoy el alimento que necesitamos» (Mateo 6:11) es una expresión desconocida que literalmente significa «danos hoy el alimento de mañana»[1]. Alude a la abundancia que Dios quiere llevar a nuestra vida. Sospecho que su refrigerador o su cuenta de cheques ya tienen allí «el alimento de mañana».

Solamente una vez en nuestra vida, Jill y yo no teníamos hoy el alimento de mañana. Yo estaba en la universidad a tiempo completo y sostenía a nuestra pequeña familia (nuestra primera hija, Courtney, tenía un año) con un negocio de medio tiempo de pintura de brocha gorda. Era el día de año nuevo en 1975, y nos habíamos quedado sin comida, sin dinero y sin trabajo. Habíamos vendido nuestros libros, nuestras joyas y nuestros anillos de secundaria. Por lo que nos sentamos a la mesa de nuestra cocina y oramos por comida. Al minuto en que terminamos de orar, el teléfono sonó. Era una clienta de pintura. ¿Podría llegar el día siguiente? Al día siguiente, no solamente le conté a la clienta cómo ella había sido una respuesta a la oración, sino que le pedí un pago anticipado. No tenía sentido ponerse demasiado espiritual.

Me impactó tanto lo inmediatamente que Dios respondió nuestra oración que cuando me fui a la cama, le pedí algo mayor: *Dios, ¿podrías cambiarme?* Ni siquiera estaba seguro de ser cristiano; por lo menos, el cristianismo no funcionaba en mi vida. Batallaba con dudas intelectuales. Sentía que la Biblia era monótona. No era solamente un punto bajo; toda mi vida había sido así. A la mañana siguiente, me desperté con un canto en mi corazón y con un hambre de su Palabra que nunca se ha acabado. Él me cambió.

Frecuentemente, nuestra necesidad del alimento diario abre puertas a necesidades del corazón más profundas que la comida real. El día después de que Jesús alimentó a los cinco mil, las multitudes se reunieron con él en la playa en Capernaúm, con hambre del desayuno. Jesús les dijo que él tenía un mejor alimento para ellos: «El verdadero pan de Dios es el que desciende del cielo y da vida al mundo» (Juan 6:33).

¿Qué otras clases de alimento diario podríamos no pedir? ¿De qué manera podrían nuestras necesidades de alimento diario dejarnos ver nuestra necesidad del alimento del cielo?

LAS COSAS MATERIALES: DEMASIADO EGOÍSTAS, DEMASIADO VULNERABLES

Ya hemos visto cómo no nos gusta pedir las cosas cotidianas como pijamas, pero hay otras categorías, particularmente cosas materiales, donde no se nos ocurre pedirle a Dios. Por ejemplo, vacilamos en orar: *Dios, quiero una casa vacacional. ¿Podrías darme una?* No tenemos problema con *actuar* egoístamente, pero *hablar* egoístamente es vergonzoso. Después de todo, ya no somos niños pequeños. Una casa vacacional va tanto más allá del ámbito del alimento diario que se siente presuntuoso pedírsela a Dios.

Entonces, ¿qué hacemos en lugar de pedirle a Dios una casa vacacional? Examinamos nuestras finanzas, hablamos con un agente de bienes raíces y compramos una, todo sin orar en serio por la decisión. No me malinterprete. No digo que comprar una casa vacacional sea inherentemente pecaminoso. Dios se deleita en darles a sus hijos buenos regalos, incluso las casas vacacionales. No obstante, él quiere ser parte de todas las decisiones que tomamos. Quiere que nuestras necesidades materiales nos lleven a nuestras necesidades del alma. Eso es lo que significa permanecer: incluirlo a él en cada aspecto de nuestra vida.

Permanecer es una forma perfecta de describir una vida de oración. Por ejemplo, muchos cristianos que piensan comprar una casa vacacional incluso podrían orar, hacerle a Dios preguntas prácticas como «¿Nos alcanza el dinero?», «¿Implica demasiado trabajo?», «¿Debemos hacer una oferta por esta casa?». Esas son buenas preguntas. No obstante, rara vez le hacemos a Dios preguntas del corazón como: «¿Una segunda casa nos hará enaltecernos ante la gente?», «¿Nos va a aislar?». En el primer grupo de preguntas, Dios es su asesor financiero. En el segundo grupo, él se ha convertido en su Señor. Usted permanece. Alimenta su alma con el alimento que perdura.

Podemos hacer lo mismo con un ascenso. Se siente egoísta pedirlo, por lo que en lugar de eso, ¡nosotros lo buscamos! Terminamos separando de Dios una gran parte de nuestra vida, porque tratamos de sentirnos bien en cuanto a nosotros mismos. Como hemos visto, creamos dos egos: uno espiritual y otro material.

También evitamos las oraciones como estas porque invitan a Dios a gobernar nuestra vida. Nos hacen vulnerables. Como las multitudes en Capernaúm, queremos desayuno, no comida para el alma. Cuando se nos deja solos, queremos que Dios sea un genio, no una persona. Los eruditos han señalado que las referencias de Jesús al reino son una manera sutil de presentarse como rey. Cuando oramos la primera petición del Padrenuestro: «Que tu reino venga pronto», decimos: «Rey Jesús, gobierna en mi vida». El corazón es uno de los campos misioneros más grandes de Dios.

Por extraño que parezca, también podemos usar la oración para mantener a Dios a la distancia. Hacemos eso al hablar solamente con Dios y no con creyentes maduros. Puedo demostrar eso fácilmente. ¿Qué es más fácil, confesar los pensamientos impuros a un amigo maduro o a Dios? Al amigo es más difícil. Eso se siente real. Tenemos que hacerle al cuerpo de Cristo, a la presencia física de Jesús en la tierra, las mismas preguntas que le hacemos a Dios.

Si aísla la oración del gobierno de Jesús al no involucrar a otros cristianos, terminará haciendo su propia voluntad. Muchos cristianos aíslan su toma de decisiones del cuerpo de Cristo, y luego se aíslan más ellos mismos en sus casas vacacionales. Dicen algo así: «Bueno, mi esposo y yo oramos por eso, y parece que el Señor lo confirmó». Posiblemente, Dios sí lo confirmó. También es posible que usted haya usado la oración como una cubierta espiritual para «hacer su propio asunto». Podemos enmascarar nuestros deseos incluso de nosotros mismos.

Mire cómo las Escrituras y un corazón que escucha están entretejidos en esta conversación hipotética con un amigo maduro.

Bob, a mi esposa y a mí nos encantaría comprar una casa vacacional. Ya sabes cuántas presiones hemos tenido en la vida y sería grandioso salir a un lugar tranquilo donde podamos relajarnos. Hemos encontrado un bello lugar en un lago que toda la familia podría disfrutar. Al mismo tiempo, estamos preocupados con lo que eso podría hacerle a nuestro corazón. Queremos ser seguidores de Jesús, y él advierte en contra de los graneros más grandes y mejores. ¿Es esto un granero más grande y mejor? ¿Nos hará enaltecernos ante la gente? ¿Nos aislará de la gente? ¿Es un uso sabio de nuestros recursos? ¿Limitará lo que podemos darle a otros? Al mismo tiempo, pensamos que podríamos usar nuestra casa para darle vacaciones a la gente que no puede permitírselas. Dime qué piensas.

Junto con esas preguntas, dele a su amigo información suficiente para tomar una decisión inteligente. Sea sincero con respecto a cuánto le costará, cuál es su ingreso, y cómo impactará eso a lo que usted da y a sus ahorros.

Una razón por la que no le hacemos esas preguntas a un amigo maduro es el individualismo occidental. El individualismo se remonta a la herencia judeocristiana, hasta el Salmo 23 y el cuidado tierno de Dios por *mí*. Cuando el Buen Pastor *me* ama, tengo dignidad y mérito. Tengo valor como persona. No obstante, el secularismo moderno ha sacado al Pastor del Salmo 23 y me deja solamente a *mí*, tratando de crear mi propia dignidad y mi propio mérito. Es mi dinero; yo me lo gané. Necesito un descanso. Por lo que nunca se me ocurre incluir a Dios ni a nadie más en mi decisión de comprar una casa vacacional.

SABIDURÍA, DEMASIADO INESPERADA

Cuando necesitamos consejo, buscamos a una persona sabia, le hacemos una pregunta y escuchamos la respuesta. Rara vez se nos ocurre hacer eso con Dios. Para comenzar, no sabemos cómo responderá Dios. No oímos una voz audible, por lo que descartamos la posibilidad de que Dios le hable a nuestra vida. En efecto, decimos: «Tengo que saber cómo funcionará esto con anticipación. Tengo que estar en control». Olvidamos que en la mayor parte de la vida no tenemos e control. Cuando se trata de la gente, frecuentemente no sabemos cómo resultarán las cosas con anticipación. Olvidamos que somos espíritus encarnados, diseñados para oír de Dios.

Sin darnos cuenta, estamos funcionado con la mentalidad de la Ilustración, que niega la posibilidad de un Dios infinito que le habla personalmente a nuestra vida. Por eso es que prefiero el término bíblico *sabiduría* a nuestro término más común *guía*. La guía quiere decir que yo conduzco el automóvil y le pregunto a Dios por dónde ir. La sabiduría es más rica, más personal. No solamente necesito ayuda con mis planes, necesito ayuda con mis preguntas y hasta con mi propio corazón.

Evitamos las oraciones que invitan a Dios a gobernar nuestra vida. Nos hacen vulnerables.

He aquí un ejemplo de cómo le pido sabiduría a Dios. Abajo hay una página de mi cuaderno de oración de finales de la década de los noventa. (En la quinta parte hablaré más de cómo usar un diario de oración). Estaba pensando en cómo planificar los próximos dos años. Asistía al seminario y, al mismo tiempo, quería escribir tanto un libro como un estudio bíblico sobre la persona de Jesús. No estaba seguro de qué escribir primero o si siquiera debería intentarlo.

Incluso cuando escribía, Dios comenzó a responder mi

Padre, enséñame a planificar mis próximos dos años. No sé cómo hacerlo. Percibo que debería hacer primero el plan de estudios y luego hacer el libro.

¿Procedo con cuarenta lecciones?
¿Cómo enfoco mi tiempo?
¿Debería siquiera tratar de empezar?

Libro = casa, agradable, pero se puede vivir en una carpa.

oración por sabiduría. Mientras escribía esas preguntas, un pasaje bíblico llegó a mi mente: «Antes de construir tu casa haz tus planes y prepara los campos» (Proverbios 24:27). Me di cuenta de que escribir un libro era como construir una casa. Entonces escribí «Libro = casa». Un libro es como una casa: algo agradable pero no necesario. Siempre podíamos alquilar. Por lo que pospuse escribir el libro. Un año después, uno de mis profesores me permitió hacer un curso de estudio independiente, donde escribí los ocho primeros capítulos de un libro acerca de Jesús.

En el corazón de esta anotación del diario está la debilidad. No solamente le pedía consejo a Dios: eso me habría puesto a mí al control. Estaba muy al tanto de que no tenía los recursos para enfrentar los próximos dos años de mi vida. Ni siquiera le pedía a Dios que fuera mi compañero. Estaba inclinado mientras pedía. Permanecía. Esa dependencia no es natural para mí. Hace algunos años, Jill quería comprarme una camiseta que decía: «Frecuentemente equivocado, pero nunca con dudas».

Escribir estas preguntas en mi cuaderno de oración fue una forma de rendirme. Estaba en desacuerdo con el espíritu de nuestra época y su búsqueda de autoexpresión y libertad ilimitada. Más bien, quería estar en armonía con mi Creador. Como lo observó Einstein: «Los seres humanos, los vegetales o el polvo cósmico, todos bailamos con una tonada misteriosa, entonados a la distancia por un participante invisible»[2]. Yo quería mantener el paso con la música de mi Padre. Quería que mi pan verdadero llegara del cielo.

Capítulo 17

LO QUE NO PEDIMOS: «QUE TU REINO VENGA PRONTO»

Los cristianos hemos hecho algunas cosas confusas con «que tu reino venga pronto» que mantienen distanciado el gobierno de Jesús. Hemos espiritualizado el reino, pensando que solamente tiene que ver con cosas religiosas. O, por otro lado, hemos identificado el reino con las instituciones cristianas. El reino sí está allí, pero esa es solamente una expresión del reino.

Abajo hay una lista parcial de oraciones del reino que rara vez hacemos, seguidas de una discusión más profunda.

- Cambio en otros (demasiado controlador, demasiado desesperado)
- Cambio en mí (demasiado aterrador)
- Cambio en las cosas que no me gustan de nuestra cultura (demasiado imposible)

CAMBIO EN OTROS: DEMASIADO CONTROLADOR, DEMASIADO DESESPERADO

Rara vez oramos seria y deliberadamente por los que amamos mientras ellos tratan con sus pecados dominantes. Voy a acosar a los esposos por un minuto, porque la mayoría de los hombres no oran deliberadamente por sus esposas; solamente se quejan o se retiran. Cuando oran, frecuentemente quieren que su propia vida no tenga dolor. Los hombres están dispuestos a trabajar para ganar dinero, para mantener limpio el jardín o para ayudar a los niños en los deportes, pero muchos no trabajan o no piensan en las cosas duraderas.

Por ejemplo, un esposo rara vez le pedirá a Dios que su esposa llegue a ser más semejante a Jesús. Digamos que ella lo critica. Cuando trata de hablar con ella de eso, ella dice: «No sería tan crítica si tú no tuvieras tantos problemas». Al mencionar el tema, él solamente recibió más críticas, por lo que su corazón se cierra en silencio. Simplemente ya no le importa. Ella es como es. Por lo que él continúa con su vida y enciende el televisor.

Sin darse cuenta, él ha llegado a ser crítico de la posibilidad de un verdadero cambio en su esposa. Un espíritu característico de un niño parece ingenuo, como un recuerdo distante. Él es sabio como una serpiente, pero no es inofensivo como una paloma. Está rodeado de tontos, y su única opción, como los griegos estoicos, es aguantarlo. El mal de bajo grado lo ha agotado.

Conectarse con Dios en oración por la actitud de su esposa se siente como abrir una vieja herida. Solamente decirle eso a Dios es frustrante, porque se siente tan desesperado; es la versión espiritual de golpearse la cabeza en la pared. Simplemente es más fácil ni siquiera pensar en eso. Junto con su frustración está la culpa. Algo de lo que ella dice es cierto. Él no está seguro de dónde termina el pecado de ella y dónde comienza el suyo.

El esposo también vacila orar porque se le ha dicho que no debería tratar de controlar a su esposa. No obstante, el propósito de la oración es transferir el control de usted a Dios. Además, ¿no quiere el Padre que todos nosotros lleguemos a ser más semejantes a su Hijo?

Cuando comience a «pedir cualquier cosa», se sorprenderá con la forma en que la vida comienza a brillar con la presencia de Dios.

¿Dónde debe comenzar el esposo? Como un niño, debe pedirle a Dios lo que quiere. Podría serle de ayuda escribir en un cuaderno de oración, o en una tarjeta, lo que él quiere que cambie en su esposa y buscar un pasaje bíblico que describa a Cristo en ella. Luego, podría comenzar a orar ese pasaje bíblico por ella cada día y también invitar a Dios a que obre en su propio corazón.

Esta petición de oración llegará a ser una aventura de veinte años. La aventura comienza con pedirle a Dios: *¿Tengo yo un espíritu de crítica también? ¿Respondo al espíritu de crítica de mi esposa con mi propio espíritu de crítica?* Generalmente, lo que más nos molesta en cuanto a otra gente es cierto en nosotros también. Al quitar primero el tronco de nuestro propio ojo (ver Mateo 7:1-5), el esposo libera en la vida de su esposa la energía invisible del Espíritu. El reino comienza a llegar.

El esposo puede permitir que Dios use la crítica de su esposa para hacerlo más semejante a Jesús. En lugar de pelear contra lo que ella dice, si es posible de algún modo, él puede hacerlo. No podemos batallar con el mal sin dejar que Dios destruya el mal en nosotros también. El mundo está demasiado entrelazado.

Muy profundamente, sabemos de manera instintiva que Dios obra de esa forma, y nos retiramos de la oración. Como Jonás afuera de la ciudad de Nínive, quejándose de la misericordia de Dios, decimos: «Dios, yo sabía que harías eso. Tan pronto como comencé a orar por ella, comenzaste a obrar en mí».

Al tomar la crítica de su esposa en serio, el esposo podría sentir que pierde su identidad, que llega a ser un cristiano codependiente y que trata de ser bueno mecánicamente. No es así. Simplemente sigue a su Maestro, que «se levantó de la mesa, se quitó el manto, se ató una toalla a la cintura y echó agua en un recipiente. Luego comenzó a lavarles los pies a los discípulos y a secárselos con la toalla que tenía en la cintura» (Juan 13:4-5). El amor de Jesús es tan físico. Nuestro amor tiene que ser tan físico como el suyo.

El esposo no está «bajo el control de su esposa»; está entrando a la vida de Jesús. El esposo no puede creer el evangelio a menos que también esté llegando a ser el evangelio. En otras palabras, cuando usted ha aprendido que Dios le ama, tiene que extenderle su amor a otros. De otra manera, el amor de Dios se estropea. Al darle gracia a su esposa, el esposo ingresa a la vida del Hijo. Llegará a ser semejante a Cristo.

El esposo tampoco puede dejar un vacío en su corazón. Tiene que reemplazar su espíritu de crítica con un espíritu agradecido. Una de las mejores formas de hacer eso es escribir en una tarjeta o en un cuaderno de oración frases cortas de cómo él está agradecido por ella. Al agradecerle a Dios diariamente por cosas específicas de su esposa, comenzará a verla por lo que es: un regalo.

A primera vista, eso se siente como que el esposo encubre la realidad. La vida se siente desigual, injusta. Después de todo, la esposa es la que tiene el espíritu de crítica; él no solamente está gastando energía para reflexionar en su propia tendencia de ser crítico (que no es tan terrible como la de ella), pero también trabaja para estar agradecido por ella. Lo único que él tiene para sí es su lamentable y pequeña oración.

Un corazón agradecido constantemente concede gracia porque ha recibido gracia. El amor y la gracia son desiguales. Dios derramó sobre su propio Hijo la crítica que yo merezco. Ahora él me invita a derramar gracia no merecida sobre alguien que me ha lastimado. La gracia engendra gracia. Este esposo está tomando un viaje al corazón de Dios.

¡Bienvenido a la vida de Dios! Así es como se siente la vida de gracia, especialmente al comienzo. Esa lamentable y pequeña oración está conectándose con el centro de poder del universo.

Si el esposo persevera allí, se sorprenderá con la energía creativa de Dios. La gracia salvará el día.

Orar continuamente por su esposa lo ayudará a llegar a estar más consciente de ella como persona. Pedro desafía a los esposos a que le den «honor a la mujer [...] como a coherederas de la gracia de la vida, para que vuestras oraciones no tengan estorbo» (1 Pedro 3:7, RVR60). No se puede separar la oración del amor.

Mire lo que pasa con el tiempo. Al quitar su ego del camino, el esposo abre espacio para que el Espíritu obre en la vida de su esposa. Dios comenzará a hacer cosas mucho más efectivamente de lo que el esposo alguna vez pudiera hacer. Nadie enseña como Dios.

Con el tiempo, el esposo podría descubrir que su valor y sabiduría están creciendo. Encontrará las mejores frases, el mejor tiempo para ser amablemente sincero con su esposa. Pasará de tratar de ganar una batalla a amar a una amiga. ¡El reino se acerca!

CAMBIO DE CARÁCTER EN MÍ: DEMASIADO ATERRADOR

¿Y qué del cambio en mí? Casi todo cristiano confía en que Dios responderá una oración por cambio en nosotros, y nos morimos del miedo. Por ejemplo, ¿qué pasa si usted ora por paciencia? Dios permite el sufrimiento en su vida. ¿Qué pasa si ora por humildad? Dios lo humilla. Nos aterran tales oraciones porque queremos permanecer en control de nuestra vida. No confiamos en Dios.

Tampoco oramos por cambio en nosotros mismos porque no queremos admitir que necesitamos cambiar. Mire lo difícil que es esta oración: *Señor, esta mañana me siento irritable. ¿Puedes ayudarme a ser amable?* Para orar eso, tengo que dejar de estar irritable lo suficiente como para reconocer mi mal humor. Es difícil ver mi actitud porque el problema no soy yo; son todos los demás tontos.

El fatalismo inherente en tanta de la psicología moderna

también nos inmoviliza. Los estados emocionales son sagrados. Si me siento gruñón, tengo el derecho de sentirme así y de expresar mis sentimientos. Todos los que me rodean simplemente tienen que superarlo. Uno de los peores pecados, según la psicología popular, es suprimir sus emociones. Así que orar para que no me enoje no se siente auténtico, como si estuviera suprimiendo al verdadero yo.

Un día Claire, nuestra nieta, le dijo a Jill: «No es un buen día para mí, abuelita». Jill estaba consciente de que Claire no tenía un buen día, pero aun así le dijo amablemente: «Claire, gracias a Jesús puedes volver a comenzar cualquier día». En nuestro mundo moderno esa respuesta es casi herética. Ahora que hemos descubierto nuestros sentimientos, estamos atrapados en ellos.

Es curioso que idolatrar nuestras emociones no nos libera para ser nosotros mismos, más bien resulta en que nos gobierna el viento tan cambiante de las emociones. Llegamos a ser mil personas, o, para usar las palabras de Jesús: «una caña débil sacudida con la más leve brisa» (Mateo 11:7).

No obstante, si toma en serio las palabras de Jesús: «Pueden pedir cualquier cosa en mi nombre, y yo la haré» (Juan 14:13), se abre la puerta a la posibilidad de un verdadero cambio y esperanza. Ya no está atrapado por la mente de la cultura. Ha sido invitado a la corregencia con el Gobernante del universo. El Rey ha llegado.

CAMBIO EN LAS COSAS QUE NO ME GUSTAN DE NUESTRA CULTURA: DEMASIADO IMPOSIBLE

La mayor parte del tiempo, simplemente nos quejamos por las cosas de nuestra cultura que no nos gustan. Nunca se nos ocurre orar para que la cultura en sí cambie. En el 2000 yo estaba molesto por la falta de conciencia del mal en nuestra cultura. El secularismo niega la existencia de un mundo espiritual, lo que hace que el mal sea un constructo social, un invento de nuestras imaginaciones. Eso me fastidiaba. Por lo que escribí una oración sencilla para que «los estadounidenses estuvieran más conscientes del mal». Un año más tarde, después del 11 de septiembre, los estadounidenses comenzaron a hablar del mal otra vez.

Cuando le conté eso a mi hijo John, me vio con una sonrisa sarcástica en su rostro y dijo un poco lento y en voz un poco alta: «¡¿Entonces tú ocasionaste el 11 de septiembre?!» Por supuesto que John estaba bromeando con cualquier posible pretensión en mi vida de haber afectado acontecimientos mundiales. (La misión de mi familia en la vida es mantenerme humilde).

No entiendo la oración. La oración es profundamente personal y profundamente misteriosa. Los adultos tratan de entender la causalidad. Los niños pequeños no. Ellos simplemente piden.

Si disminuye la velocidad y reflexiona, comenzará a ver áreas completas de su vida por las que no ha orado.

Capítulo 18

RÍNDASE TOTALMENTE: «QUE SE CUMPLA TU VOLUNTAD»

Emily me llamó a la computadora para que la ayudara con el módem (eso fue antes de la banda ancha). Ella estaba en noveno grado y tenía que conectarse en línea, pero el módem no funcionaba. Después de darle un vistazo, me di cuenta de que necesitaba volver a instalar el *software* del módem. Afortunadamente, Dell proporcionaba el disco original. Me acerqué a la caja de discos que llegaron con nuestra computadora, pero no podía encontrar el disco. Había desaparecido.

Mi sangre inmediatamente llegó al punto de un hervor bajo. Sabía que mi hijo se había llevado el disco y no lo había devuelto. Grité hacia el piso de arriba: «Andrew, baja ahora mismo». Salió del baño de arriba y bajó a donde estábamos en la sala. Pude ver que estaba irritado por mi brusquedad, pero no me importó. Estaba cansado de que él no pusiera las cosas en su lugar. Su descuido era simplemente algo egoísta.

Andrew buscó por ahí, encontró el disco y luego regresó arriba. Al sentir la tensión entre nosotros, me pregunté si había sido demasiado severo. El arrepentimiento generalmente comienza con una pregunta, con una intranquilidad leve. A diferencia de Jesús, quien dice: «El Hijo no puede hacer nada por su propia cuenta» (Juan 5:19), yo había reaccionado por mi cuenta. No le pedí a Dios que me ayudara a tratar con mi hijo. Yo sabía que él había tomado el disco y que no lo había devuelto. Caso cerrado. La obstinación cerró la puerta a un espíritu de oración.

Si no vemos lo fuerte que es nuestra propia voluntad, no podemos entender la segunda petición del Padrenuestro: «Que se cumpla tu voluntad» (Mateo 6:10). No solamente no oré en ese incidente, tampoco oré por esa área de la vida de Andrew. Nunca se me había ocurrido orar para que Andrew pusiera las cosas en su lugar, porque la solución era obvia: «Andrew, pon tus cosas en su lugar». No había absolutamente nada de ambigüedad moral en lo que tenía que ocurrir.

Por consiguiente, hice las mismas cosas que Andrew había hecho. Él había sido desconsiderado al no poner el disco en su lugar, y yo había sido desconsiderado al exigir con enojo que bajara inmediatamente. Andrew había sido egoísta, y yo había sido egoísta.

Al centro de la obstinación estoy yo, tallando un mundo a mi imagen. Al centro de la oración está Dios, tallándome a la imagen de su Hijo.

El pecado es complicado. Nunca somos un observador pasivo, proporcionando sabiduría y justicia. Somos parte del lío. Mi solución al problema lo complicó más. Por eso es que no podemos permitirnos hacer nada por nuestra cuenta.

Debido a que actué por mi cuenta, independiente de mi Padre celestial, mis palabras en sí mismas tenían que hacer todo el trabajo. Debido a que no le había pedido a Dios que obrara dentro del corazón de Andrew, sentí que dependía de mí tratar con él en cuanto a su irresponsabilidad, y eso aumentó mi intensidad.

Ahora, imagine que fuera yo como Jesús, dependiente de mi Padre celestial para recibir sabiduría, gracia y valor: sabiduría para saber cómo interactuar con mi hijo, gracia para hacerlo sin un espíritu exigente y valor para hacerlo en realidad. Acabo de revisar el interior de la caja para encontrarla vacía. En lugar de insistir que Andrew bajara, me detengo y oro. *Señor, creo que Andrew hizo esto, y estoy muy irritado. Ayúdame a preguntarle sin un espíritu exigente. Sabes lo rápido que puedo ser para juzgar.* Entonces podría llamar arriba: «Andrew, Emily y yo no podemos encontrar el disco para arreglar el módem. ¿Te importaría bajar a ayudarnos? Ella no puede conectarse en línea».

Entonces esperaría con Emily frente a la computadora. Eso significaría oír a Emily ponerse cada vez más exasperada mientras esperaba a su hermano. Mientras me mantengo sentado allí, podría orar en silencio por Emily. Podría orar por Andrew. Podría orar por gracia para esperar. Mi espíritu inquieto quiere ponerse en marcha, pero cuando acepto el lugar que Dios me ha dado, en el tráfico, en una cola para pagar o con un niño que se queja, abro una pequeña puerta de mi alma a Dios.

Después de que mi hijo finalmente baja y encuentra el disco, yo podría esperar mientras él lo arregla, agradecerle y luego preguntarle: «¿Tienes un minuto para hablar conmigo del disco?». Si dice que no, podría decirle: «¿Tienes un minuto más tarde esta noche?». Cuando finalmente nos juntáramos, él podría decir: «Papá, ya sé lo que vas a decir». Yo le permitiría decirlo y luego llenaría los espacios que faltan con algunas preguntas. «¿Olvidaste poner el disco en su lugar? ¿Ha ocurrido esto antes? ¿Tienes la tendencia de no guardar las cosas en su lugar? ¿Ves cómo nos afectó eso a Emily y a mí? ¿Ves cómo eso fue egoísta?».

Observe la falta de obstinación en este apacible seguimiento con Andrew. Observe también que esa es una situación hipotética. ¡Yo me disculpé con mi hijo por la verdadera!

Si hubiera estado en contacto con mi obstinación, entonces eso habría abierto la puerta a la oración, al permanecer. La gran batalla de mi vida no es tratar de discernir la voluntad de Dios; es tratar de discernir y luego repudiar la mía. Una vez que veo eso, la oración fluye. Tengo que estar orando porque ya no estoy a cargo. O veo toda la vida como un regalo, o exijo que la vida tenga una cierta apariencia.

PONERNOS EN CONTACTO CON NUESTRA OBSTINACIÓN

El Sermón del monte de Jesús en Mateo 5, 6 y 7 es un diseño para ponerse en contacto con su obstinación y dejar que Dios tome el control. Jesús nos presenta lo que significa ser hijo de nuestro Padre celestial. Para entender el sermón, piense en su vida como un salón lleno de puertas abiertas que se llaman dinero, sexo, poder y fama.

Jesús comienza el sermón diciéndole que él va a pasar por su vida y que va a cerrar todas las puertas al poder humano y a la gloria humana. En las bienaventuranzas dice: «Dios bendice a los que son humildes, porque heredarán toda la tierra» (Mateo 5:5). En otras palabras, dice: «Renuncia al poder en las relaciones y yo te mostraré una manera de vivir la vida totalmente diferente. No tengas miedo de ser codependiente, de desaparecer. Yo te cuidaré».

En el resto del capítulo 5, Jesús cierra una puerta tras otra. Le dice que faculte a sus enemigos, quienes abusan de usted, que piense en las necesidades de ellos (5:43-47). Si usted sospecha que alguien está irritado con usted, no espere que esa persona lo busque; búsquela usted aunque no sea su culpa (5:23-24). Jesús cierra la puerta a la venganza, incluso la venganza emocional a través de la distancia (5:38-42). Y cuando venda algo, no trate de obtener el control sobre la gente al usar juramentos o al prometer más de lo que puede cumplir (5:33-37). Él le cierra la puerta a una vida secreta de placer sexual al decirle que se quite el ojo si mira a las mujeres para usarlas (5:27-30). Si hace lo que Jesús dice en el capítulo 5, usted comienza a sentirse espiritual.

En el capítulo 6, Jesús habla del querer verse espiritual. Le dice que mantenga su vida de oración escondida para que no la use para hacerse ver bien. Si ora, hágalo en privado (6:5-8). Si ayuna, aparente que no lo hace (6:16-18). Si da, no se lo diga a nadie (6:1-4). No use la espiritualidad como un medio de obtener poder y gloria. Jesús le cierra la puerta a obtener la identidad propia por la justicia propia.

Luego Jesús le cierra la puerta a obtener la seguridad por el dinero. En lugar de eso, él dice que regale el dinero (6:19-24). Ahora que usted ha perdido la seguridad del dinero, comienza a sentir pánico y dice: «¿Quién me va a cuidar?». Jesús dice: «Tu Padre lo hará. Mira los lirios del campo. Busca primero el reino de mi Padre». Así que no solamente tiene que renunciar al dinero, sino que tiene que renunciar a preocuparse por el dinero (6:25-34). Dos puertas más se cierran al poder humano y a la gloria humana.

A medida que comienza el capítulo 7, usted tiene una nueva perspectiva del mundo. Ha aprendido a poner a Dios en el centro. A dondequiera que usted mira, la gente está muy atrapada en las cosas. Ahora Jesús le da una palmadita en el hombro y dice: «Deja de juzgar. Cuando veas el pecado de alguien más, en lugar de usar esa información para corregirlo, usa esa información para humillarte al encontrar primero el tronco en tu propio ojo». En lugar de usar tus percepciones en los problemas de otra gente como un martillo espiritual, Jesús quiere que tomes esas percepciones y que profundices en tu propio arrepentimiento (7:1-5). ¡Grrr! ¿Cómo vivo la vida?

Al haber cerrado todas sus puertas, Jesús abre la puerta a la oración y le dice cómo él hace las cosas (7:7). Él le pide ayuda a su Padre. Él le habla a su Padre y le dice lo que quiere. La oración es el lado positivo de la voluntad que se ha rendido. A medida que deja de hacer su propia voluntad y espera a Dios, usted entra a la mente de él. Comienza a quedarse con él... a permanecer. Esta es la vida de oración.

¿QUIÉN VA A SACAR LA BASURA?

Miremos otro ejemplo de cómo ponernos en contacto con nuestra obstinación es una puerta a la oración. Imagine que José, el esposo de Susana, saca la basura todos los martes. Es su trabajo. La semana pasada olvidó sacarla y, luego, esta semana también. Generalmente es bueno para sacar la basura, pero Susana le dice: «Cariño, olvidaste sacar la basura otra vez». Dice *otra vez* con énfasis y con más que una leve irritación.

¿Qué hay detrás de su irritación? ¿Por qué se siente impulsada a agregarle una distorsión a la frase *otra vez*? Porque es una molestia sacar la basura. La hizo llegar tarde al trabajo. Si ella no dice *otra vez*, entonces su esposo seguirá olvidándolo. Si él no ve que eso está convirtiéndose en un patrón, ella sacará la basura por el resto de su vida.

Observe la suposición subyacente de Susana: «Todo depende de mí. Si no se lo hago ver, nadie lo hará». Dios está ausente de su pensamiento; por consiguiente, cree que depende de ella hacer que su esposo oiga sus palabras. Si no, ella teme que el despiste de él se la va a tragar.

Susana habla por su cuenta, usando la frase *otra vez* para controlar a su esposo. En contraste, Jesús dice: «Yo no hablo con autoridad propia; el Padre, quien me envió, me ha ordenado qué decir y cómo decirlo» (Juan 12:49). Susana usa sus palabras para hacer su propia voluntad. Se rehúsa a aceptar la posibilidad de sacar la basura interminablemente cada martes. Eso es inaceptable.

Susana está a cargo de su vida, determinada a hacer que su reino sea sin dolor. Aunque orara, la oración solamente sería otra arma en su arsenal de control. Dios probablemente la decepcionaría, y ella terminaría con amargura, tanto con su esposo como con Dios. Irónicamente, la obstinación frecuentemente llega a ser una profecía contraproducente. El cónyuge reprendido se retrae; no solamente deja de sacar la basura, sino que deja de abrir su corazón.

La obstinación y la oración, ambos, son caminos para que se hagan las cosas. Al centro de la obstinación estoy yo, tallando un mundo a mi imagen, pero al centro de la oración está Dios, tallándome a la imagen de su Hijo.

A Susana nunca se le ocurre que Dios podría querer que ella sacara la basura por el resto de su vida, porque el hacerlo significaría que ella permite que su esposo se aproveche de ella. No obstante, ¿no saca Jesús interminablemente la basura de la iglesia? ¿No es esa acción otra forma de amar a un enemigo?

¿Qué pasaría si Susana se deshace de la obstinación? *No lo sabe.* ¿Cómo intervendrá Dios en la vida de su esposo? ¿Qué es lo que Dios quiere hacer en la vida de ella? ¿Qué troncos descubrirá ella en su propio ojo? Perdonar a su esposo significaría perder el control.

Si Susana se da por vencida en su obstinación, se unirá a Abraham subiendo al monte Moriah con Isaac. Se unirá a David mientras deja su cuchillo cuando Saúl está a su alcance en la cueva. Susana permanece. Ha perdido el control de la historia.

Durante un tiempo particularmente difícil de mi vida, recuerdo haberme dado cuenta de que «Dios es mi fortaleza» no quiere decir que Dios me esté regalando una fortaleza. Significa que él es la fortaleza (ver Salmo 62:2). Aparte de Dios, estoy totalmente solo. No estaba seguro de que eso me gustara.

Cuando Susana pasa de su obstinación a la comunión en oración, se siente aterrador, como si saltara al aire. De hecho, ella deja la base inestable de su propia obstinación y entra a la estabilidad de Dios. Está poniendo en práctica la oración: *Que tu reino venga pronto. Que se cumpla tu voluntad.* En lugar de crear su propia historia, Susana estará contenta con dejar que Dios escriba la historia de él. Si el olvido de su esposo se convierte en un hábito, ella será guiada a un compañerismo de oración más profundo. La basura es probablemente la punta del iceberg en su vida. Él podría tener problemas de obstinación, pereza o simplemente egoísmo. Susana tendrá menos palabras para su esposo y más palabras para Dios. También reflexionará sobre su propio corazón. ¿Hay algunas áreas de su vida en las que ella hace lo mismo? Descubrirá a Jesús al otro lado del basurero.

No podemos orar de manera efectiva si no nos ponemos en contacto con nuestro niño malcriado interno. Cuando vemos nuestra propia obstinación, se abre la puerta para hacer las cosas a través de Dios. En lugar de cantar la canción de Frank Sinatra, «A mi manera», entramos a la historia de Dios y miramos mientras él hace las cosas a su manera. Nadie obra como él.

PARTE 4

VIVA EN LA HISTORIA DE SU PADRE

Capítulo 19

OBSERVE CÓMO SE DESARROLLA UNA HISTORIA

Cuando Emily nació en 1987, tuvimos un serio problema de espacio con nuestro automóvil. Ya sus cinco hermanos mayores apenas cabían en nuestra furgoneta Chevy Cavalier: los dos varones se estrujaban en la parte de atrás sin cinturones de seguridad. Después de diez años en el casco urbano, yo era el director asociado de una misión internacional que tenía dificultades. El dinero no alcanzaba, por lo que decidimos sacar un préstamo y comprar una Dodge Caravan '85. Con seis niños y dos adultos, todavía nos faltaba un asiento, pero Andrew (de tres años) y Kim (de seis años) eran lo suficientemente pequeños como para apretujarse con un solo cinturón.

Emily pasó la mayor parte del primer año de su vida fajada en su silla infantil. Jill estaba en el auto casi sin parar, llevando a Kim a su terapia del lenguaje, a su terapia física y a los doctores. Nos preocupaba que la parte de atrás de la cabeza de Emily llegara a quedar plana, ¡como los bebés indios en su tabla-cuna!

No nos dimos cuenta de cuánto le gustaba a Emily la minivan, hasta que la transmisión se arruinó varios años después, y le vendimos la minivan a nuestro mecánico. La reemplazamos con una furgoneta más vieja. Más de una vez, Emily (quien entonces tenía seis años) mencionó con tristeza la vieja minivan Dodge, lo suficiente que Jill y yo nos comentamos el uno al otro que ese era un lado de Emily que no habíamos visto antes. Unos cuantos años después, comencé a orar por Emily casi a diario, usando esta tarjeta de tres por cinco pulgadas, para que ella no amara «este mundo ni las cosas que les ofrece» (1 Juan 2:15).

Emily

1 Juan 4:18 «En esa clase de amor no hay temor, porque el amor perfecto expulsa todo temor».

1 Juan 2:15-16 «No amen a este mundo ni las cosas que les ofrece, porque cuando aman al mundo no tienen el amor del Padre en ustedes. Pues el mundo solo ofrece un intenso deseo por el placer físico, un deseo insaciable por todo lo que vemos, y el orgullo de nuestros logros y posesiones. Nada de eso proviene del Padre, sino que viene del mundo».

El amor por las cosas materiales no fue un pecado absorbente en la vida de Emily. Era solamente una leve inclinación de su corazón. Si un barco se desvía unos cuantos grados, es imperceptible al principio, pero con el tiempo llega a ser una enorme distancia. Yo oraba para evitar la distancia de un corazón desviado. Oré por la pequeña Emily porque yo no podía entrar a su corazón.

NUESTRAS ORACIONES NOS MOLDEAN

Dios quiere hacer algo más grande que simplemente responder mis oraciones. El acto de orar atrae a Dios a mi vida y comienza a cambiarme, el ora-dor, de maneras sutiles.

Una de las primeras cosas que observé mientras oraba por Emily era que llegué a estar más consciente de ella como persona. También alivió la presión de mi tendencia a corregirla con comentarios rápidos. Debido a que le hablaba a mi Padre celestial acerca de la deriva potencial de su corazón, pude relajarme ante el pecado. La oración me suavizó.

Orar regular y cuidadosamente por la inclinación de Emily también influyó en los automóviles que Jill y yo comprábamos. En el 2003, la transmisión de nuestro Nissan Maxima '93 se arruinó cuando se acercaba a los docientos sesenta mil kilómetros. De nuevo, le vendimos el auto a nuestro mecánico. Esta vez, nuestros tres hijos mayores ya no estaban en casa, por lo que el dinero no estaba tan limitado. Pensamos en comprar nuestro primer automóvil nuevo y visitamos una sala de exhibiciones de Honda. A Jill le gustaba el Honda Civic; a mí me gustaba el Honda CRV. Mientras discutíamos eso en la cena, observamos que Emily (quien entonces tenía quince años) se animó con el pensamiento de un automóvil nuevo. Su prestigio subiría muy levemente con sus amigos. Jill y yo nos miramos y después de la cena intercambiamos impresiones.

Emily asistía a una escuela donde muchos de los chicos eran adinerados y la presión de parecer pudiente comenzaba a afectarle. Llegar en un auto nuevo elevaría su estatus social. Nosotros no queríamos contribuir a una identidad falsa en su vida, y queríamos evitar un préstamo por un automóvil. Por lo que compramos un Toyota Avalon '96, que Jill y nuestros niños mayores inmediatamente apodaron «el auto de un anciano». Yo seguí orando por Emily para que no amara el mundo ni las cosas del mundo.

Hasta que llegue a estar convencido de que no puede cambiar el corazón de su hijo, no tomará en serio la oración.

El amor de Jill y el mío por Emily informó nuestras oraciones, y nuestras oraciones, a cambio, le dieron forma a nuestra manera de amar a Emily. Nuestras oraciones no estaban aisladas de la historia más grande que Dios tejía en su vida y en la nuestra. El acto de orar nos alertaba y daba forma a nuestras decisiones. He aquí un ejemplo de cómo se vio esto.

Un año después de que compramos el Avalon, Emily ahorró mil dólares de su trabajo de verano en McDonald's. Quería usar el dinero para comprar el Toyota Corolla '90 de su hermana mayor. Sin embargo, Emily no podría hacerlo hasta que su hermana mayor y su esposo se fueran a Bangladesh en el invierno. El calendario social de otoño afectó las finanzas de Emily, por lo que para Navidad solamente tenía quinientos dólares de los mil que tenía al principio. Ella se acercó a Jill y a mí para un préstamo sin intereses que sería pagado «solamente en un par de meses». No obstante, las reglas de nuestra familia eran claras. Proveíamos de lo básico, y los chicos pagaban por las cosas adicionales, como autos y teléfonos celulares. Por lo que le dijimos que no.

Varias semanas después, Jill oyó que Emily oraba por un automóvil, derramando su corazón ante Dios. Su oración nos conmovió, en parte porque demostraba que el corazón de Emily se inclinaba hacia Dios en lugar de las cosas, por lo que le prestamos el dinero.

Mis oraciones por Emily expusieron mi propio corazón. Comencé a ver que yo, también, amaba el mundo y las cosas del mundo. Hasta mi austeridad era una forma de amor al dinero. La obsesión de ahorrar pequeñas cantidades de dinero no es muy distinta a la obsesión de ganar grandes cantidades de dinero. En ambos casos, el dinero es el centro. También comencé a observar que yo tendía a ser más cortés de lo normal con un donante de nuestro ministerio. Eso, también, es una forma de amor al dinero.

Frecuentemente me doy cuenta de que cuando Dios no responde una oración, él quiere exponer algo en mí. Nuestras oraciones no existen en un mundo aparte. Estamos en diálogo con un Espíritu divino y personal, quien quiere moldearnos tanto como quiere oírnos. Si Dios actuara inconscientemente en nuestras oraciones, sería paganismo, el cual dice que los dioses hacen nuestra voluntad como respuesta a nuestras oraciones.

Cuando las oraciones de alguien no son respondidas, yo quiero saber el trasfondo. ¿Por cuánto tiempo oró esa persona? ¿Qué hizo Dios en el corazón de esa persona cuando oró? ¿Qué estaba haciendo Dios en la situación? La mayoría de nosotros aísla la oración del resto de lo que Dios hace en nuestra vida, pero Dios no obra así. La oración no existe en un mundo espiritual elevado; es parte de la urdimbre y la trama de nuestra vida. Orar en sí llega a ser una historia.

LA CRIANZA DE LOS HIJOS Y LA ORACIÓN

Es sorprendente la poca frecuencia con la que los libros sobre la crianza de los hijos hablan de la oración. De manera instintiva creemos que si tenemos los principios bíblicos correctos y si los aplicamos constantemente, nuestros hijos saldrán bien. No obstante, eso no le funcionó a Dios en el jardín de Edén. Un ambiente perfecto. Relaciones perfectas. Y aun así, los dos hijos de Dios se echaron a perder.

Muchos padres, incluso yo mismo, inicialmente tenemos la seguridad de que podemos cambiar a nuestro hijo. No nos rendimos a la voluntad de nuestro hijo (lo cual es bueno) pero tratamos de dominar al niño con la nuestra (lo cual es malo). Sin darnos cuenta, llegamos a ser exigentes. Nos impulsa la esperanza de un cambio genuino, pero el cambio ocurre porque tomamos las medidas correctas.

Hasta que lleguemos a estar convencidos de que no podemos cambiar el corazón de nuestro hijo, no tomaremos en serio la oración. Por consiguiente, el arrepentimiento frecuentemente está ausente. Por ejemplo, cuando vemos la obstinación de nuestro hijo, generalmente no preguntamos: *¿De qué manera soy yo obstinado?* o *¿De qué manera estoy yo enojado?* Queremos la ayuda de Dios para poder dominar a nuestro hijo. Olvidamos que Dios no es un genio sino una persona que quiere moldearnos a la imagen de su Hijo, tanto como quiere responder nuestras oraciones.

Cada vez más, los padres de nuestra cultura se trasladan

al otro extremo y llegan a ser pasivos. Los padres dicen cosas
como: «Mi hijo siempre ha estado enojado», o «Incluso cuando
era niño hacía berrinches». Esa pasividad se refuerza con la tendencia de la psicología popular de convertir las descripciones de
las etapas de la niñez en reglas. Por ejemplo, si una niña de dos
años se porta mal, la mamá puede encoger los hombros y decir:
«Está pasando por la terrible etapa de los dos años». Esa mamá
está atrapada en las descripciones psicológicas. Su pasividad se
refuerza más, porque le ha hablado a su niñita y hasta la ha dis-
ciplinado, pero nada funcionó. Esa mamá se resistía a la realidad,
pero la realidad no cedió. Intentaba orar, pero no pasó mucho.
Se topó con el poder de la obstinación de otra persona y cedió.
Ha pasivamente aceptado al mundo como es. Como los antiguos griegos, está atrapada por las Moiras del destino. Cuando
hacemos eso, la vida adquiere una calidad estable, determinada.
La oración llega a carecer de sentido.

El siguiente cuadro resume las dos actitudes que evitan que
entremos a la historia que Dios teje en las vidas de nuestros hijos
(o de cualquier persona). Frecuentemente comenzamos siendo

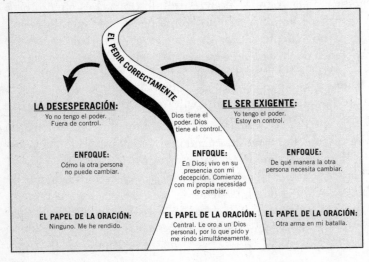

EL PEDIR CORRECTAMENTE

LA DESESPERACIÓN:
Yo no tengo el poder.
Fuera de control.

Dios tiene el
poder. Dios
tiene el control.

EL SER EXIGENTE:
Yo tengo el poder.
Estoy en control.

ENFOQUE:
Cómo la otra persona
no puede cambiar.

ENFOQUE:
En Dios; vivo en su
presencia con mi
decepción. Comienzo
con mi propia necesidad
de cambiar.

ENFOQUE:
De qué manera la otra
persona necesita cambiar.

EL PAPEL DE LA ORACIÓN:
Ninguno. Me he rendido.

EL PAPEL DE LA ORACIÓN:
Central. Le oro a un Dios
personal, por lo que pido y
me rindo simultáneamente.

EL PAPEL DE LA ORACIÓN:
Otra arma en mi batalla.

exigentes, y luego, a medida que nos topamos con la obstinación humana, nos dejamos llevar por la desesperación.

Si se encuentra en el camino de Pedir bien, también se ha dado por vencido, pero en un buen sentido. Se ha dado por vencido en cuanto a su capacidad de cambiar a otras personas. Más bien, se aferra a Dios y lo ve tejer la historia de él. Francamente, es en la oración que Jill y yo hacemos nuestro mejor esfuerzo para criar a nuestros hijos.

EL *HOCKEY* SOBRE CÉSPED Y LA FE

Una palabra resume nuestras oraciones por Emily: *fe*. Nosotros queríamos que la energía de su vida llegara de Dios y no de la gente ni de las cosas que la rodean. Queríamos que ella permaneciera. He aquí una historia que se desarrolló de esta oración.

A Emily le encanta el *hockey* sobre césped, que es como el *hockey* sobre hielo, excepto que es más suave y requiere de once jugadores en un campo de césped. Su escuela tenía un programa excelente, bien dirigido. Su equipo generalmente ganaba su división y frecuentemente tenía posibilidades para el campeonato estatal. El entrenador era excelente, aunque Emily pensaba que el entrenador tenía favoritas. Ese año ella y su amiga no eran las favoritas, y ocasionalmente Emily se quedaba sentada durante todo un partido.

Otra madre se enteró de las calentadoras de bancas y, cuando platicaba conmigo en el gimnasio local, dijo: «¿No es increíble lo que hace el entrenador? ¿No lo enoja a usted?». Yo respondí: «En realidad no. Estamos agradecidos de que Emily tenga ese sufrimiento de bajo grado cuando todavía está bajo nuestro cuidado. Es una oportunidad maravillosa para que ella crezca en su fe. Aprenderá mucho más de Dios en la banca que afuera en el campo de juego».

La otra madre esperaba que Jill y yo estuviéramos enojados por lo que le ocurría a Emily. Su meta para su hija estaba atada a los logros de la chica. Nuestra meta estaba atada a la fe de Emily.

Debido a eso, veíamos los deportes como simplemente otro lugar donde ella podía aprender a echar sus raíces en Dios. Yo veía el calentamiento de banca como una respuesta a mi oración diaria para que Emily no amara al mundo ni las cosas del mundo.

No me malentienda. Yo quería que mi hija jugara más. Sentía una punzada cuando miraba desde el graderío y la veía en la banca. No obstante, la decepción se enmudecía al saber que tener que sentarse en la banca era una gran preparación para la vida. La vida se trata más de ser un calentador de bancas que de ser una estrella.

Le pregunté a Emily si quería que me acercara al entrenador por ella y ella dijo que quería arreglarlo por sí sola. Finalmente, ella habló con su entrenador varias veces. No mucho salió de eso, pero yo me emocioné al verla hablar sinceramente con un adulto acerca de una injusticia percibida. Hablar con un superior que podría estar haciéndole una injusticia *aumenta* las probabilidades de que uno reciba aún *más* rechazo. Fue otra oportunidad para que Emily no obtuviera su vida de este mundo. Otra respuesta a la oración.

El verano siguiente Emily fue consejera en un campamento cristiano, y su fe creció a pasos agigantados. Incluso decidió no ir al campamento de verano de *hockey*. Cuando regresó en el otoño, no sabía cómo estaría su forma de jugar. Lo mejor de todo fue que no le importó lo que pensaran su entrenador o sus amigas. ¿El resultado? Su juego durante su último año fue el mejor que tuvo. Le pregunté por qué, y ella dijo: «No me importa tanto lo que la otra gente piense. Simplemente puedo ser yo misma».

Debido a que orábamos cuidadosamente por Emily, pudimos ver el cuadro global que se tejía dentro y a través de sus decepciones. Dios permitió el dolor leve en su vida para plantar su alma en la de él. Nadie obra como él.

Capítulo 20

EL AMOR DE
UN PADRE

No todo estaba bien en mi relación con Emily. Había una distancia entre nosotros. La mayor parte del tiempo ella me criticaba. En el 2002 hice una nota en su tarjeta de oración: *Ayúdame a moverme hacia ella.* Mi nota estaba justo arriba de mi oración para que el amor del mundo no desplazara el amor del Padre en su vida. No sabía qué tan estrechamente se relacionaban la opinión de Emily de su padre terrenal con la de su Padre celestial.

Le puse pies a mis oraciones al preguntarle a Emily si quería ir conmigo a un par de viajes a San Diego para dar conferencias. Pasamos un buen tiempo juntos, pero todavía había una distancia. En el 2006, hice otra nota en su tarjeta de oración, de que nos acercáramos más. No podía hacer un puente en la brecha que había con mi hija. Por lo que oré.

GUATEMALA

En septiembre del 2007, Emily y yo estábamos caminando por el patio de un hogar de niños en Guatemala, donde ella pasaría los próximos nueve meses. A medida que el sol se ponía, yo todavía podía distinguir el alambre de cuchillas arriba de las paredes del complejo de dos metros y medio de altura. Emily había decidido posponer la universidad y trabajar con cuarenta y cinco niños desamparados en Villa Nueva, Guatemala. El hogar estaba ubicado en un área marginada, rodeado de pandillas.

Habíamos animado a Emily a que fuera, no solamente porque el orfanato necesitaba ayuda, sino también para liberarla de los ídolos de la secundaria del deporte, los chicos, la apariencia y los amigos. Más que nada, queríamos que la fe creciera en su vida. Queríamos que permaneciera. La disposición de Emily de ir a Guatemala fue otra respuesta a nuestra oración de que ella no amara el mundo; aun así, la oración todavía no estaba respondida en gran parte.

Mientras los dos caminábamos, Emily de repente me hizo un comentario mordaz acerca de no dejarla tener teléfono celular en casa. Acababa de comprar uno para Guatemala, y tuvo que haberle disparado su irritación en cuanto a no tener uno en casa. En realidad, nosotros le habíamos dicho que podía tener un teléfono celular, pero ella no podía pagarlo junto con sus gastos de automóvil. Yo sabía que ella tenía miedo de estar sola en un país extranjero, lejos de la familia, de los amigos y de lo conocido, por lo que no dije nada.

Por lo menos, no le dije nada a Emily. Sabía que el hilo común que conectaba el temor de Emily, su distancia de mí, y su deseo de un teléfono celular era la fe. Ella caminaba un poco delante de mí, por lo que yo disminuí la velocidad y oré: *Dios, tienes que darle fe a Emily este año. No tienes opción.* Estaba muy consciente de mi incapacidad de plantar fe en su corazón. Dios simplemente tenía que hacerlo. No tenía opción. Él estaba atado con su propio pacto.

¿Fue esa una oración de poder de nombrarlo y reclamarlo? No, fue en realidad una oración impotente. Oré porque estaba débil. No estaba tratando de controlar a Dios. Por supuesto que no tenía control de Emily. Simplemente oraba el corazón de Dios en reflejo hacia él. No podía imaginar que él no respondiera tal oración.

Los siguientes nueve meses fueron los más difíciles en la vida de Emily. La pusieron con cuarenta y cinco huérfanos hispanos, y solamente había tomado un curso básico de español en la secundaria. Dios usó su aislamiento y el desafío de hacerse amiga de adolescentes temperamentales para quebrantarla repetidas veces y atraerla a sí mismo. Volvió a casa como una persona distinta.

Un año después, ella estaba en la universidad y me pidió que revisara la siguiente composición para una de sus clases. Cuenta la historia de uno de los hilos que Dios usó en su vida ese año.

Durante la secundaria, cada jueves en la mañana, tuve práctica de la banda de *jazz*. Una de esas mañanas estaba atrasada. Tenía que salir de casa a eso de las 7:15 y el reloj marcaba las 7:21. Mi papá estaba sentado en el auto esperándome, por lo que tomé mi rímel y salí corriendo por la puerta, con mi mochila colgando de mi hombro. Me senté en el asiento de enfrente y me quejé en todo el camino, diciendo que no quería estar en la banda, aunque había sido idea mía. Bajé la cubierta del espejo del tapasol para ponerme mi rímel. No obstante, el tapasol cada vez regresaba hacia arriba y cubría el espejo. Después de unas tres veces de que se regresaba hacia arriba, empujé el tapasol tan duro que se quebró. Mi papá comenzó a hablarme de mi actitud. Cuando nos detuvimos en las dos puertas de vidrio de la escuela, salí del auto malhumorada y cerré la puerta, sin un adiós ni las gracias.

Podría tratar de justificar mi forma de ser, pero el verdadero problema era mi corazón. Tenía amargura porque mi hermana Kim, quien tiene autismo, parecía recibir más atención que yo. Estaba insegura en la escuela. No tenía la ropa correcta; no tenía el cabello correcto y estaba cansada de no encajar. Tal vez mis inseguridades fueron lo que me llevó a faltarle el respeto a mi papá criticándolo día tras día. No obstante, la razón principal era que no tenía el amor de Jesús en mí.

Al final de mi último año decidí tomarme un año entre la secundaria y la universidad y trabajar en un orfanato en Guatemala. Durante ese año, Dios me mostró las áreas de mi vida en las que yo había construido paredes, lugares donde no quería a Dios.

Un día, estaba sentada en el comedor de visitas en el orfanato, hablando con una voluntaria que había llegado por unas semanas. Decidí enseñarle fotos de mi familia. Mi papá tiene un blog en el sitio web de su trabajo, y sabía que él tenía fotos allí. Mientras me desplazaba por sus blogs pasados, encontré fotos de mí en el baile del penúltimo año de secundaria [junio del 2005]. Mientras leía los comentarios debajo de las fotos, escritos por mi papá, llegué a sentirme abrumada por el amor de mi padre. La persona que tenía al lado tuvo que haber pensado que estaba loca mientras las lágrimas corrían por mi rostro. Recordé todas las veces que le grité por hacer ruido al masticar, las veces que le dije que no me amaba, las veces que salí de alguna habitación dando pisotones, no solamente ese año, sino a lo largo de la mayor parte de mis años de adolescencia. Mientras leía las palabras y veía las fotos, me sentí tan indigna de su amor, con toda la atención, la paciencia y la delicadeza que él me había demostrado.

Mientras estaba sentada a la mesa, mirando la pantalla de la computadora que tenía enfrente, mis pensamientos llegaron a Dios. La manera en que mi papá me amaba era un ejemplo del amor de Dios por mí. Mis pensamientos corrieron a todas las veces que había ignorado a Dios, en mis relaciones con otra gente, en los deportes, en la música, en todas las áreas de mi vida. Cuando el tiempo era bueno, ignoraba a Dios, pero cuando el tiempo era difícil, culpaba a Dios. No obstante, nada de lo que hice me separó del amor de Cristo. «Pero Dios mostró el gran amor que nos tiene al enviar a Cristo a morir por nosotros cuando todavía éramos pecadores» (Romanos 5:8). Yo, completamente indigna, recibí el regalo más grande de todos, la vida eterna, debido al amor de Dios y su gracia en mí.

Tengo el amor de un padre. Mi padre terrenal me demostró a través de una simple página web que no es lo que yo haga lo que hace que él me ame. Él me ama porque soy su hija. Mi falta de respeto no alejó su amor de mí. Para mí, esa era una pequeña foto del amor que mi Padre celestial tiene por mí. Nunca comprenderé completamente cómo puedo ser tan amada, cuando mi corazón frecuentemente es tan feo y difícil de amar. Supongo que eso es lo que hace que la gracia sea tan asombrosa.

Mis dos peticiones de oración, por sus relaciones con su padre terrenal y con su Padre celestial, estaban estrechamente relacionadas. Conseguir un adelanto en una llevó a un adelanto en la otra. Mientras veo que las historias de Dios se desarrollan, estoy pendiente de sus pequeños toques de diseño, de su poesía.

También me impactó la sabiduría en la demora de Dios de cinco años en nuestras oraciones por Emily. A medida que su corazón comenzó a ablandarse, mientras hacía amistad con los huérfanos y cuidaba de ellos, las metas de su vida comenzaron a cambiar. Cambió tanto de universidad como de carrera. Toda la dirección de su vida cambió. Dios esperó para quitar las anteojeras de sus ojos hasta que él tuviera a Emily donde la quería.

Cuando oré para que Emily no amara las cosas de este mundo, parecía que ella estaba parada sola en medio de un campo dominado por los íconos de la vida adolescente moderna de los Estados Unidos: novios, amigos, apariencia, deportes y ropa. Jesús era una figura de la niñez que se desvanecía. Mi oración por ella parecía tan débil, tan impotente. Ahora las palabras que se susurraron suavemente sobre su corazón han destruido las imágenes que alguna vez fueron poderosas. La búsqueda de popularidad ha sido reemplazada por el amor, por un deseo de estar con los que no tienen nada que ofrecerle. La oración ha triunfado. Al igual que el apóstol Pablo, puedo testificar que «Dios eligió lo que el mundo considera ridículo para avergonzar a los que se creen sabios. Y escogió cosas que no tienen poder para avergonzar a los poderosos. Dios escogió lo despreciado por el mundo —lo que se considera como nada— y lo usó para convertir en nada lo que el mundo considera importante» (1 Corintios 1:27-28).

IMÁGENES ROTAS DE DIOS

No obstante, ¿qué si su padre humano le ha fallado? Algunos se encogen cuando oyen la palabra *padre*. ¿Cómo puede uno ver a Dios como su Padre, si su padre fue distante, estuvo ausente, o fue severo?

La buena noticia es que nuestro Padre celestial supera los fracasos de nuestros padres terrenales. Escuche la siguiente historia de Ravi Zacharias, un evangelista y apologista destacado:

Llegué a conocer a Cristo en una cama de suicidio cuando tenía diecisiete años: desolado, desesperado. Mi padre acababa de decirme que yo sería un fracaso total en la vida. Nací siendo un fracaso, dijo él. Alguien llevó una Biblia al lado de mi cama. Estoy muy agradecido con mi Padre celestial de que mi padre viviera lo suficiente como para escribirme una carta —mi padre murió bastante joven— y dijo: «¿Me puedes perdonar por las cosas que dije?». Aun así, en la oscuridad del alma, descubrí que el Padre celestial estaba más cerca de lo que alguna vez me hubiera dado cuenta[1].

Debido a que vivimos en un mundo caído, Dios tiene que usar las imágenes rotas de sí mismo, como los padres. De hecho, son defectuosas todas las imágenes que Dios nos da de sí mismo en las Escrituras. Piense en un rey o señor. ¿A cuántos políticos buenos conoce? La experiencia de la iglesia primitiva con el César no fue agradable; aun así, ellos tomaron el título del César, «Señor», y se lo aplicaron a Jesús, llamándolo «Señor Jesús».

Ella estaba parada sola en medio de un campo dominado por los íconos de la vida adolescente moderna de los Estados Unidos: novios, amigos, apariencia, deportes y ropa. Jesús era una figura de la niñez que se desvanecía. Mi oración por ella parecía tan débil, tan impotente.

El hecho de que sabemos que nuestro rey o nuestro padre es defectuoso significa que sabemos lo que un buen padre debe hacer. Debido a que somos creados a la imagen del Dios trino, tenemos un conocimiento instintivo de cómo debe amar un padre. Si no supiéramos lo que es un buen padre, no podríamos criticar al nuestro[2]. La psicología moderna puede atraparnos inconscientemente en nuestro pasado. Simplemente es otra forma de fatalismo que mata nuestra capacidad de ver la historia que Dios teje en nuestra vida.

Emily todavía puede darle una lista de mis fracasos como padre. ¡Al principio de la lista está hacer mucho ruido al masticar! Una de sus peticiones fijas es que yo no coma zanahorias ni papitas fritas en el mismo cuarto en que está ella. Dios usa las cosas débiles de este mundo, incluso a los padres, para tejer sus historias.

Capítulo 21

LA ORACIÓN NO RESPONDIDA: CÓMO ENTENDER LOS PATRONES DE LA HISTORIA

Cuando Jill estaba embarazada de Kim, oraba usando el Salmo 121, pidiéndole a Dios que guardara a su bebé de todo daño. A la par del salmo, Jill escribió la fecha (agosto de 1981) en la que comenzó a hacer esta oración.

Cuando Kim nació, todo salió mal. El doctor le dio a Jill demasiada oxitocina, una droga para inducir el parto, y luego la dejó sola. Yo había visto a mi esposa pasar por tres partos naturales, pero esto era distinto. Estaba en agonía. El doctor nunca regresó a la sala de partos. Luego, Kim nació azul, y su primer puntaje de Apgar fue muy bajo. Me parecía muy distinta. Llamé a los padres de Jill desde un teléfono monedero en el hospital. Dije: «Algo está mal con la bebé», y estallé en lágrimas.

No teníamos un diagnóstico claro de lo que estaba mal —no lo tuvimos hasta que Kim cumplió diecinueve años— por lo que nosotros, al igual que la mayoría de los padres de niños discapacitados, funcionamos en la ignorancia. No sabíamos si Kim se había lastimado en el parto o si tenía alguna clase de trastorno. Yo hablé con el administrador de la HMO (Organización para el mantenimiento de la salud, por sus siglas en inglés) acerca del comportamiento del doctor. Él dijo: «Sí, él no es un buen doctor». Hablé con el doctor acerca de su comportamiento, y amenazó con demandarnos si hacíamos algo. Éramos jóvenes, estábamos confundidos y teníamos miedo.

Con el tiempo, Jill comenzó a odiar los temidos cuadros que describían lo que su niño debería hacer a cierta edad. Algunos médicos nos animaban y decían que Kim estaba bien. Otros no. Un neurólogo de un centro médico importante se preguntó si Jill había golpeado a Kim.

Estábamos abrumados con la cantidad de problemas que Kim tenía. Y los nuevos seguían llegando. Su tono muscular era blando. Sus ojos no enfocaban. Tenía neumonía. Le costaba respirar, especialmente en el invierno, y llegó a ponerse lánguida cuando encendíamos la calefacción. Su problema de respiración era tan pronunciado que usamos lo último de nuestros ahorros para cambiar a la calefacción eléctrica del zócalo. Durante los siguientes veinte años, apenas nos alcanzaba para vivir.

Fue una agonía, especialmente para Jill. Ella había orado para que Dios guardara a Kim del daño, pero teníamos en brazos a una niña dañada. En cierto momento le dije a Jill: «¿Por qué no simplemente le entregas a Kim a Dios?». Ella me dijo: «Paul, todos los días tomo a Kim en mis brazos, la llevo a los pies de la cruz, y luego doy la espalda y vuelvo a bajar». Habría sido más fácil para nosotros si Jill no hubiera pedido que a Kim se le protegiera del daño. La promesa de Dios en realidad lo empeoró. Dolía tener esperanzas.

El cuadro siguiente describe nuestro mundo. La línea de esperanza representa nuestro deseo de tener una niña normal, reforzado con nuestras oraciones del Salmo 121. La línea de abajo es la realidad de una niña dañada. Vivíamos en medio, en el desierto, aferrándonos a la esperanza de que Kim, de alguna manera, fuera normal, pero enfrentando la realidad de sus discapacidades. Es un mundo difícil en el cual vivir.

El DESIERTO

Cada parte de su ser quiere cerrar la brecha que hay entre la esperanza y la realidad. Haremos cualquier cosa para no vivir en el desierto. Inicialmente, a Jill le costó enfrentar las discapacidades de Kim, en parte porque no teníamos diagnóstico de la causa de sus problemas, y en parte porque dolía enfrentar la realidad.

El siguiente cuadro describe la técnica de la negación al sufrimiento. Está llena de esperanza pero no enfrenta la realidad. Por ejemplo, algunos cristianos tratan de esquivar el sufrimiento al insistir en que Dios los ha sanado, pero luego mueren de cáncer.

LA NEGACIÓN DEL SUFRIMIENTO

Después de que se ha recuperado del impacto inicial del sufrimiento, frecuentemente una determinación encuentra lugar para arreglar lo que sea que esté causando el dolor. Usted ha enfrentado enormes obstáculos antes y los ha vencido, y va a hacer lo mismo con este. Remueve el cielo y la tierra. El dinero no significa nada para usted. Está convencido de que alguien, en alguna parte, sabe cómo arreglarlo. Con toda la fuerza de su voluntad, por la oración que moviliza, va a hacer que eso suceda.

El siguiente cuadro ilustra distintos intentos de cerrar la brecha que hay entre la esperanza y la realidad. Frecuentemente esta determinación simplemente le agrega otra capa de sufrimiento a lo que usted ya enfrenta.

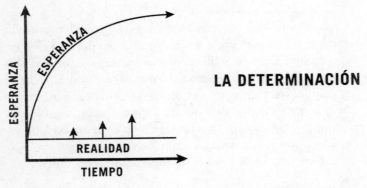

Es un viaje corto de la determinación a la desesperación, donde se da cuenta de que no va a cambiar la situación, sin importar lo que haga. Duele esperar ante el fracaso continuo, por lo que trata de dejar de sufrir a través de rendirse en cuanto a la esperanza. Jill luchaba con la negación; yo batallaba con la esperanza. Yo pensaba que solamente teníamos que enfrentar la realidad. No obstante, la esperanza de Jill, su amor por Kim, la llevó a intentar cosas nuevas. Jill comenzó a llamarme incrédulo. Tardé casi quince años en llegar a ser creyente en Kim.

En el siguiente cuadro, la desesperación quita la tensión que hay entre la esperanza y la realidad. La desesperación, en su propia forma extraña, puede ser consoladora, pero ella y su primo, el cinismo, pueden matar el alma.

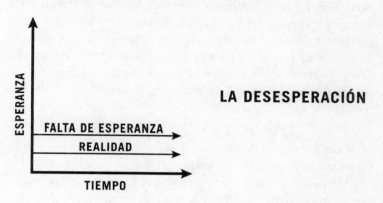

En contraste, la gente de fe vive en el desierto. Al igual que Abraham, están conscientes de la realidad de sus circunstancias, pero están firmes en la esperanza. Pablo describe cómo «Aun cuando no había motivos para tener esperanza, Abraham siguió teniendo esperanza» (Romanos 4:18). Ante la infertilidad y la edad avanzada de Sara, Abraham todavía tenía esperanza.

Y la fe de Abraham no se debilitó a pesar de que él reconocía que, por tener unos cien años de edad, su cuerpo ya estaba muy anciano para tener hijos, igual que el vientre de Sara. Abraham siempre creyó la promesa de Dios sin vacilar. De hecho, su fe se fortaleció aún más y así le dio gloria a Dios. (Romanos 4:19-20)

Abraham apuesta su vida en la línea de la esperanza, pero nunca quita su ojo de la línea de la realidad. Sin embargo, tiene sus momentos. Trata de salir del desierto al sugerirle a Dios que su siervo Eliezer llegue a ser su hijo adoptivo (ver Génesis 15).

Sara trata de cerrar la brecha entre la esperanza y la realidad al pedirle a Abraham que se acueste con su sierva Agar (ver Génesis 16). Finalmente, cuando Dios le dice a Abraham que Sara tendrá un hijo dentro de un año, Sara se ríe detrás de la puerta de la carpa (ver Génesis 18). Ella cierra la brecha al abandonar la esperanza. Un año después, cuando Isaac nace, ella se da cuenta de que Dios ha transformado su cinismo en alegría. Ella se burla de su cinismo poniéndole a su hijo un nombre que significa «risa» (ver Génesis 21).

LA VIDA EN EL DESIERTO

La parte más difícil de estar en el desierto es que no hay salida. Usted no sabe cuándo terminará. No hay alivio a la vista.

Un desierto puede ser casi cualquier cosa. Puede ser un hijo que se ha desviado, un jefe difícil, o incluso su propio pecado o necedad. Tal vez se casó con su desierto.

Dios hace desiertos a la medida para cada uno de nosotros. El desierto de José es haber sido traicionado y olvidado en una cárcel egipcia. Moisés vive en el desierto de Madián como un exiliado por cuarenta años. Los israelitas viven en el desierto durante cuarenta años. David huye de Saúl en el desierto. Todos se aferran a la esperanza de la Palabra de Dios y, aun así, enfrentan la realidad de sus situaciones.

El tema del desierto es tan fuerte en las Escrituras que Jesús reconstruye el peregrinaje del desierto al inicio de su ministerio, ayunando por cuarenta días en un desierto mientras se enfrenta a la tentación de Satanás. Su desierto es vivir la esperanza de la resurrección aun enfrentando la realidad de que su Padre retira su rostro de él en la cruz.

El hecho de que el Padre retire su rostro de usted es el corazón de la experiencia del desierto. La vida se acabó. Ya no tiene ningún sentido. Es posible que no quiera suicidarse, pero la muerte sería un alivio. Es muy tentador sobrevivir el desierto tomando el pan de amargura que Satanás ofrece: mantener en la vida un desapego irónico y cínico, y encontrar un placer perverso al burlarse de los que todavía tienen esperanza.

PROSPERAR EN EL DESIERTO

Dios lleva por un desierto a todo el que ama. Es su cura para nuestros corazones errantes, que incansablemente buscan un nuevo Edén. He aquí cómo funciona.

Lo primero que ocurre es que lentamente nos damos por vencidos. Nuestra voluntad se quebranta con la realidad de nuestras circunstancias. Las cosas que nos daban vida gradualmente mueren. Nuestros ídolos mueren por falta de comida. Eso fue lo que le ocurrió a Emily en Guatemala. Eso es lo que le pasó a Jill con Kim.

El aire quieto y seco del desierto acarrea la sensación de ser indefenso que es tan crucial para el espíritu de oración. Uno se enfrenta cara a cara con su incapacidad para vivir, para tener gozo, para hacer cualquier cosa de valor duradero. La vida lo vence totalmente.

El sufrimiento consume al yo falso creado por el cinismo, el orgullo o la lascivia. Ya no importa lo que la gente piensa de uno. El desierto es la mejor esperanza de Dios para la creación de un auténtico yo.

La vida del desierto lo santifica. Uno no tiene idea de que está cambiando. Simplemente observa, después de que ha estado en el desierto por un tiempo, que uno es distinto. Las cosas que solían ser importantes ya no lo son. Por ejemplo, antes de que Kim naciera, solíamos hacer que uno de los chicos peinara el fleco de la alfombra de la sala para que estuviera perfecto. Ahora tenemos suerte si encontramos un peine para nuestro propio cabello.

Después de un tiempo, uno observa su verdadera sed. En medio del desierto David escribe:

> *Oh Dios, tú eres mi Dios;*
> *de todo corazón te busco.*

Mi alma tiene sed de ti;
  todo mi cuerpo te anhela
en esta tierra reseca y agotada
  donde no hay agua.
(Salmo 63:1)

El desierto se convierte en una ventana al corazón de Dios. Finalmente él obtiene la atención porque él es la única alternativa.

Usted clama a Dios mucho y tan seguido que un canal comienza a abrirse entre usted y Dios. Cuando conduce, apaga el radio solamente para estar con Dios. En la noche, usted ora cada dos por tres cuando duerme. Sin darse cuenta, ha aprendido a orar continuamente. Descubre en el desierto el agua clara y fresca de la presencia de Dios y llega a ser un pozo dentro de su propio corazón.

El mejor regalo del desierto es la presencia de Dios. Vemos eso en el Salmo 23. Al inicio del salmo, el Pastor está en frente de mí: «me conduce junto a arroyos tranquilos» (versículo 2); al final él está detrás de mí: «tu bondad y tu amor inagotable me seguirán» (versículo 6)[1]; pero en medio, mientras paso «por el valle más oscuro», él está cerca de mí; «no temeré, porque tú estás a mi lado» (versículo 4). El amor protector del Pastor me da el valor para enfrentar el viaje interior.

EL DESIERTO FLORECE

Muy al principio, Jill y yo estábamos conscientes de que debido a Kim, Dios nos estaba humillando, haciéndonos más semejantes a su Hijo. Kim salvó a nuestra familia, comenzando conmigo. Dios usó a Kim para despertarme espiritualmente. Había estado pensando en dejar la escuela de barrio marginado, donde era director y maestro, para extender nuestro negocio de preparación de impuestos. Había abierto otra oficina y me había dado cuenta de que podía ganar dinero. No hay nada malo en eso, pero al mismo tiempo, mi corazón se inclinaba, alejándose de Dios. Después de que Kim nació, todo eso se evaporó, y seis meses después, oré para poder trabajar con mi papá y ayudarlo a organizar su trabajo misionero. En el otoño, él llamó a Jill, pidiéndole que lo ayudara. Yo me ofrecí voluntariamente y en el invierno de 1983, comenzamos juntos World Harvest Mission (Misión de la cosecha mundial). No existiría sin el regalo de Kim.

La presión de un hijo con la versión del autismo de Kim, trastorno generalizado del desarrollo, a veces es abrumadora. Esa presión, combinada con otras frustraciones, llevó a Jill, en 1991, a cuestionarme si la amaba. Ese fue el comienzo de mi viaje hacia la vida de Jesús que llevó al libro *El amor caminó entre nosotros*, al estudio *The Person of Jesus* (La persona de Jesús) y al ministerio de seeJesus.net.

Kim es la razón por la que Jill y nuestra hija Ashley llegaron a ser maestras de educación especial. Ahora pasamos nuestras vacaciones de verano en los campamentos de Joni and Friends, un campamento para adultos con discapacidades. Jesús nos estaba llevando abajo, a donde él vivía.

PROTEGIDOS DEL DAÑO

¿Se acuerda del problema respiratorio estacional de Kim? Diez años después, cuando vendimos nuestra casa, descubrimos que nuestra caldera de gas había sido instalada incorrectamente. La condición debilitada de Kim la había hecho particularmente susceptible a los efectos del gas monóxido de carbono que llenaba nuestra casa. Ella era como uno de esos canarios que los mineros usaban para detectar humos peligrosos. Kim nos protegió del daño.

Años después, cuando Kim tenía alrededor de veinte años, yo estaba sentado a la mesa del comedor, escribiendo un estudio bíblico del Salmo 121 que iba a enseñar a nuestro grupo pequeño. Había olvidado la oración de Jill del Salmo 121.

Levanté la mirada de la mesa y dije: «Jill, Dios lo hizo. Nos protegió de todo daño. Él cumplió el Salmo 121». Habíamos pensado que el daño era una hija con discapacidades, pero eso no era nada comparado con el peligro de dos padres orgullosos y obstinados. Debido a que Kim era muda, Jill y yo aprendimos a escuchar. Su impotencia nos enseñó a ser impotentes también.

Kim trajo a Jesús a nuestro hogar. Jill y yo ya no podíamos vivir la vida por nuestra cuenta. Necesitábamos a Jesús para pasar del final de un día al otro. Le habíamos pedido una hogaza de pan, y en lugar de darnos una piedra, nuestro padre había esparcido un banquete para nosotros en el desierto. *Gracias, Jesús, por Kim.*

Usted clama a Dios mucho y tan seguido que un canal comienza a abrirse entre usted y Dios.

Cuando no recibimos las cosas por las que oramos o que deseamos, no quiere decir que Dios no está actuando para nuestro bien. Más bien, él está tejiendo su historia. Pablo nos dice: «Dedíquense a la oración con una mente alerta y un corazón agradecido» (Colosenses 4:2). El agradecimiento nos ayuda a estar centrados en la gracia y ver toda la vida como un regalo. Nos hace tomar en cuenta cómo las bendiciones pasadas de Dios impactan nuestra vida. La mente alerta nos advierte del drama que se desarrolla en el presente. Busca la obra presente de Dios, a medida que se despliega en gracia futura[2].

Esté pendiente de la historia que Dios teje en su vida. No deje el desierto. El padre de Corrie ten Boom frecuentemente le recordaba: «Todavía falta lo mejor»[3].

Capítulo 22

CÓMO DIOS SE COLOCA A SÍ MISMO EN LA HISTORIA

Cuando estamos en medio del desierto, sentimos como que Dios está ausente. Anhelamos que Dios se manifieste claramente, que le dé sentido al lío. Al igual que Job, le decimos a Dios: «¿Por qué no me das la cara?» (13:24, NVI). Para responder, veamos cómo Jesús se colocó con tres mujeres distintas quienes sufrían en lo que parecía una historia sin sentido.

LA MUJER CANANEA Y SU HIJA NECESITADA

El evangelio de Mateo cuenta la historia de una mujer gentil, cananea, que hostiga a Jesús y a los discípulos implacablemente porque su hija está poseída por un demonio y necesita ayuda. Inicialmente, Jesús está callado: no despide a la mujer ni la recibe. Es deliberadamente ambiguo. Solamente escucha.

Los discípulos sienten lo incómodo de la situación y le piden a Jesús que lo resuelva: «Dile que se vaya —dijeron—. Nos está molestando con sus súplicas» (15:23). Probablemente están conscientes de que otra mujer cananea, Jezabel, introdujo la adoración de demonios en Israel. Ella recibió lo que le esperaba.

Jesús ignora a sus discípulos. En lugar de despedirla, continúa la confusión al dirigirle la palabra y, a la misma vez, al levantar una pared al referirse a la barrera étnica que hay entre ellos. Dice: «Fui enviado para ayudar solamente a las ovejas perdidas de Dios, el pueblo de Israel» (15:24).

Percibiendo una apertura, la mujer se lanza a sus pies y suplica: «¡Señor, ayúdame!» (15:25). Ella pasa por alto el contenido de lo que Jesús dice y se enfoca en el hecho de que él finalmente se fija en ella. Las acciones de él hablan más fuerte que sus palabras.

La respuesta de Jesús es exasperante. Continúa su ambigüedad y levanta todavía otra barrera: «No está bien tomar la comida de los hijos y arrojársela a los perros» (15:26). No obstante, al mismo tiempo, él da otro paso más cerca de la mujer al conversar con ella. Ella ignora su reto y va en busca de la victoria: «Es verdad, Señor —respondió la mujer—, pero hasta a los perros se les permite comer las sobras que caen bajo la mesa de sus amos» (15:27). Ella tiene una escalera real. Ahora lo tiene a él arrinconado. Ella lo sabe. Él lo sabe. ¿Cómo puede Jesús, con su corazón acogedor, resistir la completa debilidad de ella? Jesús se maravilla de su fe y le da su Óscar de la Gran Fe: «Apreciada mujer —le dijo Jesús—, tu fe es grande. Se te concede lo que pides» (15:28).

Si Jesús fuera una máquina mágica de oración, habría sanado a la hija de esa mujer instantáneamente, y nosotros no habríamos descubierto el espíritu de la mujer lleno de vida y creatividad. De igual manera, la ambigüedad de Jesús con nosotros crea el espacio, no solamente para que él surja, sino nosotros también. Si el milagro llega demasiado rápido, no hay espacio para el descubrimiento, para la relación. Tanto con esta mujer como con nosotros, Jesús está comprometido en un romance divino, atrayéndonos a sí mismo.

Cuando usted persiste en un vacío espiritual, cuando permanece allí durante la ambigüedad, llega a conocer a Dios.

La espera que es la esencia de la fe provee el contexto para la relación. La fe y la relación están entretejidas en una danza. Todos ahora hablan de cómo la oración es una relación, pero frecuentemente la gente se refiere a tener mimos afectuosos con Dios. Los mimos afectuosos no tienen nada de malo, pero las relaciones son mucho más ricas y más complejas.

OTRA MUJER Y SU HIJA NECESITADA

Vi que Jesús hizo lo mismo con otra mujer y su hija necesitada. Durante un período de veinticinco años, Jill luchaba con Dios por Kim. Semana tras semana, durante nuestro tiempo de oración familiar, Jill oraba por fortaleza y fe: fortaleza para llegar del fin de un día al siguiente, y fe para no tirar la toalla. Pronto el resto de la familia ni siquiera tenía que preguntarle a Jill cuál era su petición de oración. Ya la sabíamos.

He aquí un vistazo de lo que estaba detrás de la oración por fe de Jill. Ella escribió estas notas en su diario, justo después de haber descubierto que estaba embarazada por sexta vez, con nuestra hija Emily. Kim tenía cinco años.

Ya tengo 32, ¡vaya! Me pregunto qué traerá este año. ¿Tal vez que Kim hable? Ha sido muy difícil para mí no ver mucho progreso en Kim. Estamos en medio de otra evaluación en el Hospital Infantil de Filadelfia. Es muy difícil decir qué es lo que ella no puede hacer y qué es lo que simplemente no quiere hacer. Todo esto es muy difícil... difícil de ver y seguir creyendo que Jesús la ama a ella y a mí, y que me oye suplicar continuamente por su sanación. En realidad la fe es la que está en riesgo;

el sufrimiento en realidad es un asunto secundario. Solamente decirle a Jesús lo que necesito y dejárselo a él es tan difícil, especialmente mientras veo a Kim batallar a diario. Verdaderamente me rompe el corazón.

Dos días después de la visita al hospital infantil, Jill escribió: «Dame fe para dejar esto contigo. Por favor, ayúdala a hablar». Luego, el diario se queda en silencio. Pasarían diez años antes de que Jill tuviera la fe y la energía para hacer otra anotación en su diario de oración. Pasarían veinte años antes de que Kim comenzara a hablar, a la edad de veinticinco años. Dios dejó a Jill en confusión para que su fe, su capacidad de conectarse con él, creciera. Para llegar a ser como una niña, Jill tenía que volver a ser débil otra vez.

La interacción ambigua de Jesús tanto con Jill como con la mujer cananea es un minicurso acerca de la oración. Dios permitió una situación difícil en la vida de las dos, y luego él permaneció en la orilla. No en el centro, sino en la orilla. Si hubiera estado en el centro, si hubieran tenido visiones regulares de él, ellas no habrían desarrollado la fe de tener una verdadera relación con él. Dios habría sido una máquina mágica de oración, no un amigo ni un amante.

Cuando Dios parece estar en silencio y nuestras oraciones están sin responder, la tentación abrumadora es dejar la historia, salir del desierto e intentar crear una vida normal. No obstante, cuando persistimos en un vacío espiritual, cuando seguimos adelante durante la ambigüedad, llegamos a conocer a Dios. De hecho, así es como crece la intimidad en todas las relaciones estrechas.

MARÍA MAGDALENA EN UN MINIDESIERTO

Jesús trata a María Magdalena de una manera similar cuando la encuentra en la mañana de Pascua. Cuando Jesús la saluda primero afuera de la tumba, deliberadamente encubre su identidad;

luego la hace hablar con una pregunta: «Apreciada mujer, ¿por qué lloras? [...] ¿A quién buscas?» (Juan 20:15). Es el clásico Jesús, una pregunta genuina mezclada con una suave reprensión. Ella no necesita llorar porque él está vivo. Jesús está parado en la orilla de la historia y no quiere abrumarla para que pueda surgir una María más profunda y más entera. Permite que su dolor continúe solamente por un rato, para que Jesús, la persona, pueda encontrarse con María, la persona.

María responde, pensando que él es el jardinero: «Señor, si tú le has llevado, dime dónde le has puesto, y yo me lo llevaré» (20:15, LBLA). Por supuesto que ella no puede llevarlo a ningún lado porque es demasiado pequeña. Sus palabras implican que tiene sirvientes o acceso a gente que los tiene. Sabe cómo hacer las cosas. Tiene riqueza, acceso y brío. Lucas nos dice que ella, junto con varias otras mujeres, «contribuían con sus propios recursos al sostén de Jesús y sus discípulos» (8:2-3). Si Jesús se hubiera dado a conocer inmediatamente, nunca habríamos descubierto a María, la gerente. Este nuevo Adán es un jardinero amable.

Jesús anuncia su presencia solamente diciéndole su nombre: «María». En otras palabras: «María, deja de apresurarte, de planificar. Yo siempre estuve aquí, en la orilla de la historia. Soy todo lo que necesitas». Es tan característico de él identificarse tan sencillamente, tan sutilmente. Es pura poesía.

Muchos de nosotros quisiéramos que Dios fuera más visible. Pensamos que si pudiéramos verlo mejor, o saber qué es lo que pasa, entonces la fe llegaría más fácilmente. No obstante, si Jesús dominara el espacio y abrumara nuestra visión, no podríamos relacionarnos con él. Todo aquel que tuvo una visión clara de Dios en la Biblia cayó como si estuviera muerto. Es difícil relacionarse con la luz pura.

Escuche la siguiente descripción de la resurrección de Jesús, del falso evangelio de Pedro, escrito cien años después del acontecimiento.

[Los soldados que vigilan la tumba] vieron a tres hombres salir de la tumba, dos de ellos sosteniendo al tercero, y una cruz los seguía atrás. Las cabezas de los dos que vieron tenían cabezas que llegaban al cielo, pero la cabeza de [Jesús] que ellos dirigían iba más allá del cielo[1].

Se puede ver que este es uno de los falsos evangelios gnósticos porque está muy «de otro mundo». Como lo vimos antes, a la mente griega no le gustaba lo físico. Por lo que trató de crear un Jesús etéreo. En esta historia, la cabeza de Jesús está literalmente en las nubes. Es tan grande que necesita un par de ángeles que lo apuntalen. Esa inmensidad no deja nada de espacio para la relación. No podemos relacionarnos con él. Esta visión de Jesús no deja espacio para la fe.

Cuando sufrimos, anhelamos que Dios hable claramente, que nos diga el final de la historia y, más que nada, que se manifieste. No obstante, si él se manifestara total e inmediatamente, si respondiera todas las preguntas, nunca creceríamos; nunca saldríamos de nuestra crisálida porque para siempre seríamos dependientes. Jill fue transformada profundamente en su espera de veinte años. Si Dios le hubiera explicado todo instantáneamente y hubiera sanado a Kim, ese cambio no se habría llevado a cabo. Nadie obra como él. Él es un excelente amador de almas.

Capítulo 23

ORAR SIN UNA HISTORIA

¿Qué pasa cuando no percibe su vida como una historia que su Padre está contando? Escuche la siguiente historia de Joanne, como la relata Philip Yancey.

Si usted me hubiera preguntado cuando era una joven cristiana si creía en la oración, rápidamente habría dicho que sí. Le habría hablado del tiempo en que mi vehículo derrapó en la nieve y no me lastimé, o del tiempo en que dejé caer la llave de la casa en alguna parte de mi Dodge Dart '74 y no pude encontrarla por horas, hasta que oré. Tal vez Dios cuida de los creyentes neófitos, no lo sé. Aunque parece que no le importan los viejos.

Probablemente podría enumerar cien oraciones que no han sido respondidas. No hablo de oraciones egoístas, sino de oraciones importantes: *Dios, mantén a mis hijos a salvo, lejos de la gente equivocada.* Los tres terminaron con problemas con la ley, abusando de las drogas y del alcohol.

Tengo que decir que se empaña la historia de Jesús de la viuda insistente que sigue acosando al juez. Miles de personas oran por un líder cristiano que tiene cáncer, y muere. ¿Qué quiso decir Jesús con esa parábola, que sigamos golpeándonos la cabeza contra una pared?

Ya he vivido en la orilla del abismo por varios años. Sí,

he tenido momentos íntimos, he sentido la presencia de Dios y solamente esos recuerdos son lo que evita que me rinda. Dos veces, tal vez tres, he oído de Dios. Una vez la voz casi parecía audible. Conducía al hospital cuando era una joven que acababa de terminar la universidad, y me había enterado que tenía leucemia, cuando estas palabras de Isaías pronunciadamente llegaron a mi mente: «No te desalientes, porque yo soy tu Dios. Te daré fuerzas y te ayudaré; te sostendré con mi mano derecha victoriosa». Me aferro a esos pocos recuerdos y no obtengo nada más, ninguna nueva señal de que Dios está escuchando.

Yo diría que tal vez el 20 por ciento de mis oraciones reciben algo parecido a la respuesta que quiero. Con el tiempo, me rindo. Oro por esas cosas que creo que ocurrirán. O simplemente no oro. Reviso mi diario y veo que Dios cada vez hace menos. Me enojo. Como una niña, dejo de hablar. Soy pasiva-agresiva con Dios. Lo aplazo. Tal vez después.

Fui a ver a un mentor y derramé mi alma, describiendo detalladamente lo que he pasado en los últimos años con mi salud y, especialmente, con mis hijos. «¿Qué hago?», pregunté.

Él se quedó sentado allí por un tiempo muy largo y dijo: «No sé, Joanne». Suspiró. Yo esperaba palabras de sabiduría. No hubo ninguna. Así es con la oración también[1].

Joanne me parte el corazón. Le ha pasado mucho. Leucemia cuando estaba en la universidad, batallas con sus tres hijos y una profunda decepción con Dios. Muchos de los salmos le dan voz al clamor del corazón de Joanne. «Dios mío, Dios mío, ¿por qué me has abandonado?» (Salmo 22:1). En la cruz, el mismo Jesús hace eco de la agonía de Joanne.

Tengo alguna sensación de cómo se siente ser abandonado por Dios. Durante un año en particular estuve en agonía. No pasaba una semana sin que yo estallara en lágrimas. Hacia el final de ese año comencé a preguntarme si me había equivocado con Dios. ¿Era sesgada mi visión de su corazón misericordioso? ¿Había sobreestimado su gracia?

No nos gusta el lío de la oración no respondida, ni las respuestas que son distintas a lo que pedimos. Un corazón desconsolado, como el de Joanne, nos pone intranquilos. La historia de Joanne nos ayuda a ver la ambigüedad de la oración.

REFLEXIONAR EN LA HISTORIA

Si yo fuera el mentor de Joanne, primero querría saber su historia. Sospecho que ella solamente nos ha dado la punta del iceberg. ¿Cómo se pecó en contra de ella? ¿La descuidó la iglesia o su esposo? ¿Se le dejó para que se defendiera por sí misma? ¿Es una madre soltera? Por otra parte, ¿de qué manera era Joanne pecadora? ¿Tomó decisiones que contribuyeron a las luchas de sus hijos? ¿Cómo trató con sus hijos cuando vio los primeros indicios de los problemas? No quiero implicar que si usted es buen padre, entonces Dios protegerá a sus hijos. El mismo Dios tiene problemas con sus hijos. No obstante, la historia de Joanne nos dice solamente un lado. Oigo «se pecó en contra de» pero no «pecadora». En la forma en que ella lo cuenta, Dios es el único tipo malo.

Si Joanne estuviera abierta a las preguntas, le preguntaría cómo ve la oración. Habla de ella de la manera en que muchos cristianos lo hacen, separándola del resto de su vida, como si la oración existiera en un vacío, como un satélite que gira alrededor de la tierra. No oigo ningún hilo en la historia de cómo el orar de Joanne interactúa con las otras partes de su vida. La vida de oración es inseparable del obedecer, del amar, del esperar y del sufrir.

Joanne tiene algunos dulces recuerdos de la oración. Dijo: «He sentido la presencia de Dios y solamente esos recuerdos son lo que evita que me rinda». Los recuerdos como esos pueden animarnos, pero si la experiencia llega a ser un fin en sí, entonces Dios llega a ser un objeto de mi placer. No es de extrañar que Dios esté solamente en un 20 por ciento.

La parte más difícil de tratar con Joanne es su amargura. La desesperación, mezclada con el cinismo, aparece en casi cada párrafo. Me pregunto si fue una mala enseñanza sobre la oración, que desconectaba la oración de la vida, lo que la puso en camino a la amargura. ¿Contribuyó la amargura de Joanne a las batallas de sus hijos? Ella habló de la distancia de sus hijos de Dios y luego reconoció la suya.

Podría ser que Joanne sea un Job de la época moderna, que soporta un sufrimiento sin sentido, del cual es inocente. No obstante, Job no está amargado. Nunca cierra su corazón. Su fe robusta se expresa en una declaración resonante de su propia inocencia. Se requiere de fe para mantener su inocencia cuando sus tres mejores amigos piensan que se equivoca. Job busca a Dios repetidamente para justificarse. Job se encara con Dios. Joanne, como reconoce, se ha retirado. El primero es la fe pura; la segunda no la es. Uno confía en que Dios está tejiendo una historia más grande; la otra no.

Si no nos apasionamos con Dios ante la decepción, como la mujer cananea, entonces el cinismo entra y nuestro corazón comienza a endurecerse. Comenzamos una muerte viva.

El siguiente cuadro resume dos formas de abordar una vida de oración:

SIN HISTORIA	HISTORIA
AMARGADO	ESPERANDO
ENOJADO	VIGILANDO
SIN METAS	PREGUNTÁNDOSE
CÍNICO	ORANDO
CONTROLADOR	SOMETIÉNDOSE
SIN ESPERANZA	ESPERANZADO
DESAGRADECIDO	AGRADECIDO
CULPANDO A OTROS	ARREPINTIÉNDOSE

OTRA HISTORIA DE LA FORMA EN QUE DIOS TEJE

Me encantaría contarle a Joanne la historia de la respuesta de Dios a nuestras oraciones de veinticinco años para que Kim hablara. Le describiría el baile entre nuestras oraciones y la manera en que Kim lentamente desarrollaba una forma de comunicación tras otra. Fue trabajo, oración, errores, frustración, más trabajo, más oración, avance, trabajo, oración y así sucesivamente. Una y otra vez, frecuentemente en el último momento, vimos a Dios proveer. Y nunca lo hizo sin hacernos más humildes.

En 1993 Jill consiguió una beca a través de nuestra escuela para comprarle a Kim una computadora de habla. Después del entusiasmo inicial, la computadora se quedó en un estante. Nosotros, junto con Kim, estábamos abrumados tratando de aprender el lenguaje de la computadora de 128 teclas de íconos y 3.000 palabras. Aun si Kim aprendiera el lenguaje, no tenía la habilidad de formar una oración coherente. No sabíamos si alguna vez lo podría hacer.

En la primavera de 1996, Kim funcionaba bien con un intérprete de lenguaje de señas en la escuela. Yo quería comenzar a escribir un libro en mi tiempo libre, acerca de la persona de Jesús y de cómo él ama. Mientras oraba por eso, me llegó este pensamiento: *Paul, ¿cómo puedes hablar de mí si Kim no habla?* Ese simple desafío a mi integridad tenía un matiz de Dios en él. Dios estaba determinado a que mi vida escondida con mi familia encajara con mi vida abierta del ministerio. Él no quería un robusto ministerio público enfocado en el amor (el libro) y un ministerio privado incompleto (el hecho de que Kim no hablara). Él no quería que la vida externa se viera más grande que la interna. Él no quería un yo dividido.

Por lo que hice a un lado los planes de escribir el libro y comencé a pensar en maneras de hacer que Kim hablara con su computadora de habla. Poco después de ese tiempo de oración, recibimos un boletín de noticias que mencionó un campamento para el uso de computadoras de habla, dirigido por uno de los pioneros en el campo. Kim y yo pasamos una semana juntos en el campamento, y nos sumergimos en el uso de la computadora de habla. Al ver a los otros chicos usando sus computadoras se nos hizo menos raro tener una voz electrónica. Entonces, cuando comenzó el año escolar en el otoño, le pedimos a la administradora que reabriera el Programa de Educación Individualizada de Kim para que pudiéramos tener una clase especial para aprender el lenguaje de la computadora de habla.

Le dimos a Kim toda oportunidad de hablar por medio de su computadora, tal como orar por la comida. A veces, salíamos a comer y olvidábamos que el volumen de su voz electrónica estaba demasiado alto. Su computadora vociferaba: «JESÚS, GRACIAS POR ESTOS ALIMENTOS». Cuando eso ocurría, nuestros adolescentes trataban en vano de hacerse desapercibidos al hundirse en sus asientos. Nuestro hijo Andrew una vez hizo a un lado a Emily y le dijo: «Será mejor que te rindas. Simplemente no te puedes ver chévere con Kim a tu alrededor».

Lentamente, las frases de Kim llegaron a ser cada vez más claras. Comenzó a «hablar» con una voz electrónica, que era divertido manipular, porque podíamos cambiar su voz a la de otras personas, como Ernesto Enorme o Antonia Áspera.

Un año después de que hice a un lado los planes de escribir, una amiga nuestra, Linda, que no tenía idea de mi deseo, llamó inesperadamente y dijo: «Paul, tengo un amigo, un escritor dotado, a quien le gustaría enseñar una clase sobre cómo escribir. ¿Te interesa?»

Una aparente casualidad llegó después de otra. Mientras visitaba a un pastor cuya esposa batallaba con la depresión, descubrí que él tenía una conexión personal con una importante publicadora evangélica. Mientras hablaba en un retiro, me hice amigo de una escritora de la India que se había preparado en Oxford. Acepté discipularla si ella aceptaba editar el libro que yo quería escribir. Luego se abrió la puerta para que fuera al seminario, donde comencé a escribir acerca de la vida de Jesús. Tres años después de que Dios me había puesto freno al escribir, tenía un contrato para escribir lo que llegó a ser *Love Walked Among Us* (*El amor caminó entre nosotros*). Seis meses después, una generosa donación de unos buenos amigos me permitió dedicarme a escribir a tiempo completo.

En mi caso, buscar el reino de Dios significó primero *no* escribir públicamente acerca de Jesús, sino hacer una obra oculta de amor. Casi cada puerta que se había abierto antes de escribir el libro tuvo pequeñas pruebas de integridad. El Padre deliberadamente retrasó un libro acerca de la belleza de su Hijo, con el fin de que Kim pudiera hablar más claramente. Él puso a Kim antes que el honor de su propio Hijo. Yo no entiendo esa clase de amor. Supongo que eso es de lo que trata la cruz.

¿Ve la diferencia entre hacer una petición de oración aislada y orar en contexto con la historia que Dios está tejiendo? Dios respondió nuestra petición de que Kim hablara, pero la respuesta era inseparable del arrepentimiento, del servicio, de la administración y de la espera. La mayoría de nuestras oraciones son respondidas en el contexto de la historia más grande que Dios está tejiendo.

VIVIR EN LA HISTORIA DE NUESTRO PADRE

Vivir en la historia de nuestro Padre significa vivir en la tensión. (¿Se va a escribir el libro? ¿Cómo puede hablar Kim si no puede hacer estructuras de oraciones?) Después de todo, ¡la tensión y los obstáculos abrumadores contribuyen a una buena historia! Qué aburrida sería la vida si la oración funcionara como la magia. No habría relación con Dios ni victoria sobre las pequeñas áreas del mal.

Para vivir en la historia de nuestro Padre, recuerde estas tres cosas:

No exija que la historia sea a su manera. (En otras palabras, ríndase completamente).

Busque al Narrador de la historia. Busque su mano, y luego ore a la luz de lo que ve. (En otras palabras, desarrolle el gusto por Jesús).

Permanezca en la historia. No se cierre cuando sale mal.

Este último punto, permanecer en la historia, puede ser particularmente difícil. Cuando la historia no sale a su manera, pregúntese: *¿Qué está haciendo Dios?* Esté alerta a regalos extraños. A Dios le encanta sorprendernos con niños envueltos en tiras de tela, acostados en pesebres.

A veces, cuando decimos «Dios está callado», lo que en realidad ocurre es que él no ha narrado la historia de la manera en que nosotros querríamos que se le narrara. Él se quedará callado cuando queremos que llene los espacios en blanco de la historia que nosotros estamos creando. No obstante, con sus propias historias, en las que vivimos, él rara vez se queda callado.

He aquí una minihistoria que capta lo que quiero decir. Cuando hablaba en un campamento para niños con discapacidades, una de las trabajadoras voluntarias sentía que un padre la acusaba en falso. Después de escucharla, cobré ánimo y le dije: «Ahora puede servir a Jesús en lugar de los padres». Al haber estado en circunstancias similares, estaba genuinamente emocionado por ella. Nada aclara la santurronería mejor que servir a alguien que lo critica a uno.

Para ver al Narrador tenemos que bajar la velocidad de nuestra vida interior y observar. Tenemos que estar incrustados en la Palabra para experimentar la mente del Narrador y captar el ritmo de su voz. Tenemos que estar alertas a la historia, a la voz del Narrador que habla acerca de los detalles de nuestra vida. La historia que Dios teje no es rara ni muy volátil. Siempre implica inclinarse ante su majestad con los pedazos de nuestra vida.

Pendientes del Artista divino

Permítame enseñarle lo que quiero decir al tomar un momento para reflexionar en la historia que Dios estaba tejiendo en la vida de José.

Al igual que Joanne, la vida de José se caracteriza por la decepción. Sus hermanos celosos lo venden por veinte piezas de plata, le quitan su túnica multicolor y la usan como «evidencia» de que había muerto. Precisamente cuando parece que su vida da un giro para mejorar, la esposa de su dueño le arranca otra túnica de su espalda y la usa como «evidencia» de que ha intentado violarla. Acaba en la cárcel, solo y olvidado (ver Génesis 37, 39–40).

No obstante, mire la historia que Dios está tejiendo. Dos veces José pierde su túnica mientras es humillado; cada vez, la túnica se usa como evidencia en una traición. Dos veces, mientras Dios lo eleva, Faraón le da una túnica nueva. Usted puede ver que José se da cuenta de que Dios está tejiendo una historia con túnicas y plata, porque cuando sus hermanos llegan, José le da a cada uno de ellos una túnica y plata. Él concluye la historia de su vida al bendecir a sus hermanos con los mismos artículos que ellos le habían robado (ver Génesis 41–45). José no se entrega a la amargura ni al cinismo; más bien, descubre el corazón misericordioso de su Dios, gracia que le extiende a los que lo han dañado. El perdón fluyó.

Al darles túnicas a sus hermanos, José ha llegado a ser un artista. Ha observado el uso de Dios de los temas en su vida y lo ha extendido. Toma la brocha de Dios y termina la pintura. Ha aprendido los ritmos de su Padre.

Cuando la historia no sale a su manera, pregúntese: «¿Qué está haciendo Dios?» Esté alerta a regalos extraños.

Observe el arte en la historia de Kim al aprender la computadora. El pensamiento, *¿Cómo puedes hablar de mí si Kim no habla?* usó dos sentidos de la palabra *hablar* para desenmascarar un área de mi corazón. (El primer *hablar* se refería a escribir, declarar. El segundo *hablar* era el verdadero hablar físico). Era una línea de poesía. Mire el arte divino en «a medida que pongo mi energía en el corazón de Dios [ayudando a Kim a hablar], Dios pone su energía en mi corazón [ayudándome a escribir un libro]». Me encanta ver cómo Dios teje una historia.

Hemos perdido el sentido del arte divino en nuestra vida porque la Ilustración puso el arte, la poesía y la literatura en la misma categoría de la religión. Definió esas cosas como «no reales». Por lo que la poesía no se permite en los libros de historia o de biología. Eso, por supuesto, es una separación falsa. Abra cualquier libro de biología, y se enfrentará inmediatamente con la obra de un artista y diseñador espectacular.

Cuando nos enfrentamos a un sufrimiento que no se va a ir, o siquiera a un problema menor, instintivamente nos enfocamos en lo que falta, como en las túnicas perdidas o en la traición de la historia de José, no en la mano del Maestro. Frecuentemente, cuando piensa que todo ha salido mal, solamente es que está en medio de una historia. Si mira las historias que Dios está tejiendo en su vida, usted, al igual que José, comenzará a ver los patrones. Llegará a ser un poeta, sensible a la voz de su Padre.

LA ESPERANZA: EL FINAL DE LA HISTORIA

La esperanza es una nueva idea en la historia, una visión exclusivamente cristiana. La damos por sentado porque la mente de Cristo es tan generalizada en el moldeo de la mente moderna, pero no siempre fue así. Los antiguos griegos tenían dos clases de historias: la comedia y la tragedia. Una comedia era divertida pero no era real. Una tragedia era real pero no divertida. Si se examinaba la vida a fondo, era triste. Si ignoraba la vida, entonces era divertida. Su filosofía se reflejaba en sus obras. Los filósofos estoicos buscaban ser morales en un mundo sin sentido. La vida era una tragedia. Ellos la aguantaban. Los epicúreos simplemente se divertían; la vida era una comedia. Acuñaron la frase: «Comamos, bebamos y alegrémonos, pues mañana moriremos».

El evangelio es la Buena Noticia. Porque Dios destruyó el poder del mal en la cruz, podemos ver, junto con Sara, nuestro cinismo y reírnos. No es de sorprenderse que el primer milagro de Jesús fuera hacer alrededor de seiscientos litros de vino fino para que una fiesta buena llegara a ser una fiesta excelente (ver Juan 2). La tragedia no tiene la última palabra. Dios guarda lo mejor para el final.

Algunos escritores sugieren que Dios se enfoca simplemente en que nosotros lo conozcamos a él. Esa es solamente otra versión del cuadro de la desesperación (ver la página 185). Él también se preocupa por nuestra situación. Le preocupa que Kim es muda. La oración desconsolada de Ashley para que Kim hable toca su corazón. Él está del lado de Kim en los detalles de su vida. Quiere que Kim prospere. Después de todo, es el Dios de la esperanza.

Esos escritores se dan por vencidos con la esperanza al espiritualizarla. No obstante, Abraham y Sara tuvieron un hijo. Los hermanos de José se inclinaron ante él. David recibió el reino y Jesús se levantó de los muertos. Y por último, pero no menos importante, Kim aprendió a hablar con su computadora y ahora está comenzando a usar su voz en realidad. El Dios infinito nos toca personalmente. Pablo alude a esto cuando dice: «Y ahora, que toda la gloria sea para Dios, quien puede lograr mucho más de lo que pudiéramos pedir o incluso imaginar mediante su gran poder, que actúa en nosotros» (Efesios 3:20). Podemos soñar en grande porque Dios es grande.

Si usted espera, su Padre celestial lo tomará en sus brazos, lo
llevará afuera a la noche y hará que su vida resplandezca.
Él quiere maravillarlo con el asombro de su amor.

SOÑAR EN GRANDE POR KIM

Permítame compartir una historia de esperanza, de encontrar trabajo para Kim. Es una tragedia que se convirtió en comedia[1].

Cuando Kim tenía dieciséis años, Jill y yo comenzamos a sentir un pánico de bajo grado en cuanto a qué haría ella cuando se graduara de la secundaria a los veintidós años. Con tantas discapacidades que se traslapaban, ¿cómo podría encontrar trabajo?

Comenzamos a orar a diario para que Dios le proveyera un trabajo a Kim.

Lo intentamos todo. Kim consiguió un trabajo como voluntaria en un hogar de ancianos. A ella le encantaba alimentar al conejo, pero detestaba poner las mesas. Incluso con el apoyo de su ayudante, la organización le parecía muy abrumadora. Jill trató de enseñarle a Kim a poner las mesas, usando un rotulador en unos salvamanteles para señalar dónde se pone el plato, la taza y los utensilios, pero todavía parecía que un huracán había tocado tierra cuando Kim había puesto la mesa.

Ya que a Kim le encantaban los libros, se ofreció como voluntaria en la biblioteca como ayudante. Sin embargo, era un poco como pedirle a un alcohólico que llenara los estantes de una tienda de licores. Kim pondría dos libros en sus lugares y leería el tercero. Preparar los libros para guardarlos en orden alfabético era especialmente desafiante para ella. Encima de eso, Kim puede ser obstinada. Un día estaba mangoneando a su ayudante, haciéndose la tonta, y la ayudante llamó a Jill llorando. Jill detesta cuando Kim manipula a la gente con su discapacidad. Condujo hasta la biblioteca y preguntó cuántos libros podía sacar con su tarjeta de la biblioteca. Cincuenta. Pidió prestadas otras tres tarjetas y sacó doscientos libros. Pidió prestados dos carritos de la biblioteca, lo puso todo en el automóvil y se llevó a Kim a casa. Jill hizo que Kim pusiera en orden todos los doscientos libros. Entonces Jill los mezclaba y Kim los volvía a poner en orden. Eso pasó por dos días. En otras palabras: «Kim, si no escuchas a tu ayudante, tu vida va a ser un infierno de carritos de la biblioteca». Después de eso, Kim ya no molestó a su ayudante.

Kim consiguió su primer trabajo pagado en una tienda de video, colocando películas en los estantes. De nuevo, era como un alcohólico trabajando en una cervecería, ya que a Kim ciertamente le encantan las películas. Un día el autobús dejó a Kim en la tienda de video, pero su ayudante no llegó. Cuando uno es autista, necesita la estructura que un horario proporciona.

Cuando eso se desestabiliza, se puede activar el pánico. Kim solía entrar en pánico en días en los que la escuela tenía dos horas de retraso por la nieve. Por lo que cuando la ayudante no llegó, tuvo un ataque de cólera. Nosotros estamos acostumbrados a eso; Blockbuster no lo estaba. En un par de días Kim estaba en busca de trabajo otra vez.

A ella le encantan los perros, por lo que buscamos trabajo en las veterinarias y en las perreras. Encontramos algunos trabajos de voluntariado pero nada permanente. La llevamos a unos centros de empleo para personas con discapacidades, ya que ese era nuestro plan de contingencia, pero a Kim no le gustaron. Cinco meses antes de la graduación, todavía no le habíamos encontrado un trabajo. Con la situación de trabajo desolada, visitamos otro centro de empleo con Kim. A Jill y a mí nos gustó, pero después de solamente unos minutos del recorrido a Kim se le llenaron los ojos de lágrimas. No quería estar allí. Jill y yo nos miramos mutuamente, salimos afuera e intercambiamos observaciones. Decidimos que sin importar nada, pagaríamos lo que costaría un ayudante para permitir que Kim tuviera un trabajo regular. Aun así, teníamos que encontrar un empleador que contrataría a una mujer adulta con discapacidades.

Jill no tenía reparos para pedirle a extraños que oraran para que Kim encontrara un trabajo. Hizo que la viuda insistente pareciera una persona tímida.

A finales de abril, seis semanas antes de la graduación, todavía no teníamos nada. Por casualidad Jill se detuvo en la tienda de nuestro impresor, quien preguntó: «¿Ya encontró trabajo para Kim?». Cuando Jill dijo que no, el impresor llamó a un amigo que era dueño de una perrera. El amigo dijo que contrataría a Kim como caminadora de perros, siempre y cuando ella tuviera un ayudante. Cuando visitamos la perrera, a Kim le pareció encantador que su ayudante actual, Skip, un exmarinero que medía 1,83 metros y pesaba 114 kilos, se pusiera nervioso acerca del entrar a las jaulas de los perros. Kim no tenía miedo en absoluto.

Kim había encontrado trabajo, pero Jill y yo teníamos que encontrar la manera de pagarle al ayudante. El condado nos había rechazado; pero entonces, dos semanas antes de la graduación, la trabajadora social de Kim llamó. «Paul, el estado vino este mes a hacer auditoría y nos dijo: "Tienen que ser más creativos con lo que hacen". Sugerí que pagáramos un ayudante para Kim, y ellos lo aprobaron. Pagaremos para el ayudante de Kim».

Todo salió bien durante el primer par de semanas hasta que un nuevo ayudante llegó tarde y Kim tuvo un colapso en el estacionamiento. Recibí la llamada temida: «No creemos que esto vaya a funcionar». Yo supliqué. Imploré. Prometí. Me detenía justo al punto de venderles mi alma, y la perrera le dio a Kim otra oportunidad.

Kim ha estado paseando perros desde el 2003, y le encanta su trabajo. Ella hace como el 75 por ciento del trabajo; el ayudante hace el otro 25 por ciento. Incluso en los días de invierno más amargos, o en los días de verano más cálidos, ella está afuera paseándolos. Cada invierno ahorra dinero y va a FL (así le dice ella a Florida en su computadora de habla) para adorar en el santuario de Disney.

Ocasionalmente no podemos conseguir un ayudante, por lo que Jill o yo vamos y ayudamos a Kim. He orado por humildad, y caí en cuenta de que Dios estaba respondiendo mi oración. Hubiera preferido que la humildad me llegara como por magia. En lugar de eso, Dios enseña la humildad en lugares humildes. Él me mantiene cuerdo al permitirme recoger excremento de perro después de que he hablado en una conferencia. Lo que pensé que era una piedra era en realidad una hogaza de pan.

Dios creó una maravilla cuando Kim encontró trabajo. Sospecho que la tasa de desempleo entre adultos que tienen el nivel de discapacidad de Kim se acerca al 99 por ciento. Cuando orábamos para que Kim consiguiera trabajo, a veces sentíamos que orábamos para que el cielo cambiara de color azul a rosado. No obstante, como el ángel le dijo a María: «Nada hay imposible para Dios» (Lucas 1:37, RVR60).

Nuestras oraciones no flotaron por encima de la vida. Nuestra familia estaba enfocada tanto en la línea de la realidad como en la línea de la esperanza. La oración era inseparable del trabajo, de la planificación y de la buena súplica tradicional.

LA DISPOSICIÓN A SER FASCINADO

Mientras esperamos y oramos, Dios teje su historia y crea un asombro. En lugar de caminar sin rumbo entre la comedia (negación) y la tragedia (realidad), tenemos una relación con el Dios vivo, quien está íntimamente involucrado con los detalles de nuestros mundos. Aprendemos a estar pendientes del desarrollo de la historia, a esperar el asombro.

Cuando los chicos eran pequeños, a veces tomábamos unas vacaciones baratas al dar una conferencia en un campamento cristiano por una semana. En un campamento, recuerdo llevar en mis brazos a nuestra hija de cuatro años, Courtney, caminando afuera a la oscuridad de la noche, y mostrándole el cielo. Le mostré Orión, Casiopea y la Osa mayor. Le mostré los distintos colores de las estrellas y la Vía Láctea. Ella quedó atónita por la creación de Dios. Si usted espera, su Padre celestial lo tomará en sus brazos, lo llevará afuera a la noche y hará que su vida resplandezca. Él quiere maravillarlo con el asombro de su amor.

Para ver la maravilla de las historias que nuestro Padre cuenta, tenemos que llegar a ser como niños pequeños. Ese fue el secreto de la narración de C. S. Lewis. Ruth Pitter, una buena amiga de Lewis, dijo de él: «Toda su vida estuvo orientada y motivada por un sentido infantil, excepcionalmente persistente, de gloria y de pesadilla»[2]. Alan Jacobs, autor de *The Narnian* (El Narniano), dijo de Lewis:

> La mente de Lewis, por encima de todo, se caracterizaba por una disposición a ser fascinado, y fue esa apertura a la fascinación lo que mantuvo unidas las diversas tendencias de su vida: su deleite en la risa, su disposición a aceptar un mundo hecho por un Dios bueno y amoroso y (de alguna manera, por encima de todo) su disposición a someterse a los encantos de una historia maravillosa[3].

Yo estoy fascinado con las historias que Dios teje alrededor de la vida de Kim.

NO SOLAMENTE UN TRABAJO, UN LLAMADO

En medio de nuestra frustrante búsqueda de trabajo, Jill y yo comenzamos a hacer oraciones aún más grandes por Kim. Comenzamos a orar no solamente por un trabajo, sino por un llamado, que Kim sintiera el placer de Dios en su trabajo y que ministrara a otros. Nuestro pensamiento era este: *¡Por qué no! Ya que todavía estamos en la zona cero, ¡más vale la pena pedir el cielo!*

¿Qué va a hacer Dios con el llamado de Kim? No estoy seguro, pero es divertido estar pendiente y orar. En el último año Kim ha hablado varias veces en conferencias o seminarios. Generalmente yo la entrevisto con respecto a algún incidente de su vida. Una de las historias que hemos contado está en el siguiente capítulo: la historia de la primera vez que Kim me acompañó a un seminario. Cuando contamos juntos la historia en una conferencia de Joni and Friends, Kim se dio un manotazo en la cabeza cada vez que pensaba que algo era divertido. Ella hizo que la audiencia se riera a carcajadas. La tragedia se había convertido en una comedia.

Capítulo 25

VIVIR HISTORIAS DEL EVANGELIO

E n la primavera del 2001, Jill y yo asistimos a un día de oración organizado por L'Arche, una comunidad para discapacitados donde Henri Nouwen había sido pastor. Resultó que me senté al lado de Bill, un adulto discapacitado que había sido el compañero de viaje de Nouwen. Conocer a Bill me dio una idea: ¿Por qué no llevar a Kim conmigo a mi próximo seminario? Le daría a Jill un descanso muy necesitado y, además, me encanta pasar tiempo con Kim.

Un viernes de mayo, Kim y yo nos dirigíamos a Florida. Mientras esperábamos el autobús transbordador en el estacionamiento de largo plazo del aeropuerto de Filadelfia, Kim descubrió que Jill no había empacado un libro para el viaje en el avión. Mientras yo estaba parado allí con dos maletas y una gran caja de cartón que tenía *seeJesus* escrito en ella con grandes letras rojas, Kim comenzó un lloriqueo con voz grave, similar al sonido de rasguñar un pizarrón, a medida que una multitud de viajeros observaba. Pude haberla estrangulado. Brevemente consideré voltear la caja para poder esconder las letras.

Kim finalmente dejó de lloriquear, pero solamente porque yo le estaba gritando al conductor del autobús: estaba cerrando la puerta de atrás cuando yo ayudaba a Kim a subir. Nos apresuramos en la terminal y nos dimos cuenta de que la cola del equipaje se extendía interminablemente. Nuestro vuelo salía en treinta minutos, por lo que arrastré mi cada vez más prominente caja hacia el piso de arriba, a los detectores de metales. Tan pronto como nos pusimos en la fila, cerraron dos de los detectores de metales y unieron las dos filas. Kim comenzó a lloriquear otra vez.

Cuando llegamos al escáner, Kim se rehusó a poner su computadora de habla en la faja y comenzó a discutir con el oficial de seguridad, tecleando en su computadora de habla: «Esta es mi voz». Yo la arrebaté de su mano y la llevé para que pasara por el escáner. Por supuesto, mi caja de Jesús no encajaba. Requería de otra revisión, por un guardia particularmente escrupuloso.

Con solamente veinte minutos para llegar a nuestra puerta, descubrí que teníamos que estar en la terminal de al lado. Contemplé correr con Kim mientras cargábamos nuestro equipaje, pero entonces vi un auto eléctrico y les supliqué que nos llevaran. Mientras íbamos zumbando hacia nuestra puerta, Kim comenzó a sonreír. Era como tener nuestra propia montaña rusa. La tensión apenas estaba comenzando a irse de mis hombros, cuando nos atascamos detrás de un tipo con su teléfono celular, inconsciente de la bocina de nuestro auto. A Kim le pareció chistoso. A mí no. Llegamos a la puerta con solo unos minutos de sobra.

Kim acababa de acomodarse en su asiento en el avión, escuchando un CD, cuando se oyó la voz del piloto por el intercomunicador. «Por favor, apaguen todos los aparatos electrónicos». Kim tuvo que apagar no solamente su reproductor de CD, sino también su computadora de habla. Cuando perdió un argumento con la azafata, comenzó otra vez: ese mismo lloriqueo con tono grave. Diez minutos después, cuando el piloto nos dijo que teníamos el duodécimo lugar en la cola para despegar, a Kim la sacaron de sus casillas por todas las cosas que más la enfadaban: el cambio de horario, la falta de libro y la espera. El lloriqueo se convirtió en un colapso[1].

Sentado en el avión, extenuado, con Kim colapsando a mi lado, pensé: *Esto fue un error. Nunca lo volveré a hacer.* De lo que no me di cuenta fue de que el reino había llegado. Siempre es así con el reino. Es tan extraño, tan bajo; rara vez se reconoce. Se ve como un error.

Después, cuando reflexionaba sobre el fin de semana y sobre los caminos de Dios, me di cuenta de que estaba en medio de una de las historias de Dios. El sábado, hablé en frente de una multitud que escuchó cada palabra que dije y me respetó. Cuando usted habla, no importa cuánto se esfuerce, usted está en el centro. Aunque hable de Jesús y de cómo él ama a la gente, como yo lo estaba haciendo, es tentador aceptar el mérito por el discurso.

Sin embargo, el viernes estaba en frente de otras tres multitudes distintas (en la parada del autobús, en la fila de seguridad y en el avión), indefenso y avergonzado. Me veía inadecuado, me sentía inadecuado, y era inadecuado. Dios me estaba recordando de cómo soy en realidad. Estaba preparando mi corazón el viernes, para que no me confundiera con la alabanza de la gente el sábado. Yo quería el éxito; él quería autenticidad.

El Padre me llevaba en el mismo viaje hacia abajo por el que llevó a su hijo. Pablo invitó a la iglesia filipense a que se uniera a Jesús, quien «no consideró que el ser igual a Dios fuera algo a lo cual aferrarse. En cambio, renunció a sus privilegios divinos; adoptó la humilde posición de un esclavo y nació como un ser humano» (Filipenses 2:6-7). El viaje hacia abajo es una historia del evangelio.

HISTORIAS DEL EVANGELIO

El evangelio, el regalo del Padre de que su Hijo muriera en nuestro lugar, es tan impresionante que desde la muerte de Jesús, nadie ha podido contar una mejor historia. Si usted quiere contar una historia verdaderamente buena, tiene que contar una historia del evangelio.

En el libro de éxito de Yann Martel, *The Life of Pi* (*La vida de Pi*), un niño hindú llamado Pi conoce a un sacerdote católico, el Padre Martín, que le cuenta a Pi la historia del evangelio. Pi pide más:

> Pedí otra historia, una que me pareciera más satisfactoria. Seguramente esta religión tenía más de una historia en su bolso: las religiones abundan en las historias. No obstante, el Padre Martín me hizo entender que [...] su religión tenía una Historia, y ellos volvían a ella una y otra vez, repetidas veces. Era una historia suficiente para ellos[2].

Mi viaje con Kim fue una historia del evangelio. Renuncié a un pedazo de mi vida por Jill. El domingo, cuando Kim y yo esperábamos en la estación de tren Nairobi en Busch Gardens (ella lloriqueaba otra vez porque ¡habíamos perdido el tren!), llamé a casa. Ashley contestó. Ella y Jill estaban en una cena del Día de la Madre. Dijo: «Cada quince minutos Mamá dice: "Qué agradable. No puedo creer lo tranquilo que está"». En el evangelio, Jesús tomó mi pecado y yo recibí su justicia. Así es como funcionan las historias del evangelio. Jill recibe un fin de semana descansado y yo uno estresante. Cada vez que usted ama, reconstruye la muerte de Jesús.

Por consiguiente, las historias del evangelio siempre tienen sufrimiento en ellas. El cristianismo estadounidense tiene una reacción alérgica a esta parte del evangelio. Nos encantaría oír del amor de Dios por nosotros, pero el sufrimiento no encaja con nuestro derecho a «la búsqueda de la felicidad». Por lo que oramos para escapar de una historia del evangelio, cuando ese es el mejor regalo que el Padre puede darnos. Cuando estaba sentado en el avión pensando: *Todo ha salido mal*, ese era el momento en el que todo estaba saliendo bien. Así es como funciona el amor.

———————

Pensé: Esto fue un error. Nunca lo volveré a hacer.

———————

El Padre quiere atraernos dentro de la historia de su Hijo. Él no tiene una mejor historia que contar, por lo que sigue contándola de nuevo en nuestra vida. A medida que reconstruimos el evangelio, se nos atrae a una extraña clase de compañerismo. El sabor de Cristo es tan bueno que el apóstol Pablo les dijo a los filipenses que él quería conocer «la participación en sus padecimientos [de Jesús], llegando a ser como Él en su muerte» (Filipenses 3:10, LBLA). Esa era la oración de Pablo.

Vivir una historia del evangelio expone nuestros ídolos, nuestras falsas fuentes de amor. Mire lo que apareció en mi vida ese viernes. Mis ídolos de la aprobación de la gente, de eficiencia y de orden fueron descubiertos mientras trataba de amar a mi esposa y a mi hija. Cuando nuestros ídolos se exponen, frecuentemente nos rendimos con desesperación, abrumados tanto por el pecado de la otra persona como por el propio. No obstante, al simplemente quedarse en la historia, al continuar asomándose a la vida, incluso cuando parece sin sentido, el reino viene. La pobreza de espíritu ya no es una creencia. La poseemos. Nos describe.

El arrepentimiento, de manera extraña, es renovador. En *Voyage of the Dawn Treader* (*La travesía del Viajero del Alba*), después de que Eustace se doblega ante la avaricia, se convierte en dragón. Cuando Aslan le arranca la piel de dragón con un golpe de su enorme garra, Eustace lo compara al gozo infantil de quitarse una costra: «Duele a más no poder, pero *es* tan divertido ver que se retira»[3]. Cuando retiramos nuestro falso yo, el arrepentimiento crea integridad. Volvemos a la fuente de amor verdadera: nuestro Padre celestial. Llegamos a ser auténticos.

DISFRUTAR LA HISTORIA DE DIOS

Si dejamos de luchar y adoptamos la historia del evangelio que Dios está tejiendo en nuestra vida, descubrimos alegría. Pablo rebosa de alegría mientras escribe el libro de Filipenses, encadenado entre dos soldados romanos. Incluso ora con alegría: «Siempre que oro, pido por todos ustedes con alegría»

(Filipenses 1:4). Si buscamos la alegría directamente, se nos va de los manos. No obstante, si comenzamos con Jesús y aprendemos a amar, terminamos con gozo.

Usted tenía que haber visto a Kim sonreír cuando pasamos por los Rápidos del río Congo o cuando ella les dio de comer a las jirafas en el zoológico. Cuando usted se sujeta a alguien que a veces puede ser difícil, está en un lugar donde puede descubrir a Dios y luego al gozo.

¿Cómo cambia esto la manera en que percibo el haber llevado a Kim a Florida? No *tengo que* llevar a Kim a Florida. *Se me permite* llevarla. Es mi privilegio. Es mi gozo.

LAS HISTORIAS DEL EVANGELIO LE DAN SIGNIFICADO AL SUFRIMIENTO

Pocos han batallado con el sufrimiento más que Abraham Lincoln. En su segundo discurso inaugural, apenas seis semanas antes de su asesinato, Lincoln planteó el enigma de dos lados que compiten, ambos orando para ganar. Habló acerca de la guerra: «Ambos leen la misma Biblia y le oran al mismo Dios; y cada uno invoca su ayuda en contra del otro». Lincoln no era relativista: «Las oraciones de ambos no podrían ser respondidas; la de ninguno podría ser respondida totalmente». Él sugirió que ocurría algo más profundo. Dios estaba tejiendo una historia más grande —de hecho, una historia del evangelio— que daba redención a través de la sangre, donde «cada gota de sangre sacada con el látigo se pagará con otra que se saque con la espada»[4].

José tuvo ese mismo sentido de historia redentora, de Dios que da gracia a través del sufrimiento. La traición que experimentó de sus hermanos fue una inversión del evangelio. Los hermanos de José dieron la vida de él por la libertad de ellos, libertad del favoritismo de su padre. Veinte años después, su hermano Judá dio un paso hacia adelante y le dijo a José que él daría su vida a cambio de la de su hermano Benjamín, a quien José había amenazado dejar en cautiverio (ver Génesis 44:33).

La disposición de Judá de renunciar a su libertad por la vida de su hermano fue una historia del evangelio que revirtió la traición anterior.

Debajo del sentido de historia del evangelio, tanto de José como de Lincoln, está una consciencia profunda de la soberanía de Dios, una conciencia de que Dios es el tejedor de historias. En su segundo discurso inaugural, Lincoln dijo: «El Todopoderoso tiene sus propios propósitos». Al reflexionar en el discurso, Lincoln le escribió a un amigo: «Los hombres no se sienten halagados cuando se les demuestra que hay una diferencia de propósito entre el Todopoderoso y ellos»[5]. José dijo algo similar. Cuando sus hermanos llegaron a él, con miedo de que José buscara venganza, él les dijo: «No me tengan miedo. ¿Acaso soy Dios para castigarlos? Ustedes se propusieron hacerme mal, pero Dios dispuso todo para bien. Él me puso en este cargo para que yo pudiera salvar la vida de muchas personas. No, no tengan miedo» (Génesis 50:19-21). Da mucha alegría y libertad ver esa estructura básica de diseño en nuestra vida .

ESTAR PENDIENTE DE LAS CONEXIONES DESAPERCIBIDAS

Para ver una historia del evangelio, tenemos que reflexionar en cómo están conectadas las piezas aparentemente dispares. El mejor lugar para distinguir las conexiones desapercibidas de nuestro Dios diseñador es en la decepción y en la tensión, como en mi viaje de avión con Kim. Vimos la conexión oculta entre la humillación de un viaje de avión y el orgullo potencial en frente de una audiencia. Vimos la conexión entre mi presión y el alivio de Jill. En el capítulo veintitrés, cuando Kim estaba aprendiendo a hablar con su computadora de habla, vimos una conexión desapercibida entre el arrepentimiento («Paul, ¿cómo puedes hablar de mí cuando Kim no habla?») y la gracia («Paul, ¿te gustaría tomar un curso sobre escribir?»). Con *desapercibidas* quiero decir que no hay vínculos causales visibles. A medida que llevamos la mente de Dios a nuestras historias, podemos ver su mano que crea conexiones tras bambalinas.

Nada en la mente moderna nos estimula a ver los vínculos invisibles que unen toda la vida. No tenemos la percepción de que vivimos en la presencia de un Padre amoroso y que tenemos que dar cuentas de todo lo que hacemos. El lema de mercadeo de Las Vegas: «Lo que pasa en Las Vegas se queda en Las Vegas», describe cómo nuestro mundo secular percibe la vida. Usted puede ir a Las Vegas, tener sexo de manera anónima y luego volver a casa a su cónyuge como si nada hubiera pasado. No hay vínculos entre Las Vegas y el resto de su vida. Usted tiene una libertad ilimitada para buscar el sentirse bien consigo mismo.

Tonterías. Este es el mundo de mi Padre. Todo lo que usted haga en Las Vegas está conectado con el resto de su vida. Todo lo que hace está conectado con lo que es usted como persona y, a cambio, crea a la persona que está llegando a ser. Todo lo que usted hace les afecta a sus seres amados. Todo en la vida es un pacto.

Incrustada en la idea de la oración está una perspectiva ricamente matizada del mundo, donde toda la vida está organizada alrededor de vínculos o pactos invisibles que nos entretejen. En lugar de un mundo fijo, vivimos en el mundo de nuestro Padre, un mundo construido para las relaciones divinas entre la gente, en donde, debido a la Buena Noticia, las tragedias se convierten en comedias y nace la esperanza.

PARTE 5

ORANDO EN LA VIDA REAL

Capítulo 26

USAR
HERRAMIENTAS
PARA LA ORACIÓN

Cuando dirijo un seminario de oración, pido que levante la mano la gente que lleva su calendario electrónicamente. Típicamente, una tercera parte levanta la mano. Luego pregunto cuántas personas usan un calendario pequeño de bolsillo, un calendario de pared o cualquier otra clase de calendario escrito. Para entonces, casi todos, como el 95 por ciento, han levantado su mano; solamente un par de personas todavía está atorada en el siglo XIX, sin un calendario. ¡Unos cuantos hombres usan a sus esposas como calendarios! Luego pregunto cuántos usan regularmente un sistema de oración escrito. Solamente unas pocas manos se levantan, generalmente alrededor del 5 por ciento.

Cuando pregunto por qué el 95 por ciento anota sus horarios pero solamente el 5 por ciento escribe sus peticiones de oración, alguien generalmente responde: «Si usted olvida una cita, paga por eso». La implicación obvia es que si olvida orar, entonces no «paga por eso». Si no lo hace, ¡nadie se da cuenta! Mi respuesta favorita fue: «Nuestro calendario involucra gente. Por eso es que lo apunta». ¿Entonces la oración no involucra gente? Volvemos a la influencia de la Ilustración en nuestro mundo moderno. La oración está en la categoría de valores y opiniones. No se conecta con la vida.

El punto principal es que no anotamos nuestras peticiones de oración porque no tomamos la oración en serio. No pensamos que funciona.

En la descripción de Pablo de su vida de oración en sus cartas, es claro que él regularmente oraba por una enorme cantidad de gente. James Dunn, erudito del Nuevo Testamento, escribió: «Pablo tuvo que haber tenido un extenso listado de oración y se supone que pasaba un poco de tiempo cada día mencionándole a Dios todas sus iglesias, sus colegas y sus ayudantes. Eso ayudaría a mantener y fortalecer el sentido de una fe compartida con "todos los santos"»[1].

Es claro, por el amor que se derrama de Pablo en cartas como 1 Tesalonicenses, que Pablo ha estado orando por ellos. Con los tesalonicenses, él asume que Satanás está atacando; teme que la fe se esté erosionando. Rebosa de acciones de gracias cuando oye informes de su fe. Están en su corazón.

No soy una persona naturalmente sociable, pero cuando oro regularmente por la gente, utilizando alguna clase de sistema escrito, mi corazón se sintoniza con ellos. Soy más audaz para preguntarles cómo les va, porque ya están en mi corazón.

DISCAPACITADOS POR LA CAÍDA

Recuerde que no somos niños normales que aprenden a orar. Al igual que Kim, somos discapacitados por la Caída. Tenemos un trastorno que estropea nuestra capacidad de hablar con Dios. Así como Kim necesita una computadora de habla para poder comunicarse, nosotros también necesitamos ayudas escritas para comunicarnos con Dios.

Profundamente dentro de la psique estadounidense está la idea romántica de la década de los sesenta, originalmente de Emerson y Rousseau, que si algo no se siente natural, no es real. Pensamos que las cosas espirituales, si se hacen bien, simplemente deben fluir. No obstante, si usted tiene una discapacidad, nada fluye, especialmente al comienzo.

Una mañana, cuando Kim tenía seis meses, Jill me llamó a la sala, donde Kim estaba tendida sobre su estómago, batallando para darse vuelta. Kim levantaba un hombro, tanto como podía hacerlo; luego torcía sus pequeñas caderas para darse un impulso. Casi llegaba al punto de ladearse cuando volvía a colapsar. Con Jill y yo rondando a su alrededor, lo intentaba una y otra vez.

No podíamos ayudar a Kim. Si lo hacíamos, entonces nunca aprendería. Ella sabía la idea general; solamente tenía que hacer que funcionara. Finalmente, después de media hora y cientos de intentos, levantó sus pequeños hombros lo suficiente y se volteó.

Así como Kim tuvo que trabajar para voltearse, nosotros tendremos que persistir cuando la oración no se siente natural, especialmente durante la etapa de aprendizaje, en la que no completamente alcanzamos poder voltearnos.

Recuerde, la vida se trata tanto de tomarse de la mano como de limpiar pisos. Se trata tanto de ser como de hacer.

Hay muchas herramientas distintas para la oración, pero en esta parte final del libro solamente examinaremos dos: los diarios de oración y las tarjetas de oración. No obstante, primero una nota de advertencia en cuanto a las herramientas y los sistemas que se usan en la oración.

TENGA CUIDADO CON LOS SISTEMAS

Un sistema de oración que a mucha gente le ha parecido útil es el ACAS (adoración, confesión, acción de gracias y súplica). No obstante, los sistemas pueden llegar a ser rutina, insensibilizándonos a Dios como persona. Podemos llegar a ser rígidos o mecánicos cuando oramos. Cuando llego a casa, no adoro a Jill primero por un par de minutos, y luego le confieso mi fracaso en sacar la basura, le agradezco por hacer la cena, y finalmente le doy mi lista. Jill es de Filadelfia. Los de Filadelfia abuchean a sus *propios* equipos de deportes. Probablemente podría tener una conversación estilo ACAS una vez, y luego Jill pondría los ojos en blanco y me preguntaría si tengo un poco de autismo. Y con toda la razón. Cuando uno es autista, tiene problemas para captar las indicaciones sociales de la otra persona. Está tan perdido en su propio mundo que pasa por alto a la gente. Ninguno de nosotros quiere que se nos trate como robot... incluyendo a Dios. Él es, después de todo, una persona.

Mucha gente está tan consciente de esa advertencia que desconfía de todos los sistemas. Siente que mata al Espíritu. Parece que los sistemas van en contra de lo que aprendimos acerca de la oración característica de un niño. No obstante, todos nosotros creamos sistemas para cosas que son importantes para nosotros. Recuerde, la vida se trata tanto de tomarse de la mano como de limpiar pisos. Se trata tanto de ser como de hacer. Los diarios de oración o las tarjetas de oración son del lado de la vida de «limpiar pisos». Orar como un niño es del lado de la vida de «tomarse de la mano». Necesitamos ambas cosas.

Capítulo 27

REGISTRAR LA HISTORIA: CÓMO USAR TARJETAS DE ORACIÓN

La idea de usar tarjetas de oración en lugar de un listado de oración se me ocurrió un día cuando estaba sentado en el sofá de nuestra sala, tratando de orar. La vida durante los últimos meses había llegado a ser casi insoportable. Estaba paralizado por dentro.

Cuando estaba sentado así, espiritualmente entumecido, un pensamiento de repente me llegó: *Pon la Palabra a funcionar*. Tomé unas tarjetas de tres por cinco y en cada una escribí el nombre de un miembro de la familia, junto con un pasaje bíblico que pudiera usar para darle forma a mis oraciones por esa persona. Comencé a desarrollar un montón de tarjetas de oración que me permitieron orar por toda mi vida: por mis seres amados y amigos, por los no creyentes con los que desarrollo relaciones, por mi iglesia y sus líderes, por misioneros, por mi trabajo y mis compañeros de trabajo, por el cambio de carácter en mi propia vida y por mis sueños.

He aquí las pautas globales que uso cuando hago una tarjeta de oración.

1. La tarjeta funciona como un vistazo a la vida de la persona para orar por ella, por lo que uso frases cortas para describir lo que quiero.

2. Cuando oro, generalmente no me quedo con una tarjeta más de unos cuantos segundos. Solamente elijo una o dos áreas y oro por ellas.

3. Pongo la Palabra a funcionar al escribir en la tarjeta un versículo bíblico que expresa mi deseo por esa persona o situación en particular.

4. La tarjeta no cambia mucho. Quizás una vez al año le agrego otra línea. Esas solamente son las áreas continuas de la vida de una persona por la que oro.

5. Generalmente no escribo las respuestas. Me son obvias ya que veo la tarjeta casi todos los días.

6. A veces le pongo fecha a una petición de oración al escribir el mes/año, como 8/07.

Una tarjeta de oración tiene varias ventajas por encima de un listado. Un listado frecuentemente es una serie de peticiones de oración esparcidas, en tanto que una tarjeta de oración se enfoca en una persona o área de su vida. Le permite ver a la persona o la situación desde perspectivas múltiples. Con el tiempo, le ayuda a reflexionar en lo que Dios hace como respuesta a sus oraciones. Usted comienza a ver patrones, y lentamente se desarrolla una historia a la que se verá atraído. Un listado tiende a ser más mecánico. Podemos abrumarnos con el número de cosas por las cuales orar. Debido a que los elementos de un listado están tan desconectados, es difícil mantener la disciplina para orar. Cuando oro, solamente tengo una tarjeta en frente de mí a la vez, lo cual me ayuda a concentrarme en esa persona o en esa necesidad.

Si trata de aprovechar el día, el día finalmente lo quebrantará. Aférrese a la orilla de su túnica y no la suelte hasta que él lo bendiga. Él le dará nueva forma al día.

LAS TARJETAS DE ORACIÓN PARA LOS MIEMBROS DE LA FAMILIA

Ya ha visto mis tarjetas para Jill y Emily. He aquí la tarjeta de mi hijo Andrew:

Andrew 6/02: Que sea alguien que influye en el reino

Con Emily: «Acéptense unos a otros, tal como Cristo los aceptó a ustedes, para que Dios reciba la gloria». Romanos 15:7

¿Cómo hago el discipulado con él?

Matemáticas + lectura + ciencias + estudios sociales + ¡la Biblia!

La sinceridad: «Acaben con todo engaño», que disfrute de la lectura

Básquetbol, atletismo, tenis de mesa

Amigos: buenos amigos que amen a Jesús

Salmo 51:6 «Tú deseas honradez desde el vientre».

Que conozca y camine con Jesús 1/03 Efesios 4:2 «Sean siempre humildes».

Observe que cada frase representa algún área de la vida de mi hijo por la que oro. El orden no es importante. Oro por sus amistades, por su carácter, por sus relaciones, por su corazón y por su mente: nada es demasiado trivial. Cuando Andrew estaba en el octavo grado y trabajaba para encontrar un lugar en los deportes, escribí un par de deportes —básquetbol y atletismo— que me ayudaran a orar. Resultó que le encantó el atletismo.

Pongo la Palabra a funcionar al escribir pasajes bíblicos. Jill y yo vimos que Dios respondió repetidamente mi oración por Andrew: «deseas honradez desde el vientre» (Salmo 51:6). Mientras veía que esa petición de oración se desarrollaba en su vida, una cosa llevó a la otra, y mi hijo y yo terminamos yendo a consejería juntos. Eso creó una amistad duradera entre nosotros. Dios me llevó a involucrarme en mi propia petición de oración.

Con el tiempo, casi cada frase de esa tarjeta llegó a ser una minihistoria, con giros y vueltas en el camino a la respuesta. Le mostré a Jill la tarjeta varios años después de que la había hecho, y su única respuesta fue: «¡Increíble!».

Esta es la tarjeta de Kim:

Gálatas 5:22-23: «la clase de fruto que el Espíritu Santo produce en nuestra vida es... control propio».
Efesios 6:1: «Hijos, obedezcan a sus padres porque ustedes pertenecen al Señor».

KIMBERLY

«En su bondad, Dios los llamó a ustedes a que participen de su gloria eterna por medio de Cristo Jesús. Entonces, después de que hayan sufrido un poco de tiempo, él los restaurará, los sostendrá, los fortalecerá y los afirmará sobre un fundamento sólido». 1 Pedro 5:10
«Sean pacientes». Efesios 4:2
«Querido amigo, espero que te encuentres bien, y que estés tan saludable en cuerpo así como eres fuerte en espíritu». 3 Juan 2
-Ratón de computadora -mejor Libertador -limpiar -ayudante maravilloso
-software -servirse desayuno -modales en público -caballo
Trabajo: anunciante, biblioteca, ingreso de datos -un llamado, una forma de ayudar

---

Su tarjeta sigue el mismo patrón general que la de Andrew, tiene la misma apariencia informal. En la tarjeta de oración de Kim está escondida una forma de orar que aprendí de J. O. Fraser, un misionero de China Inland Mission (Misión al interior de China) entre los lisu en el suroccidente de China hace como cien años. Al enfrentar la tarea imposible de convertir a los resistentes lisu, él aprendió dos clases de oraciones: las grandes y las peque-ñas[1]. Si piensa en el cuadro de la esperanza y la realidad (ver la página 183), las oraciones grandes se enfocan en la línea de la esperanza y las oraciones pequeñas se enfocan en la línea de la realidad. Necesitamos ambas clases de oraciones.

Mis oraciones grandes por Kim se reflejan en los pasajes de 1 Pedro, de Efesios y de 3 Juan. La vida de Kim ha sido difícil, por lo que oro por bendición. Frecuentemente oro: «después de que hayan sufrido un poco de tiempo, él los restaurará» (1 Pedro 5:10).

En la parte de abajo de la tarjeta de Kim, he enumerado

oraciones cotidianas que van al grano de los pequeños asuntos de su vida. Encontrar un ratón de computadora nos acosó por un par de años. Finalmente, encontramos un ratón grande de bola que Kim puede manipular fácilmente. «Mejor Libertador» es una oración por su computadora de habla. Escribí esa petición el verano que ella fue al campamento de computadoras de habla. Escribí «caballo» porque Kim siempre ha querido un caballo. Últimamente ha cambiado a querer una vaca. Ahora que su hermano Andrew se va a casar con la hija del dueño de una granja lechera de Lancaster, quizá podamos resolver eso.

Las oraciones grandes eran las oraciones enormes, imposibles, como esa de que Kimberly fuera fuerte, firme y estable (1 Pedro 5:10, NVI). Recuerdo que cuando escribí eso por primera vez, se sintió extraño, como si estuviera abriendo una puerta que no sabía que existía. Habíamos estado tan preocupados con la supervivencia que era difícil imaginar a Kim prosperando. Las oraciones grandes le ayudan a uno soñar sueños imposibles. Le ayudan a pensar en grande.

Ahora, once años después de haber escrito esas grandes peticiones de oración, lentamente veo cómo Dios las responde. Tome algo sencillo como «estable». Cuando escribí esta tarjeta, Kim no era nada estable, especialmente físicamente, pero en su trabajo de pasear perros tiene que pasar sobre mangueras, inclinarse en las jaulas y controlar a un perro en el sendero. Literalmente ha llegado a ser más estable.

Una tarjeta de oración para los que sufren

La iglesia ora bien por la gente que sufre si la persona tiene un diagnóstico claro, con un fin a la vista. No obstante, si el diagnóstico no está claro, o si es interminable, la iglesia tiende a abrumarse. En otras palabras, cuando se convierte en un verdadero sufrimiento, ¡no oramos!

«Lo tendré en mis oraciones», es la forma más fácil de

alejarse cortésmente. Traducido a grandes rasgos quiere decir: «Tengo toda la intención de orar por usted, pero debido a que no lo he escrito, es probable que nunca ore por eso. No obstante, lo digo porque en este momento sí me importa, y se siente raro no decir nada». Es la versión del siglo XXI de «abrígate mucho y aliméntate bien» (Santiago 2:16).

Una tarjeta de oración dedicada a las personas que sufren le permite tomar en serio el sufrimiento, porque usted es capaz de ver lo que Dios hace con el tiempo. Al rodear el siguiente pasaje de Isaías en la siguiente tarjeta, he escrito los nombres de la gente que batalla con alguna situación o enfermedad difícil. Al orar regularmente por ellos, mi corazón se pone en armonía con sus luchas. Soy más audaz en preguntar a los demás cómo van las cosas, porque esa gente ya está en mi corazón. No me siento falso.

David Gray Jr., ambos en aprietos, Rodney y Sarah Lee
Bob y Annette Winter

Mamá/Sue/Charlene

John

Cáncer
Jenny
Roberta

Isaías 61:1a, 2b, 3a (NVI)
«El Espíritu del SEÑOR omnipotente está sobre mí, por cuanto me ha ungido... Me ha enviado... a consolar a todos los que están de duelo, y a confortar a los dolientes de Sión. Me ha enviado a darles una corona en vez de cenizas, aceite de alegría en vez de luto, traje de fiesta en vez de espíritu de desaliento».

Mujeres solteras que se quieren casar
Carol
Jane

Matrimonios que batallan
Roberta y George Carter

UNA TARJETA DE ORACIÓN PARA LOS NO CRISTIANOS

He tenido varias tarjetas para los no cristianos. Mi primera tarjeta fue de gente de un estudio bíblico evangelístico que yo solía dirigir. Antes de haber escrito esa tarjeta, el estudio iba bien, pero mi mensaje no penetraba en el corazón de la gente. Después de seis meses, decidí escribir una tarjeta de oración y empezar a orar por cada persona a diario. Casi inmediatamente, comenzaron a ocurrir cosas en la vida de cada uno. Los tres hijos de Jane comenzaron a tener dificultades. Su esposo, Brad, dejó el estudio, diciéndole a su esposa que era para las personas débiles. Después volvió a unirse al estudio por varios meses, pero entonces volvió a dejarlo, diciéndo lo mismo. Dios lo complació y lo debilitó al permitir cáncer en su vida. Aunque todavía es joven en su fe, Brad ahora profesa fe en Cristo.

Estudio bíblico

Brad: «¡Estoy en el camino para convertirme en cristiano!»
Jane: «¿A qué iglesia deberíamos asistir?

1. Jane: Someter y creer que Jesús es el único camino. Sabiduría para saber cómo y cuándo hablar de eso.
2. Brad y Jane: Seguir creyendo, que profundicen su fe.
3. Ir a una buena iglesia. Sabiduría para saber qué decir.
4. Tom y Sandra: Que la sabiduría de Dios los guíe.

TARJETA DE ORACIÓN PARA LOS AMIGOS

No habría comenzado a orar regularmente por otros hombres en mi vida si no tuviera una tarjeta de oración por ellos. Generalmente no oramos por las cosas que sirven de papel pintado en las paredes de nuestra vida. Solamente oramos cuando el papel pintado comienza a desprenderse.

Hombres

Sam: Que no sea pasivo, que quiera intimidad/cercanía con XXX, no comodidad ni privacidad.

«Queda claro que no es mi intención ganarme el favor de la gente, sino el de Dios. Si mi objetivo fuera agradar a la gente, no sería un siervo de Cristo». Gálatas 1:10

Robert: Corazón, ojos

Ralph: Perdón para XXX, XXX

James: XXX, unidad de XXX + XXX, escritura, salud

Doug: Lleno de Jesús, muy productivo con el negocio

DESARROLLE UNA BARAJA DE MUESTRA

He aquí un bosquejo de una baraja de muestra de tarjetas de oración que le permitirá orar por todo en su vida. Oro todos los días con algunas tarjetas; otras las alterno, usando una o dos tarjetas al día. Su forma de vida definirá cuántas tarjetas debe usar para alguna área en particular. Depende de usted completamente.

- 4–10 tarjetas de la familia (una para cada persona)
- 1–3 tarjetas de gente que sufre
- 1 tarjeta de amigos
- 1 tarjeta de no cristianos
- 1 tarjeta del liderazgo de la iglesia
- 1 tarjeta de grupo pequeño
- 1 tarjeta de misioneros, ministerios
- 1–3 tarjetas de problemas mundiales o culturales
- 3 tarjetas de trabajo
- 1 tarjeta de compañeros de trabajo
- 3–5 tarjetas de arrepentimiento (cosas de las que tengo que arrepentirme)
- 3–5 tarjetas de sueños grandes o de esperanza

Si no puede encontrar tiempo para escribir estas tarjetas, entonces use su tiempo de oración para escribirlas. Una mañana a la semana, en lugar de orar, escriba una tarjeta para una de esas áreas. Puede comenzar con solamente una tarjeta parcial. Así es como comenzaron todas mis tarjetas. Por ejemplo, solamente escriba en una tarjeta un pasaje bíblico y los nombres de un par de personas que sufren y déjela así.

La parte difícil de escribir las tarjetas de oración no es el tiempo. Es nuestra incredulidad. Rara vez sentimos la incredulidad directamente; está al acecho detrás de los sentimientos que saldrán a la superficie si comenzamos a escribir tarjetas de oración, sentimientos como: «Esto es muy trillado» o «Me siento en una camisa de fuerza» o «¿De qué servirá?». La vieja maniobra distractiva del legalismo puede llegar a la mente. Usted podría temer que le quite la espontaneidad de orar como un niño.

Ensúciese

La oración es pedirle a Dios que se encarne, que se ensucie con su vida. Sí, el Dios eterno limpia pisos. Con seguridad sabemos que él lava pies. Así que, tómele la palabra a Jesús. Pídale. Dígale qué es lo que quiere. Ensúciese. Escriba sus peticiones de oración; no vaya descuidadamente a la deriva en la vida, con el narcótico estadounidense del ajetreo. Si trata de aprovechar el día, el día finalmente lo quebrantará. Aférrese a la orilla de la túnica de Jesús y no la suelte hasta que él lo bendiga. Él le dará nueva forma al día.

Capítulo 28

EL TRABAJO DE LA ORACIÓN

A Bob yo no le agradé mucho, por unos cuantos años. A él no le gustaba cómo me veía, cómo me vestía ni cómo hablaba. Y eso fue solamente el inicio. Cada par de años, su enojo estallaba conmigo, pero generalmente él solamente me trataba como un sirviente. Con el tiempo, la suavidad y la aceptación que frecuentemente ocurren en las relaciones no ocurrió. De hecho, Bob llegó a estar más irritado conmigo.

Entonces caí en cuenta de que yo había tolerado, e incluso amado, a Bob, pero que no había orado por él regularmente. Había supuesto que su actitud hacia mí era como el cielo azul, parte del telón de fondo de la vida, algo que no cambia. Constantemente descubro áreas de mi vida como esa. Entonces hice una tarjeta de oración para Bob y escribí en ella 1 Pedro 3:4, y comencé a orar diariamente para que Dios suavizara su espíritu crítico. Luego esperé.

Bob

«Un espíritu tierno y sereno» 1 Pedro 3:4

—Conocerá a Dios en el rostro de Jesucristo.

—Plena sanidad

Dentro de un año, Bob pasó por sufrimiento y yo pude servirlo. Varios años después, pasó por aun más sufrimiento y tuve la oportunidad de servirlo otra vez. Esta vez, su sufrimiento fue tan severo que él no pudo evitar sentir mi amor y cuidado por él. Por primera vez en nuestra relación, su actitud hacia mí se suavizó significativamente.

Cuando comienzo a orar para que Cristo pase a ser parte de la vida de alguien, Dios frecuentemente permite sufrimiento en la vida de esa persona. Si la estrategia básica Satanás es el orgullo, buscando atraernos a su vida de arrogancia, entonces la estrategia básica de Dios es la humildad, llevándonos a la vida de su Hijo. El Padre no puede pensar en algo mejor que darnos que a su Hijo. El sufrimiento nos invita a unirnos a la vida, la muerte y la resurrección de su Hijo. Una vez que pueda ver esto, ya no le parecerá extraño el sufrimiento. Pedro escribe: «Queridos amigos, no se sorprendan de las pruebas de fuego por las que están atravesando, como si algo extraño les sucediera. En cambio, alégrense mucho, porque estas pruebas los hacen ser partícipes con Cristo de su sufrimiento» (1 Pedro 4:12-13).

PONERSE A TRABAJAR CON SUS ORACIONES

Mi oración por Bob tenía un patrón familiar triple. Primero, escribí la oración. Luego, esperé que Dios obrara mientras oraba. Finalmente, Dios proveyó una oportunidad donde me «puse a trabajar» en la petición de oración. Con *ponerme a trabajar* quiero decir que Dios me involucró en mis propias oraciones, frecuentemente de una manera física y aleccionadora.

Mire cuán similar es este patrón a la descripción de Jesús de cómo funciona su reino:

> *El reino de Dios es como un agricultor que esparce semilla en la tierra. Día y noche, sea que él esté dormido o despierto, la semilla brota y crece, pero él no entiende cómo sucede. La tierra produce las cosechas por sí sola. Primero aparece una hoja, luego se forma la espiga y finalmente el grano madura. Tan pronto como el grano está listo, el agricultor lo corta con la hoz porque ha llegado el tiempo de la cosecha.*
> (Marcos 4:26-29)

Observe el patrón de tres pasos: plantar, esperar y luego volver a trabajar en la cosecha. La descripción de Jesús de cómo funciona el reino es distinto a la forma en la que muchos oramos. Primero, rara vez se nos ocurre plantar la semilla de la oración meditada, porque pensamos que la gente como Bob no cambia. O la oración simplemente se siente demasiado fácil, casi como una excusa.

Segundo, si oramos, no observamos y esperamos. Queremos la respuesta ya. Rezongamos justo en el momento en el que Dios está a punto de hacer su obra más grande. Cuando Bob sufre, pensamos que el karma finalmente ha surtido efecto. Bob solamente está recibiendo lo que se había buscado. Probablemente no lo admitiríamos, pero nos vemos tentados a disfrutar su sufrimiento. Y la gente como Bob no sufre en silencio.

Finalmente, no reconocemos la cosecha cuando llega. Estamos tan incomunicados con la sociedad agraria que olvidamos que la imagen de Jesús de la cosecha se trata de trabajo arduo. Ponemos al revés el patrón del reino de pedir (semilla), observar (crecimiento) y trabajar (cosecha). En lugar de trabajar en colaboración con Dios, atacamos el problema. Le decimos a Bob lo desagradable que es. Luego vemos cómo se desintegra la relación. Finalmente, cuando nada funciona, es posible que oremos. Sin embargo, para entonces hemos llegado a la conclusión de que Bob no tiene esperanzas y que Dios es impotente. Decidimos que la oración no funciona.

No obstante, lo que en realidad no funciona somos nosotros. Para comenzar, solamente oramos después de que hemos estropeado la situación. Luego, al orar al final, no le dimos nada de tiempo a Dios para tejer su historia. En secreto queremos que él responda nuestra oración haciendo un truco mágico en el alma de la otra persona. Nuestro «la oración no funciona» frecuentemente quiere decir: «No hiciste mi voluntad, a mi manera, a mi plazo de tiempo».

OTRA VEZ BOB

Solamente con observar es que nos damos cuenta de las conexiones extrañas que Dios hace en el reino. Dios respondió mi petición por suavidad en la vida de Bob con el servicio que le presté a Bob cuando pasó por un tiempo largo de sufrimiento. Los sufrimientos de Bob se extendieron a mi vida. Según Pablo, esa es la esencia del ministerio: «Pues, cuanto más sufrimos por Cristo, tanto más Dios nos colmará de su consuelo por medio de Cristo» (2 Corintios 1:5). El sufrimiento le abre la puerta al amor. El sufrimiento cosecha un verdadero cambio.

Bob todavía es Bob, pero es más suave en la manera que se relaciona conmigo. También, yo siento un amor nuevo por él. Cuando usted cuida a alguien que sufre, usted forma un vínculo con esa persona. He aquí un fragmento de una conversación reciente que tuvimos:

—Paul, ¿has tomado lecciones de oratoria alguna vez?

—Sí, en el seminario.

—¿Tienes muchos compromisos para hablar?

—Sí.

—Dices mucho *ah*, cuando me hablas. ¿Sabes que dices mucho *ah*?

—Sí, es uno de mis malos hábitos.

—Se oye mal.

—Sí, tienes razón. Se oye mal. Tengo que ponerle atención.

—Solamente tienes que quedarte callado en lugar de decir *ah*.

—Tienes razón. ¿Estarías dispuesto a ayudarme a recordarlo cada vez que diga *ah*, al señalármelo?

—Sí, me gustaría.

Bob está sinceramente tratando de ayudarme al señalar una necesidad en mi vida. Me ayuda saber que Bob se relaciona por medio de criticar. Para gente como él, es satisfactorio restaurar el orden moral del universo.

Al pensar en Bob y su vida, me ha impactado la manera en que los dos tenemos algunos de los mismos patrones pecaminosos. Los dos necesitamos a Jesús. Ver cómo puedo ser como Bob probablemente es la mejor cosecha del reino de todas.

———

Si la estrategia básica de Satanás es el orgullo, buscando atraernos a su vida de arrogancia, entonces la estrategia básica de Dios es la humildad, llevándonos a la vida de su Hijo.

———

Capítulo 29

ESCUCHAR A DIOS

Hace algunos años, me tomé un día de retiro en diciembre para orar por mis metas para el año venidero. Durante los períodos más largos de oración como ese, medito y oro pasajes de las Escrituras. A veces, simplemente estoy callado ante Dios, tranquilizándome para llegar a estar más consciente de la dirección de mi vida y de mi corazón. Pregunto: *¿Cómo está hablando Dios a mi vida? ¿Qué está haciendo Dios?*

Mientras pensaba en el año que se asomaba, escribí en mi diario de oración: *¿En qué quieres que me enfoque? ¿Cómo quieres que me enfoque?* El pensamiento me llegó tan claro como las palabras de esta página: *No quiero que tengas ninguna meta este año. Voy a trabajar en tu carácter.* Sorprendido, pregunté: *¿Qué asuntos del carácter?* De nuevo, un pensamiento claro me llegó: *Tú lo sabes.* Y lo sabía. Casi inmediatamente llegaron a mi mente siete elementos, y escribí cada uno de ellos en mi diario de oración.

¿En qué quieres que me enfoque?
¿Cómo quieres que me enfoque?

1. Esperar y orar
2. Escuchar; paciencia con la gente
3. Relajarme con la gente
4. Cultivar humildad
5. Un corazón tranquilo ante ti
6. Prudencia; dignidad
7. Testimonio: no avergonzarme de Jesús

¿Me estaba hablando Dios durante ese día de oración o era simplemente yo el que registraba mis propios pensamientos en mi diario de oración? Para responder esa pregunta, permítame contarle el resto de la historia; entonces reflexionaremos tanto en los beneficios como en los peligros de escuchar a Dios.

Si yo hubiera usado ese día para anotar mis metas en lugar de orar, habría sido un ejercicio inútil. Dios no hizo nada ese año más que obrar en mi carácter. Cada una de esas siete áreas se convirtió en una pequeña historia moldeada por Dios a través del sufrimiento. Permítame explicarle al mirar el último de esos siete elementos: Testimonio —no avergonzarme de Jesús.

Poco antes de mi retiro de oración, le pregunté a mi jefe (que también era mi padre) cómo le gustaría que mejorara mi trabajo. Papá respondió: «Me gustaría que tuvieras una carga mayor por los perdidos». Por dentro, me ericé. Durante trece años él y yo habíamos trabajado hombro a hombro, haciendo crecer nuestra misión a noventa misioneros. Pocos habían hecho más para alcanzar a los perdidos que yo. No obstante, sabía que papá no se refería a eso. Él quería que yo *personalmente* tuviera una preocupación mayor por la gente que no conocía a Jesús. No obstante, eso me intimidaba. Al haber crecido en un hogar cristiano y al haber asistido a escuelas cristianas, no estaba acostumbrado a los no cristianos. Pensaba: *Paul, eres demasiado orgulloso como para reconocer que tu padre tiene razón.* Por lo que comencé a orar para que Dios me ayudara a amar y a disfrutar de los no cristianos.

Cuatro meses después, en abril, estaba orando otra vez mientras caminaba al lado del Mediterráneo en España. Me pesaba el corazón. Papá había tenido una operación a corazón abierto y no se estaba recuperando de ella. Se moría. Mientras caminaba a lo largo del desembarcadero, entumecido, pensé otra vez en el amor de mi papá por los no cristianos, y oré para que Dios me diera el corazón de mi papá y lo multiplicara.

Después del funeral de papá, un amigo me llamó para preguntarme si quería posponer el inicio de un estudio bíblico evangelístico que habíamos planificado. Dije: «No, papá habría querido que lo hiciera». A principios de junio, nerviosamente comencé mi primer estudio bíblico de *La persona de Jesús* con un grupo de personas de diversos trasfondos. Esa pequeña semilla comenzó a multiplicarse y ahora, años después, regularmente recibo correos electrónicos de todo el mundo, de gente que presenta a Jesús a los buscadores con el estudio de *La persona de Jesús*.

¿ESTABA DIOS HABLANDO?

Entonces, ¿estaba Dios hablando? ¿Me impulsaba el Espíritu, o fue simplemente mi intuición? Creo que Dios estaba obrando activamente, trabajando en mí, hablándome durante ese día de oración. He aquí por qué.

Primero, mi pregunta y la respuesta posterior estaban sumergidas en reflexiones de la Palabra de Dios. Solamente era una etapa de una historia de arrepentimiento, bíblicamente informada, que se desarrollaba. Salmo 25:14 dice: «El SEÑOR es amigo de los que le temen; a ellos les enseña su pacto». Era lo opuesto a la intuición humana que ha perdido el control. De hecho, mi intuición estaba siendo dominada por Dios.

Segundo, la respuesta me sorprendió. Soy casi obsesivo con las metas, aun así, nunca antes había tenido un pensamiento como ese. En la Biblia vemos la misma calidad sorprendente de la intervención de Dios. ¿Quién habría adivinado la encarnación, la cruz y la resurrección? El pensamiento de que yo era demasiado orgulloso sonaba a Dios. Era distintivamente su *voz*. Encajaba con las Escrituras. Él escribe su Palabra en nuestro corazón.

Finalmente, se hizo realidad. Dios no hizo nada más que trabajar en mi carácter ese año. No tenía sentido tener metas. El reino llegó. Se hizo la voluntad de Dios. Las Escrituras nos dicen que podemos discernir a un profeta falso si su profecía no se hace realidad (ver Deuteronomio 18:21-22).

DÓNDE SE EQUIVOCAN LOS CRISTIANOS

Exploremos dos maneras comunes en las que los cristianos se equivocan cuando se trata de oír la voz de Dios en su vida y cómo podemos discernir correctamente cuándo es que Dios nos habla.

1. «Solamente Palabra» —Equivocarse al no escuchar

Si nos enfocamos exclusivamente en la Palabra escrita de Dios cuando buscamos la actividad de Dios en nuestra vida, y no velamos y oramos, pasaremos por alto la historia de su obra que se desarrolla. Pasaremos por alto los patrones del Artista Divino quien está grabando el carácter de su Hijo en nuestro corazón. Nuestra vida carecerá del destello y de la proximidad de la presencia de Dios.

Cuando el Espíritu me convenció de mi pecado, estaba personalizando la Palabra en mi corazón. «Así que humíllense ante el gran poder de Dios» (1 Pedro 5:6). Si yo no hubiera tomado el tiempo aquella mañana de diciembre para orar y poner mis preguntas ante Dios, el año siguiente habría carecido de algo del significado rico que Dios tenía pensado. Me habría perdido el drama.

El pensamiento: *Paul, voy a trabajar en tu carácter*, tuvo un impacto similar en mí que las palabras de Jesús tuvieron en Pedro: «negarás tres veces que me conoces» (Mateo 26:34). Después de su caída, el recuerdo de la advertencia de Jesús habría llevado a Pedro a un arrepentimiento más profundo. También le dio esperanza a Pedro, posiblemente salvándolo del suicidio. Él pudo decir: «Jesús sabía eso de mí desde antes, aun así me amó y oró para que yo no me desesperara». En mi vida, cuando el sufrimiento llegó al año siguiente, ese pensamiento inesperado le dio significado y propósito al sufrimiento. Me dio esperanza.

Si creemos que las Escrituras solamente se aplican a la gente en general, entonces podemos pasar por alto la manera en que Dios personaliza íntimamente su consejo para nosotros como individuos. Podemos llegar a ser deístas y quitamos a Dios de nuestra vida. No obstante, en todas partes de las Escrituras, vemos que Dios nos habla con un toque personal, impulsándonos a obedecer y a amar.

Considere la variedad de lugares en los que el Espíritu personalizó la Palabra en mi vida: (1) cuando le pregunté a papá cómo podría mejorar, (2) cuando papá me estimuló para que tuviera una carga mayor por los perdidos, (3) cuando me di cuenta: *Paul, simplemente eres orgulloso*, (4) cuando oré en España, y (5) cuando comencé el estudio bíblico. Cada una califica como una «comunicación divina de bajo grado».

Ver el dedo de Dios en nuestras circunstancias, en la creación, en otros cristianos y en la Palabra, evita que elevemos nuestros pensamientos a una condición única. Dios nos habla continuamente, a cada uno de nosotros, pero no solamente a través de nuestra intuición. Ver la actividad de Dios en los detalles de nuestra vida realza la aplicación de la Palabra de Dios.

En realidad, menoscabamos el impacto de la Palabra de Dios si definimos el hablar de Dios de manera demasiada estrecha.

Lo que está en juego aquí es desarrollar el gusto por el Pastor. Necesito estar sintonizado con la voz de mi Padre por encima del ruido de mi propio corazón y del mundo que nos rodea, lo que C. S. Lewis llamó «el Reino del ruido». Necesito desarrollar el ojo de un poeta, que puede ver los patrones en la buena creación de mi Padre. Como un buen narrador, tengo que captar la cadencia y el latido de corazón del Narrador Divino.

Jill y yo fuimos poetas cuando lentamente nos dimos cuenta del regalo que Kim es para nosotros, dos personas seguras de sí mismas. Casi cada historia que le he contado a usted tiene poesía en ella. «Velen y oren» es el refrán repetido de Jesús para sus discípulos en Getsemaní (Marcos 14:38). No ore desorientado. Ore con los ojos abiertos. Busque los patrones que Dios está tejiendo en su vida.

2. «Solamente Espíritu» —Equivocarse al elevar la intuición humana

Una mañana estaba orando en la habitación de Emily y oí una voz, tan clara como si usted estuviera hablando conmigo ahora, que venía de arriba: «Paul, aquí te habla Dios. Tu esposa necesita una cocina nueva». Como un minuto después, el rostro sonriente de Jill se asomó por la puerta. «Paul, ¿te habló Dios de alguna manera especial esta mañana? ¿Dijo algo de una cocina?»

La bobería de Jill es una ventana al problema de la gente que frecuentemente oye a Dios hablar. Cuando la gente le llama «voz de Dios» a sus pensamientos o sentimientos, los pone al control de Dios y, a la larga, menoscaba la Palabra de Dios al elevar la intuición humana a la condición de revelación divina. A no ser que las Escrituras protejan y dirijan nuestras intuiciones, fácilmente podemos perder el control y bautizar nuestros deseos egoístas con el lenguaje religioso («Dios me dijo que me casara con ella…»).

La primera escuela cristiana de barrio marginado en la que enseñé solía escribir sus cheques de pago «por fe», creyendo que Dios proveería. Los maestros cobrábamos los cheques por fe pero, desafortunadamente, nuestro banquero no tenía nada de fe, y los cheques rebotaban. No fue ninguna sorpresa que la escuela llegara a la bancarrota. El lenguaje religioso escondía la irresponsabilidad financiera.

Si después de mi retiro de oración de diciembre le hubiera dicho a nuestro personal: «Dios me dijo que no debía tener ninguna meta este año», habría elevado mis propios pensamientos al nivel de la autoridad bíblica. En realidad, me olvidé de ese tiempo de oración hasta que el año comenzó a ponerse difícil. Fue una palabra personal de Dios para mí, que le dio significado y esperanza a un tiempo difícil. No fue algo en lo que tuviera que desarrollar mi vida, solamente una palabra amable de mi Padre celestial.

El problema es que el Espíritu Santo entra en el mismo canal que el mundo, la carne y el Diablo. El Señor sí guía, solamente tenemos que tener cuidado de no usar al Señor para cubrir nuestros propios deseos. Si frecuentemente interpretamos pensamientos y deseos aleatorios como que «Dios habla», nos ponemos raros. Eso es lo que le pasó a una pareja.

El esposo estaba en el ministerio y batallaba con fatiga crónica y varias otras enfermedades. Su esposa acababa de descubrir que él había llegado a ser adicto a los analgésicos, y sentía amargura en contra de Dios. Cuando los visité, ella me dijo: «Tanto mi esposo como yo sentimos que recibimos una palabra clara del Señor de que teníamos que deshacernos de toda la levadura. Nos deshicimos de toda la levadura en la casa, pero él todavía está enfermo». Yo estaba tan sorprendido que dije abruptamente: «Eso es una herejía. Ustedes están elevando la intuición humana al nivel de la Palabra de Dios». También compartí con ellos que la levadura en las Escrituras es una metáfora de una pequeña cantidad de mal que se infiltra en el todo. Sugerí que la levadura era la dependencia del esposo a los analgésicos. Esa pareja había sido rígida en cuanto a la manera en que interpretaban la voz de Dios. Necesitaban desarrollar el ojo de un poeta.

El problema no es la actividad de escuchar, sino mi corazón que escucha. ¿Estoy atento a Dios? ¿Es blando y enseñable mi corazón?

A veces tengo premoniciones de que algo malo le va a ocurrir a alguien que amo. Cuando eso ocurre, oro *en contra de* mis intuiciones. Oro por bendición, por seguridad, por larga vida. La simplicidad y la claridad de la Palabra de Dios —«Querido amigo, espero que te encuentres bien, y que estés tan saludable en cuerpo así como eres fuerte en espíritu» (3 Juan 2)— evita que me pierda en mis sentimientos. Me pregunto si la «oscura noche del alma» que muchos místicos experimentan es simplemente perderse en la oscuridad de sus corazones.

Pablo les advierte a los colosenses en contra de una persona que se basa «en las visiones que ha visto, hinchado sin causa por su mente carnal, pero no asiéndose a la Cabeza» (2:18-19, LBLA). Él vincula la comunicación de Dios con el peligro de crear una espiritualidad falsa y elevada. Pablo quiere que mantengamos nuestros ojos en la Cabeza, el Buen Pastor, no en el medio de la comunicación. De hecho, Pablo no menciona nunca que Dios le habla directamente, excepto en 2 Corintios 10–12, cuando los llamados súperapóstoles alardeaban de sus visiones de Dios y atacaban a Pablo. Aun entonces no es capaz de decir que él personalmente tuvo esas visiones. Dice: «Conozco a un hombre» (2 Corintios 12:2, RVR60). El mismo patrón surge en Hechos, donde Lucas ocasionalmente describe que Pablo recibe una guía específica de Dios, generalmente en tiempos de crisis, pero más frecuentemente Pablo solamente habla de sus propios deseos y planes.

Para discernir correctamente cuándo Dios nos habla, tenemos que mantener la Palabra y el Espíritu juntos.

MANTENER JUNTOS LA PALABRA Y EL ESPÍRITU

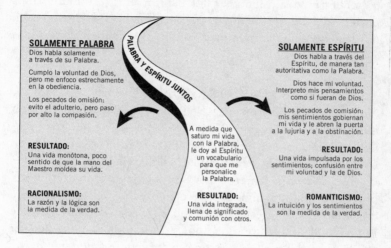

La gente de Solamente Espíritu, al lado derecho del cuadro, puede separar la actividad de escuchar a Dios de la obediencia a la Palabra de Dios. Bajo el pretexto de «ser guiado por el Espíritu», fácilmente pueden hacer lo que quieren. Lo que «escuchan» de Dios podría enmascarar su obstinación. Eso es sentimentalismo (una forma de Romanticismo), que hace que los sentimientos sean absolutos.

La gente de Solamente Palabra también puede separar el oír de la obediencia, enfocándose en la obediencia e ignorando una vida de escucha y arrepentimiento. Escuchar y obedecer a Dios están tan entrelazados en el pensamiento bíblico que en hebreo son una sola palabra: *shama'*. Bajo el pretexto de ser obedientes a la Palabra, la gente de Solamente Palabra puede ser rígida. Tenemos que guardarnos del racionalismo tanto como tenemos que guardarnos del sentimentalismo.

Necesitamos el carácter perspicaz y absoluto de la Palabra

y la guía intuitiva y personal del Espíritu. La Palabra proporciona la estructura, el vocabulario. El Espíritu la personaliza para nuestra vida. Mantener la Palabra y el Espíritu juntos nos protege del peligro de que el parloteo piadoso se convierta en un pretexto para nuestros propios deseos y del peligro de vidas aisladas de Dios.

CULTIVE UN CORAZÓN QUE ESCUCHA

No hay nada secreto en cuanto a la comunión con Dios. Si vivimos una vida santa ante Dios, descompuesta de nuestro orgullo y obstinación, clamando por gracia, entonces estaremos en comunión con Dios. Realmente es así de sencillo.

Escuchar es solamente una de las cosas que ocurren en el proceso cuando mi alma se conecta con Dios. Usted no puede escuchar a Dios si está aislado de una vida de rendición que lo involucra a la historia de Dios para su vida. Y tiene que ser una historia del evangelio. Con eso me refiero a que su muerte, su debilidad, es lo que usted ofrece. Dios ofrece su gracia, su resurrección.

Hay una tendencia entre los cristianos a emocionarse por «escuchar a Dios» como si descubrieran una manera escondida de comunicarse con Dios que revolucionará sus vidas de oración. Los escritores frecuentemente la formulan correctamente («tiene que ser en obediencia a la Palabra de Dios»), pero hacen que la actividad de escuchar a Dios sea el enfoque. Esto sutilmente eleva la experiencia con Dios en vez de Dios mismo. Sin darnos cuenta, podemos mirar *al* parabrisas en lugar de mirar *a través* de él.

Al referirse a la comunicación con Dios, las Escrituras suponen que yo sé lo que Dios dice. El problema no es la actividad de escuchar, sino mi corazón que escucha. ¿Estoy atento a Dios? ¿Es blando y enseñable mi corazón? ¿Recuerdo sus caminos, sus mandamientos? Salmo 25:15 dice: «Mis ojos están siempre puestos en el SEÑOR». El medio de la comunicación es secundario a un corazón rendido. Nuestra responsabilidad es cultivar un corazón que escucha en medio del ruido de nuestro propio corazón y del mundo, por no hablar del Diablo.

La interacción entre el Espíritu divino y mi propio espíritu es misteriosa. David capta este misterio en Salmo 16:7: «Bendeciré al SEÑOR, quien me guía; aun de noche mi corazón me enseña». La estructura paralela del versículo sugiere que «el SEÑOR quien me guía» es idéntico a «mi corazón [literalmente "mis entrañas"] me enseña». ¿Qué pasó entonces? ¿Le habla a David su corazón o le está guiando Dios? Es imposible separarlos a los dos.

Sintonizarse con la voz de su Padre tiene una calidad difícil de identificar pero real. Solamente podemos experimentarla y observar algunas de sus características. Nosotros no tenemos la capacidad de analizar esta interacción. El consejo que Dios le dio a David es inseparable de la búsqueda activa que David hace de Dios: «Al SEÑOR he puesto continuamente delante de mí» (16:8, LBLA). El consejo de Dios no funciona como un adivinador de la suerte; es inseparable de un corazón humilde que busca a Dios.

Capítulo 30

LLEVAR UN DIARIO DE ORACIÓN: CÓMO ESTAR CONSCIENTE DEL RECORRIDO INTERIOR

Tanto la práctica de escribir un diario como la idea de que mi vida es una historia significativa están arraigados en el cristianismo. Las *Confesiones* de Agustín, una autobiografía escrita alrededor de 400 d. C., describe el recorrido interior del alma. Fue el primer diario genuino. Agustín fue la primera persona en reconocer el funcionamiento interno de su corazón y en escribir acerca del significado que vio enlazado en su vida.

Describió cómo se encontró con el Dios vivo que hablaba cuando oyó la voz de un niño del vecindario que repetía una pequeña canción. Había estado escuchando la predicación del

Obispo Ambrosio y había llegado a una gran convicción de pecado, particularmente de pecado sexual. Escribió:

> Decía estas cosas y lloraba con muy dolorosa contrición de mi corazón. Pero he aquí que oigo de la casa vecina una voz, como de niño o niña, que decía cantando y repetía muchas veces: «Toma y lee, toma y lee». [...]
>
> De repente, cambiando de semblante, [...] me levanté, interpretando esto como una orden divina de que abriese el códice [el Nuevo Testamento] y leyese el primer capítulo donde topase.
>
> [...] Lo tomé, lo abrí y leí en silencio el primer capítulo que se me vino a los ojos, que decía: «No en comilonas y embriagueces, no en lechos y en liviandades, no en contiendas y emulaciones sino revestíos de nuestro Señor Jesucristo y no cuidéis de la carne con demasiados deseos».
>
> [...] Al punto que di fin a la sentencia, como si se hubiera infiltrado en mi corazón una luz de seguridad, se disiparon todas las tinieblas de mis dudas[1].

El Espíritu, hablando a través de un niño, hizo que la Palabra cobrara vida en el corazón de Agustín. Cuando Dios tocó el alma de Agustín, él cobró vida, con su vida llena de significado.

Cuando la vida tiene sentido, llega a ser un recorrido, una aventura espiritual. Anotar la aventura, a medida que ocurre, nos da una impresión de nuestro lugar en la historia que Dios teje en nuestra vida. Llevar un diario nos ayuda a llegar a estar conscientes del recorrido.

La idea de que estamos en un recorrido espiritual está incrustada profundamente en la psique del cristianismo. Vea todos los indicios de un recorrido en el Salmo 23. El Buen Pastor *me conduce* junto a arroyos tranquilos. [...] Me *guía* por *sendas* correctas. [...] Aun cuando yo *pase por el valle* más oscuro [. . . él está] a mi lado. [...] Tu bondad y tu amor inagotable *me seguirán todos los días de mi vida*» (énfasis añadido).

Los peligros están al acecho en el recorrido. Por fuera, «el valle más oscuro» y la «presencia de mis enemigos» amenazan. Por dentro, batallo con un alma inquieta. Como el personaje de una buena novela, tengo que tomar decisiones. ¿Huiré de la presencia de mis enemigos, o esperaré a que el Señor ponga un banquete para mí? ¿Trataré de llenarlo de cosas, o permitiré que el Pastor «en verdes prados me [deje] descansar»? La vida se convierte en una aventura.

Esa conciencia del recorrido interior del alma ha continuado a lo largo de la historia del cristianismo. Sin embargo, el escrito de los puritanos ingleses del siglo XVI y XVII lo llevó a un nuevo nivel. Ellos querían mantener el registro de lo que Dios hacía en sus vidas. Fue un paso pequeño del hábito puritano de escribir diarios a la escritura de *El progreso del peregrino* de John Bunyan y de *Robinson Crusoe* de Daniel Defoe. Ambas son historias de aventuras internas que prepararon el camino para el desarrollo de los personajes dentro de la novela. Edward Said, un destacado erudito palestino, señaló que «la novela es una forma específicamente cristiana de escribir. Presupone un mundo que está incompleto, que anhela salvación, y que se dirige a ella. En contraste [...] el mundo del islam es un mundo cerrado y completo[2]».

Las historias que he contado en este libro son miniaventuras. ¿Encontrará su lente de contacto Ashley? ¿Va a hablar Kim? ¿Encontrará trabajo Kim? Caminar con Dios es todo menos aburrido.

Muchos corremos por ahí sin mucho conocimiento consciente del peregrinaje que Dios está tallando para nosotros. Cuando la tragedia ataca, no hemos aprendido los caminos de Dios, por lo que no tenemos ningún marco de referencia desde el cual responder. Así que, caminamos con dificultad en la vida, y pasamos por alto los toques divinos.

Escribir en un diario de oración nos ayuda a examinar

nuestra ubicación en el recorrido. Podemos llegar a ser poetas, artistas con nuestra alma. Cuando llevamos un diario de oración, podemos reflexionar en lo que Dios hace, en los patrones del cuidado de nuestro Padre, en lugar de reaccionar a la vida. Si vemos nuestra vida como un peregrinaje, entonces llega a ser un todo integrado. Tiene sentido. Cuando entendemos la historia, se tranquiliza nuestra alma. No está mal tener una vida ocupada. Es una locura tener un alma ocupada.

LLEGAR A ESTAR CONSCIENTE DEL YO EN EL RECORRIDO

A medida que caminamos con el Pastor, llegamos a estar conscientes de nuestro verdadero yo. En su autobiografía, Agustín recuerda cuando era un niño que robaba peras verdes del huerto de su vecino, aunque él tenía peras maduras en su lado[3]. Debido a que Agustín se había encontrado con el Dios verdadero, podía ver la inclinación irracional de su corazón hacia el mal.

Hemos visto lo personal que es el Salmo 23, con *me* o *mi* o *yo*, que aparece dieciséis veces. Cuando descubrimos al Pastor, el yo es liberado. David está consciente del yo porque está consciente del amor de Dios. La luz de Dios nos permite ver el recorrido interior.

La búsqueda moderna de la realización personal es una versión secularizada del descubrimiento del yo del cristianismo. Sin que el Pastor nos guíe para ver nuestro verdadero yo dentro de nuestra relación con él, podemos perder nuestro camino y llegar a estar obsesionados con el yo. En lugar de ver nuestra inclinación hacia el mal, podemos llegar a estar cada vez más delicados, hipersensibles al yo pero insensibles a los demás. Ya no nos vemos claramente.

El peregrinaje espiritual es lo opuesto. El descubrimiento del yo dentro de nuestra relación con Dios lleva a un estilo de vida de arrepentimiento. Por ejemplo, rara vez estamos conscientes de nuestra impaciencia. Lo que sentimos es la lentitud de todos los demás. Debido a que por naturaleza somos el centro de nuestro propio universo, no nos sentimos irritables. Simplemente observamos que todos se interponen en nuestro camino. Aquí es donde un diario de oración puede ayudar.

La comunión o conversación con Dios se divide en dos preguntas:

¿Cómo estoy? ¿Qué es lo que se me viene encima? ¿Estoy contento, triste, agradecido, desanimado, enojado, frustrado?

¿Qué es lo que Dios me está diciendo? ¿Qué dice la Palabra?

Cuando reflexiono en estas dos preguntas en mi diario de oración, el Dios vivo quita la niebla, y veo a mi verdadero yo. Eso me lleva al arrepentimiento. No es de sorprenderse que el arrepentimiento tenga un lugar importante en el Padrenuestro. Como lo hemos visto, «Que tu reino venga pronto. Que se cumpla tu voluntad» (Mateo 6:10) se estrella contra el meollo de nuestro reino y de nuestra obstinación; «No permitas que cedamos ante la tentación» (6:13) trata de evitar que pequemos; y «perdónanos nuestros pecados» (6:12) lidia con las consecuencias.

No se puede caminar con el Pastor y no comenzar a cambiar. Su presencia nos permite dar un sincero vistazo interior. Permítame demostrarle cómo es eso en mi vida desde dos perspectivas distintas. La primera es utilizando un diario en el transcurso de un año; la segunda es utilizando mi diario durante un día de oración.

USAR UN DIARIO EN EL TRANSCURSO DE UN AÑO

El año después de mi retiro de oración de diciembre fue un recorrido interior. En febrero, cuando las cosas comenzaron a ponerse difíciles, escribí en mi diario: *Ayúdame a no retroceder de ninguna copa de sufrimiento que tú podrías haber preparado para mí.* Recordé el listado de las siete cualidades de carácter que había escrito en mi diario dos meses antes, y decidí convertir cada una en una oración. Estaba muy consciente de que Dios quería desarrollar mi carácter a través del sufrimiento.

A finales de marzo escribí la siguiente reflexión sobre mí mismo:

> Cuando pienso que tengo razón, tiendo a ser rápido para defenderme y lento para encarnar [entender]. Puedo ser intenso, sentencioso y orgulloso. Jesús, haz que sea tranquilo, prudente y humilde, y por mientras, ¡ayúdame a callarme!

En diciembre Dios me había hecho ver partes de mi carácter que necesitaba someterle a él; entonces mi diario de oración me permitió trazar lo que él estaba haciendo en la historia más grande de su determinación de hacerme semejante a su Hijo. Mes tras mes él trabajó en mí.

Para junio me di cuenta de que Dios no parecía particularmente interesado en salvarme de la situación difícil. Él solamente quería cambiarme. Escribí: «Por primera vez en los últimos cuatro meses, la idea de enfocarme principalmente en mi arrepentimiento me es atractiva». Fue un alivio darme cuenta de que Dios me había encasillado. Me quitó un poco de la presión. Dejé de buscar maneras de mejorar mi situación y me enfoqué en mi propio arrepentimiento.

Más adelante en ese mes, me di cuenta de que Dios quería enseñarme cómo escuchar a los que tenían algún problema conmigo. He aquí lo que escribí en mi diario acerca de lo que estaba aprendiendo:

- Sé sensible a lo difícil que es para la otra persona compartir. Preguntále: «¿Quiere que responda o solamente que piense en eso?».

- Aunque no parezca cierto, trata de encontrar algo que yo haya hecho mal.
- No estés enfocado en la verdad. La verdad es que tengo que amar a la otra persona.
- Repite lo que la otra persona dice.
- Haz preguntas acerca de la persona.
- Espera para explicarte.
- Espera mucho para decirle a la otra persona lo que él o ella haya hecho mal.

El mes siguiente sentí que no había progresado mucho. Escribí lo siguiente acerca de una situación reciente: *No fui lento para enojarme. No fui rápido para escuchar. No fui lento para hablar.* No obstante, para el final del año escribí anotaciones como la siguiente: *Soy una persona distinta a la que era antes de que todo esto comenzara. Oro para que esto dure. Dame un corazón obediente.*

Cuando mantenemos nuestros ojos en el Pastor, llegamos a estar conscientes de nosotros mismos. El valle de sombra de muerte llega a ser un valle de visión. Como podrá verlo, llevar un diario nos permite descubrir la historia que Dios está escribiendo en nuestra vida. En lugar de apresurarnos en la vida, nos permite hacer una pausa y reflexionar.

USAR UN DIARIO DURANTE UN TIEMPO DE ORACIÓN MATUTINO

Escribir un diario de oración nos ayuda a articular la condición de nuestro corazón. Sígame mientras lo llevo por un tiempo de oración matutino, cuando algunas cosas difíciles pasaban en mi vida.

Tan pronto como disminuí la velocidad para orar y reflexioné en cómo estaba, me di cuenta de que estaba molesto. La primera palabra que escribí fue *enojo*. Escribí por qué estaba enojado y oré por gracia. Luego reflexioné en lo que Dios podría estar diciéndome. Pasé las hojas de los salmos hasta que encontré uno que reflejaba la condición de mi corazón: el Salmo 102.

- Soy como un pájaro solitario en el tejado. (versículo 7)
- Me levantaste y me echaste. (versículo 10)
- Mi vida pasa tan rápido como las sombras de la tarde; voy marchitándome como hierba. (versículo 11)
- ¡No me quites la vida en la flor de mi juventud! (versículo 24)

De una manera extraña, fue consolador meditar en un pasaje de la Escritura que reflejaba la condición de mi vida. Le dije a Dios: *No confío en tu liberación. Siento que me hundo.* Oré para que él me salvara, y como una idea tardía, escribí: *Hasta que de verdad me salves, dame fe para esperar.*

Entonces reflexioné en la condición de mi alma: *Mi incapacidad de esperar en ti surge de pensar que la salvación viene de mí.* Eso me hizo pensar en todo el sufrimiento del libro de Apocalipsis, por lo que me fui allí y busqué los pasajes acerca de la paciente perseverancia (énfasis añadido).

- Yo, Juan, soy hermano de ustedes, y su compañero en el sufrimiento, en el reino de Dios y en la *paciente perseverancia* a la que Jesús nos llama. (1:9)
- Entonces a cada uno de ellos [...] se les dijo que *descansaran un poco más.* (6:11)
- Aquí está *la perseverancia y la fe* de los santos. (13:10, LBLA)
- Aquí está *la perseverancia* de los santos. (14:12, LBLA)

Entonces recordé tres situaciones recientes en las que no había esperado. Las escribí. Hacia el final de mi tiempo de oración, busqué Isaías 30:15, donde Dios le dice a Israel que su salvación está «en el arrepentimiento y la calma» y «en la serenidad y la confianza» (NVI), en lugar de correr por ahí y tratar de salvarse a uno mismo.

Comencé mi tiempo de oración sintiéndome enojado y abrumado, y terminé con el Espíritu que personalizó las

Escrituras a la condición de mi corazón. Sin darme cuenta, mi tiempo de oración había cambiado de «Paul como víctima» a «Paul como pecador». Para el final tenía un plan claro: No hacer nada. Esperar en Dios.

La clave fue ser sincero en cuanto a lo que sentía y luego dejar que las Escrituras le hablaran a mi corazón. Al ser sincero, el verdadero yo hablaba. No estaba tratando de ser bueno. Cuando miramos nuestra vida a través de los lentes de las Escrituras, rara vez nos perdemos en el camino. Podemos ser reales, pero no nos perdemos en nuestros sentimientos.

Si no hubiera escrito mis reflexiones, no habría sabido lo que Dios me estaba enseñando. Para cuando había terminado, sabía cuál era mi parte en la obra de Dios. Estaba fuera del escenario, en una esquina, esperando. No fue particularmente glamoroso, pero sí muy claro. Al abrir mi corazón para que Dios me hablara a través de su Palabra, se abrió la puerta al arrepentimiento. Mi tiempo de oración en sí fue un recorrido, una mininovela.

Usted no tiene que escribir bien para llevar un diario de oración, ni tiene que ser constante. Simplemente es una versión escrita de la oración característica de un niño, solamente que es más organizada. Comience con lo que hay en su corazón, con lo que le molesta, con las cosas por las que está agradecido. Si usted es real ante Dios, entonces todo lo demás fluye.

El acto de escribir sus preocupaciones, sus alegrías y sus oraciones lo ayuda a enfocarse y evita que su mente divague. No obstante, la mejor parte es que, con el tiempo, usted comenzará a ver los patrones de lo que Dios hace, a retomar el hilo de una historia.

Si vemos nuestra vida como un peregrinaje, entonces llega a ser un todo integrado. Tiene sentido.

Capítulo 31

LA ORACIÓN EN
LA VIDA REAL

E s en la oración donde hago mi mejor trabajo como esposo, papá, empleado y amigo. Estoy consciente de la mala hierba de la incredulidad en mí y de las batallas en la vida de los demás. El Espíritu Santo señala asuntos que solamente él puede resolver.

En realidad, yo dirijo mi vida a través de mi tiempo de oración diario. Moldeo mi corazón, mi trabajo, mi familia, de hecho, todo lo que amo, a través de la oración, en comunión con mi Padre celestial. Lo hago porque no tengo el control de mi corazón y vida, ni del corazón y vida de los que me rodean. No obstante, Dios sí.

El siguiente tiempo de oración matutino es una pequeña ventana hacia cómo es que funciona todo esto.

UN TIEMPO DE ORACIÓN MATUTINO

El día que escribí este resumen de un tiempo de oración matutino, mi alarma sonó a las cinco cuarenta. Me dormí cinco minutos más, me levanté de la cama, me vestí y me senté en una silla de la sala para orar. Jill ya estaba orando en el piso de abajo. Tan pronto como me senté, Kim comenzó a pasearse. Yo le dije que volviera a la cama. (Eso fue antes de que se me ocurriera orar para que ella no se paseara).

Entonces, a mi tiempo de oración matutino. Comencé a orar como un niño, reflexionando en el día anterior y agradeciéndole a Dios por las formas específicas en las que había visto su cuidado de Pastor en nuestra familia. El día anterior habíamos tenido una maravillosa llamada telefónica de nuestra hija de diecinueve años, Emily, desde Guatemala, en la que nos dijo que estaba dispuesta a ir a la universidad que nosotros queríamos. Solamente un par de días antes, habíamos discutido universidades con ella por teléfono, y había habido un poco de tensión. Cuando colgamos, Jill y yo oramos por eso. Decidimos que teníamos que apoyar la decisión de Emily. Entonces, Emily volvió a llamar para decir que había estado orando y también leyendo el libro de Ester, y que Dios le había subrayado que debía seguir nuestra guía, de la manera en que Ester había seguido a Mardoqueo. Mi corazón rebosaba de agradecimiento. Diez años antes, había escrito este versículo en una tarjeta de oración para Emily: «Hijos, obedezcan a sus padres porque ustedes pertenecen al Señor, pues esto es lo correcto» (Efesios 6:1). Había orado muchas veces para que Dios llevara a cabo ese versículo en su vida. No obstante, la disposición de Emily de ir a la universidad que queríamos era secundario para mí; más importante era el cambio de corazón que se reflejaba en su nueva actitud hacia nosotros por teléfono. Le puse fecha a mi diario de oración y escribí una breve oración de agradecimiento.

Recientemente me desperté en el medio de la noche con esta pregunta extraña en mi mente: ¿Cómo se amaría a alguien sin oración?

En medio de eso, comencé a pensar en un blog de noticias en línea que frecuentaba. Ayer se me ocurrió que visitarlo varias veces al día me daba un buen descanso, pero podría proporcionarle incredulidad a mi vida. Apenas la semana pasada había orado para que mi Padre me mostrara qué es lo que proporciona una falta de fe en mí. Comenzaba a ver que demasiados medios de comunicación sutilmente enmarcaban la forma en que veía el mundo. Escribí eso, no tanto como una oración sino solamente como unos pensamientos.

Kim comenzó a pasearse otra vez. Le dije que volviera a la cama. Ella se tranquilizó. Comencé a orar lentamente con mis tarjetas. Una de las primeras era una tarjeta nueva que había escrito hacía un par de meses que se llamaba «las presiones de Jill». Enumeraba las áreas de la vida en las que ella sentía presión. Había comenzado solamente con cuatro áreas, pero ahora eran ocho en total.

Las presiones de Jill
Filipenses 2:14-16

Hagan todo sin quejarse y sin discutir, para que nadie pueda criticarlos. Lleven una vida limpia e inocente como corresponde a hijos de Dios y brillen como luces radiantes en un mundo lleno de gente perversa y corrupta. Aférrense a la palabra de vida; entonces, el día que Cristo vuelva, me sentiré orgulloso de no haber corrido la carrera en vano y de que mi trabajo no fue inútil.

-xxxxxxxx   -xxxxxxxx
-xxxxxxxx   -xxxxxxxx
-xxxxxxxx   -xxxxxxxx
-xxxxxxxx   -xxxxxxxx

Oré el pasaje bíblico que había escrito en la tarjeta, para que Jill llevara «una vida limpia e inocente como corresponde a hijos de Dios y [que brillara] como [una luz radiante] en el mundo lleno de gente perversa y corrupta» (Filipenses 2:15).

Precisamente después de las seis en punto, oí pisadas otra vez. El gritar no estaba funcionando, por lo que dejé de orar, subí y le dije a Kim que se quedara en la cama. Eso la enojó tanto que se mordió su brazo. Le dije que eso significaba nada de películas ese día. Ella se volvió a morder el brazo. Suspiré. Quitarle el privilegio de ver películas haría mi día aún más complicado. Kim estaba enferma con neumonía doble, y yo le había prometido a Jill que trabajaría en casa, ya que Jill ya había tomado dos días libres. Kim se tranquilizó y yo volví a orar.

Seguí orando por el resto de la familia, utilizando las tarjetas de oración, a veces agradeciendo y a veces pidiendo. Mi yerno Ian necesitaba trabajo; mi hijo John había crecido espiritualmente; mi hijo Andrew comenzaba a enseñar como maestro de práctica. Cuando llegué a la tarjeta de oración que se llamaba «Vivienda de Kim», me detuve para agradecerle a Dios por la claridad que nos había dado recientemente, en nuestros dos años de búsqueda de un dúplex para que Kim pudiera vivir aparte pero cerca de nosotros. Seguí hojeando mis tarjetas de oración, orando por mis amigos, por mi iglesia, por mi trabajo, por cada área de mi vida. En algún momento, en medio de eso, Jill subió y comenzó a hablar conmigo mientras hacía la cama. Yo cambiaba una y otra vez entre Dios y Jill, orando cuando Jill no hablaba. Terminé a las seis y cuarto.

REFLEXIONES SOBRE UN TIEMPO DE ORACIÓN MATUTINO

Las interrupciones de Kim le dan a ese tiempo de oración una sensación de la vida real. Mientras oro, no trato con cosas superficiales, sino con la condición de mi corazón y el de la gente por la que oro. Mi tiempo de oración es todo menos aburrido. Agradezco, me arrepiento, protejo y cuido. Mi tiempo de oración está vivo con Dios.

A excepción de gritarle a Kim, ese tiempo de oración es una ventana a lo que es una vida de oración. Es tanto ser como hacer. Yo estoy con Dios. Percibo su presencia. Él le habla a mi vida. No obstante, nuestra relación no flota. No busco una experiencia con Dios; invito a Dios a la experiencia de mi vida.

Él está en mí, y yo estoy en él. A medida que le llevo mi verdadera vida con mis verdaderas necesidades, él actúa de maneras asombrosas. Él obra, tocando mi vida y haciendo lo que yo no puedo hacer. ¿El resultado? Agradecimiento. Usted no tiene que esforzarse por adorar cuando Dios está tan vivo.

La incapacidad aprendida acecha por debajo de la superficie de ese tiempo de oración. Simplemente no puedo vivir la vida por mi cuenta. Sin la intervención de Dios, estoy completamente indefenso. Necesito a Jesús.

Recientemente me desperté en el medio de la noche con esta pregunta extraña en mi mente: *¿Cómo se amaría a alguien sin oración?* Es decir, ¿cómo sería amar a alguien por quien no se puede orar? Era un enigma para mí. No podía descifrar cómo sería. El amor sin ser capaz de orar se siente depresivo y frustrante, como tratar de hacer un nudo con los guantes puestos. Yo sería incapaz de hacerle un verdadero bien a la otra persona. La gente es demasiado complicada; el mundo es demasiado malo; y mi propio corazón está demasiado desenfocado como para poder amar adecuadamente sin orar. Necesito a Jesús.

No puedo hacer suficiente énfasis en que *las cosas ocurren porque oro*. La actitud de Emily cambió dramáticamente. Ella asiste alegremente a la universidad que nosotros queríamos. Tenemos una nueva claridad en cuanto a nuestra búsqueda de casa para Kim. No mucho después de que oré para que Jill «brillara como una luz radiante en el mundo», alguien la buscó en su trabajo y dijo: «Tú iluminas todo este lugar». Dios toca la vida de la gente que amo con una poesía que es toda suya.

La actividad de Dios toma la forma familiar de historias. Mi alegría por Emily fue el clímax de una historia de diez años. Pude alegrarme porque había estado tan consciente de la historia que Dios estaba tejiendo.

Mi agradecimiento por claridad en nuestra búsqueda de un dúplex fue el centro de una historia. La claridad nos había llegado de Jill. Ella había dicho: «Paul, con el mercado de casas tan mal, deberíamos primero vender nuestra casa. No sabemos cuánto vale, y en un mercado de compradores eso nos daría mucha ventaja». Pensé que nos quedaríamos sin casa, pero Jill tenía razón. Tres meses después de esa oración, vendimos nuestra casa. Estábamos listos para comprar un terreno y construir (viendo atrás, una mala idea), y decidimos esperar y orar un día más. A la mañana siguiente, una casa salió al mercado que era perfecta para convertirla en un dúplex.

Algunas historias, como el pasearse de Kim, todavía no habían comenzado. Todavía no se me había ocurrido que mis palabras para ella no funcionarían. Tenía que dirigirle mis palabras a Dios.

No necesitamos una vida de oración porque es nuestra tarea. Eso se desgastaría pronto. Necesitamos tiempo para estar con nuestro Padre todos los días porque cada día nuestro corazón, y el corazón de los que nos rodean, están llenos de mala hierba. Tenemos que reflexionar en nuestra vida e involucrar a Dios con la condición de nuestra alma, y del alma de los que él ha puesto bajo nuestro cuidado o que ha puesto en nuestro camino. En un mundo caído, esas cosas no llegan automáticamente.

Capítulo 32

HISTORIAS INCONCLUSAS

En las historias que he contado en este libro, podemos ver a Dios tejiendo un tapiz. En mi experiencia, a medida que permanecemos en él, generalmente, él nos deja ver lo que está haciendo. No obstante, a veces no lo hace. Job es el ejemplo más famoso. Job nunca supo por qué sufría. En este capítulo quiero tratar con un conjunto de historias particularmente difíciles: las inconclusas, las que tienen finales tristes, las aparentes tragedias. Vivimos en muchas historias sobrepuestas, la mayoría de las cuales son mucho más grandes que nosotros. Cada uno de nosotros morirá con historias inconclusas. No podemos olvidar nunca que Dios es Dios. A fin de cuentas, es su historia, no la nuestra.

A veces, los participantes de la historia no llegan a ver el fin. Ese fue el caso de los hijos de Israel después de la invasión de Babilonia en 586 a. C.

LA AGONÍA DE ISRAEL

Israel estaba en agonía. «Junto a los ríos de Babilonia, nos sentamos y lloramos al pensar en Jerusalén» (Salmo 137:1). Los babilonios habían destruido la ciudad de Jerusalén, habían derribado los muros y demolido el templo de Salomón. Habían matado a los hijos del rey en frente de él; a él lo cegaron y se lo llevaron encadenado. Los jóvenes, como Daniel y sus amigos, el futuro del reino, llegaron a ser eunucos al servicio del rey babilonio. Hasta les cambiaron sus nombres. El reino de Israel había desaparecido; su rey había desaparecido y la realeza había desaparecido. A todos los efectos, Israel *dejó* de existir. Entonces, junto a los ríos de Babilonia ellos se sentaron y lloraron.

El regreso del cautiverio no ayudó. En el año 520 a. C., en la ceremonia de dedicación del templo provisional que habían improvisado, la gente mayor lloró al recordar la estructura majestuosa que Salomón había construido. El profeta Hageo le dijo a Zorobabel: «¿Queda alguien entre ustedes que haya visto esta casa en su antiguo esplendor? ¿Qué les parece ahora? ¿No la ven como muy poca cosa?» (Hageo 2:3, NVI).

Unas cuantas palabras de los profetas fueron la única esperanza de los israelitas. En la misma dedicación, Hageo profetizó:

> *Dentro de poco, haré temblar los cielos y la tierra, los océanos y la tierra firme una vez más. Haré temblar a todas las naciones y traerán los tesoros de todas las naciones a este templo. Llenaré este lugar de gloria. [...] La futura gloria de este templo será mayor que su pasada gloria. (2:6-7, 9)*

Cada persona que oyó esas palabras murió sin ver que ocurriera nada. De hecho, sus hijos y nietos murieron. Por quinientos cincuenta largos años, no ocurrió nada. Dios estaba presente, pero en silencio.

Sin embargo, los hijos de Israel no dejaron de esperar ni de orar. La escena inicial en el evangelio de Lucas es una reunión de oración. Cuando Zacarías entró al templo a quemar incienso, «una gran multitud estaba afuera orando» (1:10). ¿Qué hacía Dios? ¿Cómo había respondido sus oraciones?

Bueno, es difícil, pero, ¿sabes qué?, Dios sabe lo que hace.

El tejido de Dios

Unámonos a los poetas que lloran junto a los ríos de Babilonia, pidiéndole a Dios que restaure la gloria de Israel.

La respuesta de Dios a su oración por la restauración del templo y de Israel es abrumadora. ¿Qué le ocurrió a la nación de Israel? Él creó un nuevo Israel: uno que incluía a los gentiles como pueblo de Dios. ¿Y qué del templo? Envió a su único Hijo para que fuera el templo. Vea cómo Dios usó el cautiverio, esa historia aparentemente inconclusa, para preparar la llegada de su Hijo y el nacimiento de la iglesia:

1. Dios usó la destrucción del templo y el retiro de los israelitas a Babilonia para crear la estructura de la sinagoga, una precursora de la iglesia local. Si la adoración del templo hubiera continuado ininterrumpidamente, la iglesia primitiva no habría tenido un modelo para las congregaciones locales. Ellos aprendieron a adorar a Dios sin un templo.
2. El canon del Antiguo Testamento fue organizado durante esa época. Separados de su tierra, en un virtual desierto espiritual, los israelitas se aferraron a sus rollos. Eso le otorgó a la iglesia primitiva la categoría del Antiguo Testamento, que a cambio creó el Nuevo Testamento.
3. Dios purificó a Israel de mezclarse con otras religiones.
4. La dispersión del pueblo judío proveyó una base sobre la cual Pablo y otros pudieran fácilmente esparcir el evangelio.
5. Israel fue purificado de la idolatría externa para

siempre. Nunca más el pueblo judío adoraría ídolos. El monoteísmo llegó a ser permanentemente central para Israel. Esa es la base del pensamiento cristiano y de la civilización occidental.

6. Debido a que los judíos llegaron a ser monoteístas devotos, se incomodaron cuando Jesús afirmó ser Dios. Cuando Jesús afirmó ser el único Hijo de Dios, el sumo sacerdote se rasgó su túnica y entregó a Jesús para que fuera crucificado.

Dios estaba tejiendo un tapiz espectacular a través del sufrimiento de Israel. Sin la cautividad en Babilonia, no habría Israel, no habría cruz, no habría cristianismo, y no habría civilización occidental. Hageo tenía razón. La gloria del nuevo templo fue mayor que la de Salomón.

No obstante, el poeta judío que lloró junto a los ríos de Babilonia nunca vio el final de la historia. Al igual que todos los héroes de la fe de Hebreos 11, vivió con la historia inconclusa toda su vida. Vivió por fe.

LA HISTORIA NO ES SUYA

En la cuarta parte, Joanne mencionó otra clase de historia inconclusa cuando dijo: «Miles de personas oran por un líder cristiano que tiene cáncer, y muere». He llegado a darme cuenta de que mientras más distante esté de una historia, menos sé qué es lo que Dios hace. Dios me ayudará con mi historia, pero no con la de alguien más.

Mientras caminaba cerca del mar de Galilea, justo después de su resurrección, Jesús le dice a Pedro que un día él moriría por Jesús. Pedro responde volteándose hacia Juan, que está justo atrás de ellos, y le pregunta a Jesús qué le pasará a Juan. Jesús le dice a Pedro: «Si quiero que él siga vivo hasta que yo regrese, ¿qué tiene que ver contigo? En cuanto a ti, sígueme» (Juan 21:22). En efecto, Jesús le dice: «Pedro, yo te ayudaré con tu historia, pero no con la de Juan. Francamente, a ti no te importa la historia de Juan». La respuesta de Jesús fue algo brusca porque Pedro se había trasladado a una postura endiosada.

Hay veces en las que puedo ver lo que Dios hace en la vida de otra persona, pero decírselo a esa persona aplastaría su espíritu. Sospecho que Dios, a veces, mantiene silencio en cuanto a las historias porque simplemente no lo podemos soportar.

«DIOS SABE LO QUE HACE»

Un amigo mío escuchó a una abuela y su hija en el supermercado. La abuela le dijo a su hija, cuyo hijo había sido asesinado hacía solamente tres días: «Bueno, es difícil, pero, ¿sabes qué? Dios sabe lo que hace». Mi amigo, por supuesto, las interrumpió para decirles que él, también, sabía que la vida era difícil, pero que Dios sabía lo que hacía.

Tony Snow, un comentador de noticias y secretario de prensa de la Casa Blanca, describió cómo se sentía al despertarse en una cama de hospital después de una cirugía, con una nube persistente de anestesia, solamente para que le dijeran que tenía cáncer, posiblemente terminal. Después de que el impacto inicial desapareció, la reacción natural de Tony fue buscar a Dios, esperando que Dios se convirtiera en un «Santa Claus cósmico», y lo sanara.

No obstante, Tony sabía que, de una manera misteriosa, Dios estaba permitiendo el cáncer, usándolo para acercar a Tony a sí mismo y acercarlo a las personas que él amaba, y para enseñarle lo que en realidad importa en la vida.

Uno de los primeros descubrimientos de Tony en el valle de sombra de muerte fue que el cristianismo está lejos de ser excesivamente sentimental. De hecho, el sufrimiento nos atrae «a un mundo despojado de cautela temerosa». Descubrimos que la vida ha pasado de un canal predecible a unos rápidos de clase cinco: totalmente fuera de nuestro control pero llena de aventura. Tony llegó a ver que «a través de tales pruebas Dios nos pide que elijamos: ¿Creemos o no creemos? ¿Vamos a ser lo suficientemente valientes para amar, lo suficientemente atrevidos para servir, lo suficientemente humildes para someternos, y lo suficientemente fuertes para reconocer nuestras limitaciones? ¿Podemos renunciar nuestra preocupación por las cosas que no importan para que podamos dedicar nuestros días restantes a las cosas que sí importan?»

Un amigo de Tony, que también se moría de cáncer, le dijo: «Voy a tratar de vencerlo, pero si no lo hago, te veo en el otro lado»[1]. Un año después, Tony se encontró con su amigo en el otro lado. Al igual que los israelitas y la joven madre en el supermercado, él no supo por qué. «Es difícil, pero Dios sabe lo que hace».

VEN PRONTO, SEÑOR JESÚS

La primera vez que llevé a Kim conmigo a una conferencia, una niñita se le acercó cuando terminábamos de cenar y le preguntó: «¿Por qué no hablas?» Kim se inclinó hacia su computadora de habla, que estaba apoyada en la mesa, y tecleó: «Voy a tener una bella voz en el cielo». Salimos con lágrimas en nuestros ojos.

Algunas historias no se resuelven sino hasta en el cielo. Debido a Kim, Jill anhela el cielo. Ese deseo impregna su conversación. Jill no dice: «Es un bello día afuera». Dice: «Este sería un buen día para que Jesús vuelva. Todos pueden verlo». Jill quiere irse a casa.

Vivir en historias inconclusas nos involucra en el acto final de Dios, el regreso de Jesús. Mientras esperamos su regreso, es fácil predecir el patrón de los últimos días. El libro de Apocalipsis describe a una iglesia sufriente, que muere a medida que la misma creación se desenreda. A través del sufrimiento, Dios finalmente hará bella su iglesia y revelará su gloria. En el desierto usted ve su gloria. En los últimos días la novia será hecha bella, pura, a la espera de su amante. Ven pronto, Señor Jesús.

RECONOCIMIENTOS

Sin nuestras historias de la familia, este libro sería algo así como un cascarón vacío. La disposición de mi familia de compartir sus historias hace que orar sea algo práctico y accesible. Estoy especialmente agradecido por Jill, por Kim y por Emily que abrieron partes de sus vidas.

Un buen libro es un proceso de grupo. Como autor, uno se acerca demasiado al libro y necesita la sinceridad de buenos amigos para tener perspectiva. Estos amigos especialmente se tomaron el tiempo para leer y comentar sobre el manuscrito: Bob Allums, Gena Cobb, Boyd Clarke, Patricia Clarke, Julie Courtney, Lindy Davidson, Cathie Martin, Emily Miller, Jill Miller, Courtney Sneed, David Powlison, Glenn Urquhart, David Rice y Annie Wald.

Estoy muy agradecido por la cuidadosa edición de Liz Heaney, nuestro segundo libro juntos. Ella no solamente editó; fue amiga del libro y pensó en cada pieza, asegurándose de que todo encajara bien.

Carol Smith hizo el difícil trabajo de convertir mis dibujos irregulares en todos los cuadros que usted ve en el libro.

La junta de seeJesus, entre ellos, Keith Albritton, Lynette Hull, Jeff Owen, Michael Simone, Tim Strawbridge, Doug Wallace y Justin Wilson siguen bendiciéndome con su sabiduría, su apoyo y su estímulo.

El entusiasmo de Don Simpson por el libro, junto con el de todo el personal de NavPress, hizo posible que fuera publicado.

NOTAS

CAPÍTULO 1: «¿DE QUÉ SIRVE?»

1. C. S. Lewis, *The Screwtape Letters* (Nueva York: HarperCollins, 2001), 171. Publicado en español como *Cartas del diablo a su sobrino*.

CAPÍTULO 2: ADONDE NOS DIRIGIMOS

1. Para decir la palabra lasaña, Kim primero escoge el ícono de «manzana» para los grupos de comida. Luego escoge el ícono de «camión», que lo reduce a las comidas italianas. Luego selecciona el tercer ícono, «arco iris». Las capas del arco iris son como las capas de la lasaña. Cuando toca el tercer ícono, la computadora habla.

2. Anthony Bloom, *Beginning to Pray* (Nueva York: Paulist Press, 1970), 66. Publicado en español como *Comenzar a orar*.

CAPÍTULO 3: SEA COMO UN NIÑO PEQUEÑO

1. El pensador francés del movimiento de la Ilustración, Rousseau, enseñó que «los niños nacen buenos pero la sociedad los corrompe». No es de sorprender que Rousseau abandonara en un orfanato a los cinco hijos que tuvo. Leo Damrosch, *Jean-Jacques Rousseau: Restless Genius* [Juan Jacobo Rousseau: Genio inquieto]. (Nueva York: Houghton Mifflin, 2005), 202.

CAPÍTULO 5: PASE TIEMPO CON SU PADRE

1. R. Scott Rodin, *Stewards in the Kingdom* [Mayordomos en el reino]. (Downers Grove, IL: InterVarsity, 2000), 99.

2. Jesús es también plenamente Dios, pero en su vida terrenal su divinidad estuvo velada. Los teólogos discuten lo que Pablo quiso decir en Filipenses 2:7 (LBLA) con «se *despojó* a sí mismo» (εκενωσεν). No sabemos cómo o hasta qué punto estuvo velada la divinidad de Jesús. Es un misterio. Tenemos una idea de su divinidad sin velo en el monte de la transfiguración.

3. Marjorie J. Thompson, prólogo de *A Simple Way to Pray* [*Método sencillo de oración para un buen amigo*] por Martín Lútero. (Londres: Westminster John Knox Press, 2000), 11.

CAPÍTULO 6: APRENDA A VIVIR INDEFENSO

1. Ole Hallesby, *Prayer* (Minneapolis: Augsburg, 1994), 18-28. Publicado en español como *La oración cristiana*.
2. Thomas Merton, citado en Mark E. Thibodeaux, S. J., *Armchair Mystic* [Místico de sillón]. (Cincinnati, Ohio: St. Anthony Messenger, 2001), ix.
3. Juan Lanspergio, *A Letter from Jesus Christ* (Nueva York: Crossroad, 1981), 58-59. Publicado en español como *Carta de Jesucristo al alma devota*.

CAPÍTULO 7: CLAME «ABBA» CONTINUAMENTE

1. San Agustín, *Confesiones*, trad. Ángel Custodio Vega Rodríguez, ed. José Rodríguez Díez, página accedida el 31 de julio del 2015, http://www .augustinus.it/spagnolo/confessioni/index2.htm.
2. *The Philokalia: The Complete Text* [Filocalia: Texto completo], vol. 4, compilado por San Nicodemo y San Macario, traducido y editado por G. E. H. Palmer, Philip Sherrard y Kallistos Ware (Londres: Faber and Faber, 1999), 206.

CAPÍTULO 8: INCLINE SU CORAZÓN HACIA SU PADRE

1. David Powlison, «Peace Be Still: Learning Psalm 131 by Heart» [Paz, cálmate: Aprendiendo el Salmo 131 de memoria] *The Journal of Biblical Counseling* [Revista de consejería bíblica] 18, no. 3 (primavera del 2000): 2.
2. Archibald A. Hodge, *The Life of Charles Hodge* [La vida de Charles Hodge] (Manchester, New Hampshire: Ayer, 1979), 13.

CAPÍTULO 9: CÓMO ENTENDER EL CINISMO

1. R. R. Reno, «Postmodern Irony and Petronian Humanism» [Ironía posmoderna y humanismo petroniano], Mars Hill Audio Resource Essay [Ensayo de recurso de audio de Mars Hill], vol. 67 (marzo/abril del 2004): 7.
2. Yoani Sánchez, citada en Joseph Contreras, «Island of Failed Promises» [Isla de las promesas fallidas] *Time* (3 de marzo del 2008): 31.

Capítulo 10: Seguir a Jesús para salir del cinismo   1.   Alan Jacobs, *The Narnian: The Life and Imagination of C. S. Lewis* [El narniano: La vida e imaginación de C. S. Lewis] (San Francisco: HarperSanFrancisco, 2005), xxv.

2. C. S. Lewis, *The Abolition of Man* (Nueva York: Macmillan, 1978), 81. Publicado en español como *La abolición del hombre*.
3. Jacobs, 158.

CAPÍTULO 12: POR QUÉ PEDIR ES TAN DIFÍCIL

1. N. T. Wright, *The Crown and the Fire* [La corona y el fuego] (Grand Rapids, Michigan: Eerdmans, 1992), 42.
2. Como ejemplo de una cultura no occidental, el emperador japonés ora públicamente en altares a los espíritus de los soldados japoneses muertos en la Segunda Guerra Mundial.
3. Nancy Pearcey, *Total Truth* (Chicago: Crossway, 2004), 101-106. Publicado en español como *Verdad total*.
4. Pearcey, 106.
5. C. S. Lewis, *Surprised by Joy* (Nueva York: Harcourt, 1955), 170. Publicado en español como *Sorprendido por la alegría*.
6. Walter Hooper, *C. S. Lewis: A Complete Guide to His Life & Works* [C. S Lewis: Una guía completa de su vida y obras] (Nueva York: HarperOne, 1998), 583.
7. Esta cita se le atribuye por todas partes a Johannes Kepler, pero se desconoce la fuente.
8. «Interview with Peter Jennings» [Entrevista con Peter Jennings], Beliefnet.com, http://www.beliefnet.com/Faiths/2000/06/Interview-With -Peter-Jennings.aspx.
9. Charles Malik, *The Wonder of Being* [La maravilla de ser] (Waco, Texas: Word, 1974), 94.
10. Robertson McQuilkin, «Muriel's Blessing» [La bendición de Muriel], *Christianity Today* (5 de febrero de 1996): 33.
11. Dana Tierney, «Coveting Luke's Faith» [Codiciando la fe de Luke], *The New York Times Magazine* (11 de enero del 2004).
12. Malik, 69.
13. Albert Einstein, «Einstein to Phyllis Wright» [Einstein a Phyllis Wright], 24 de enero de 1936, AEA 52-337, citado en Walter Isaacson, *Einstein: His Life and Universe* (Nueva York: Simon & Schuster, 2007), 551. Publicado en español como *Einstein: Su vida y su universo*.

CAPÍTULO 13: POR QUÉ PODEMOS PEDIR

1. Albert Einstein, «Einstein to Phyllis Wright» [Einstein a Phyllis Wright], 24 de enero de 1936, AEA 52-337, citado en Walter Isaacson, *Einstein: His Life and Universe* (Nueva York: Simon & Schuster, 2007), 388. Publicado en español como *Einstein: Su vida y su universo*.
2. Isaacson, 389.

3. Albert Einstein, «Einstein to Herbert S. Goldstein» [Einstein a Herbert S. Goldstein], 25 de abril de 1929, AES 33-272, citado en Walter Isaacson, *Einstein: His Life and Universe*, 551.

CAPÍTULO 14: ¿QUÉ TAN PERSONAL ES DIOS?

1. John Westerhoff, *Spiritual Life: The Foundation for Preaching and Teaching* [La vida espiritual: Base para la predicación y enseñanza]. (Louisville, Kentucky: Westminster John Knox, 1994), 63.

2. San Agustín, citado en Donald G. Bloesch, *The Struggle of Prayer* [Orar es luchar con Dios]. (Colorado Springs, Colorado: Helmers and Howard, 1988), 75. Otra posible versión de esto es «A Dios se le ama gratuitamente; uno no pide otro regalo. Quien busca otro regalo de Dios, hace de lo que desea tener un regalo más precioso que Dios mismo. El regalo de Dios es sí mismo» (Agustín, *Enarr, en Salmo 72 , 32;* P. L. 36, 923 [Enarraciones sobre Salmo 72]).

3. James Houston, *The Transforming Power of Prayer* [El poder transformador de la oración]. (Colorado Springs, Colorado: NavPress, 1996), 27, 37.

4. Bowen Matthews, citado en C. Jack Orr, «A First-Time visit to an old-Time Place» [Primera visita a un lugar antiguo], *DreamSeeker Magazine* 2, no. 4 (otoño del 2002): 9.

5. Reinhold Niebuhr, *Human Nature* [Naturaleza Humana]. (Nueva York: Scribner, 1964), 201.

6. *The Village* [La aldea], DVD, dirigida por M. Night Shyamalan (Burbank, California: Touchstone Pictures/Buena Vista Home Entertainment, 2004).

7. Philip Lawler, «A Life of Purity» [Una vida de pureza], *The Wall Street Journal* (8 de septiembre de 1997), A18.

CAPÍTULO 15: ¿QUÉ HACEMOS CON LAS PROMESAS EXTRAVAGANTES DE JESÚS SOBRE LA ORACIÓN?

1. Dr. Bob Burrelli, «Questions & Answers» [Preguntas y respuestas], *The Songtime Newsletter*, noviembre de 1998, http://www.songtime.com/news.

2. Vern Poythress, «Keep on Praying» [Sigue orando], *Decision* (octubre de 1998): 33.

3. Thomas Merton, *No Man Is an Island* [Ningún hombre es una isla]. (Nueva York: Shambhala, 2005), 124.

CAPÍTULO 16: LO QUE NO PEDIMOS: «EL ALIMENTO QUE NECESITAMOS»

1. Para una discusión más cuidadosa de esto, ver J. D. G. Dunn, «Prayer» [Oración], en *Dictionary of Jesus and the Gospels* [Diccionario de Jesús y

los Evangelios], eds. Joel Green, Scot McKnight y I. Howard Marshall (Chicago: Intervarsity, 1992), 622.

2. Albert Einstein, citado en George Viereck, «What Life Means to Einstein» [Lo que la vida significa para Einstein], *The Saturday Evening Post* (26 de octubre de 1929), 117.

CAPÍTULO 20: EL AMOR DE UN PADRE

1. Ravi Zacharias, «National Day of Prayer Address» [Discurso del día nacional de oración], 1 de mayo del 2008.

2. David Powlison, *The Journal of Biblical Counseling* [Revista de consejería bíblica] 12, no. 1 (otoño de 1993), 2–6.

CAPÍTULO 21: LA ORACIÓN NO RESPONDIDA: CÓMO ENTENDER LOS PATRONES DE LA HISTORIA

1. La frase «me seguirán» es «me perseguirán» en hebreo.

2. «Gracia futura» es la expresión de John Piper.

3. Corrie ten Boom, *In My Father's House* [En la casa de mi Padre]. (Grand Rapids, Michigan: Revell, 2000), 79.

CAPÍTULO 22: CÓMO DIOS SE COLOCA A SÍ MISMO EN LA HISTORIA

1. Evangelio de Pedro 10:2-3.

CAPÍTULO 23: ORAR SIN UNA HISTORIA

1. Philip Yancey, *Prayer: Does It Make Any Difference?* (Grand Rapids, Michigan: Zondervan, 2006), 64–65. Publicado en español como *La oración: ¿Hace alguna diferencia?*

CAPÍTULO 24: LA ESPERANZA: EL FINAL DE LA HISTORIA

1. He tomado esta imagen de Frederick Buechner, *Telling the Truth: The Gospel as Tragedy, Comedy, and Fairy Tale* [Decir la verdad: El evangelio como tragedia, comedia y cuento de hadas] (Nueva York: HarperCollins, 1977).

2. Ruth Pitter, citada en Alan Jacobs, *The Narnian: The Life and Imagination of C. S. Lewis* [El narniano: La vida e imaginación de C. S. Lewis] (San Francisco: HarperSanFrancisco, 2005), xxv.

3. Jacobs, xxiii.

CAPÍTULO 25: VIVIR HISTORIAS DEL EVANGELIO

1. Esta historia apareció por primera vez como un artículo, «Loving Kim» [Amando a Kim], en *Discipleship Journal* [Revista de discipulado], número 131 (septiembre/octubre del 2002).

2. Yann Martel, *The Life of Pi* (Nueva York: Harcourt, 2001), 53. Publicado en español como *La vida de Pi*.
3. C. S. Lewis, *Voyage of the Dawn Treader* (Nueva York: Macmillian, 1967), 89. Publicado en español como *La travesía del Viajero del Alba*.
4. Carl Sandburg, *Abraham Lincoln: The Prairie Years and the War Years*, one volume edition (Nueva York: Harcourt, 1954), 664. Publicado en español como *Abraham Lincoln: Los años de la pradera y los años de la guerra*.
5. Sandburg, 665.

CAPÍTULO 26: USAR HERRAMIENTAS PARA LA ORACIÓN

1. James D. G. Dunn, *The Epistles to the Colossians and to Philemon* [Las epístolas a los colosenses y a Filemón]. (Grand Rapids, Michigan: Eerdmans, 1996), 316.

CAPÍTULO 27: REGISTRAR LA HISTORIA: CÓMO USAR TARJETAS DE ORACIÓN

1. Geraldine Taylor, *Behind the Ranges* [Al otro lado de la cordillera]. (Chicago: Moody, 1964), 140–158. Vuelto a publicar como *Mountain Rain* [Lluvia de la montaña].

CAPÍTULO 30: LLEVAR UN DIARIO DE ORACIÓN: CÓMO ESTAR CONSCIENTE DEL RECORRIDO INTERIOR

1. San Agustín, libro octavo, sección 12.29 en *Confesiones*, trad. Ángel Custodio Vega Rodríguez, ed. José Rodríguez Díez, página accedida el 31 de julio del 2015, http://www.augustinus.it/spagnolo/confessioni /index2.htm.
2. Peter J. Leithart, resumiendo a Edward Said, «Bunyan, Defoe, and the novel» [Bunyan, Defoe y la novela], 5 de noviembre del 2005, http://www.leithart.com/archives/print/001586.php.
3. San Agustín, libro segundo, sección 6.12 en *Confesiones*, trad. Ángel Custodio Vega Rodríguez, ed. José Rodríguez Díez, página accedida el 31 de julio del 2015, http://www.augustinus.it/spagnolo/confessioni /index2.htm.

CAPÍTULO 32: HISTORIAS INCONCLUSAS

1. Tony Snow, «Cancer's Unexpected Blessings» [Las bendiciones inesperadas del cáncer], *Christianity Today* 51, no. 7 (julio del 2007), http://www.christianitytoday.com/ct/2007/july/25.30.html.

ACERCA DEL AUTOR

Paul E. Miller es el director ejecutivo de seeJesus, una misión de discipulado que desarrolla guías interactivas para estudios bíblicos. El estudio y seminario de *A Praying Life*, el cual forma la base del libro *Una vida de oración*, es el segundo currículo publicado por seeJesus. El primer currículo, *La persona de Jesús: Un estudio sobre el amor*, es el fundamento del material del libro *El amor caminó entre nosotros*, escrito tanto para los cristianos como para los no cristianos. *Ruth: Love Redefined* (Rut: El amor redefinido) es su estudio más reciente. Además de escribir, Paul también dirige seminarios que capacitan a personas para guiar los estudios con amigos y vecinos. Paul y su esposa, Jill, tienen seis hijos, nueve nietos y muchos animales. Viven cerca de Filadelfia.